近代社会思想コレクション 29

清水和子
Kazuko Shimizu
後藤浩子
Hiroko Goto
梅垣千尋
Chihiro Umegaki
訳

メアリ・ウルストンクラフト
人間の権利の擁護 娘達の教育について

A Vindication of the Rights of Men, etc.

京都大学学術出版会

凡　例

一、本書は、Mary Wollstonecraft, *A Vindication of the Rights of Men, in A Letter to the Right Honourable Edmund Burke; occasioned by His Reflections on the Revolution in France*, the second edition, London: J. Johnson, 1790 および *Thoughts on the Education of Daughters: with Reflections on Female Conduct, in the More Important Duties of Life*, London: J. Johnson, 1787 の全訳である。

一、使用した底本は、Janet Todd & Marilyn Butler（eds.）, *The Works of Mary Wollstonecraft*, William Pickering, 1989, volume 4 & 5 である。

一、原文のイタリック体による強調部分は、ゴシック体で記した。すべて大文字で記されている強調部分には、傍点を付した。

一、原文で、例えば God, Nature のように、大文字で始まる単語は、特段区別せずに扱った。

一、原文でダッシュ（——）が使われている箇所は、必ずしもその区切りどおりにダッシュを用いていない。また読みやすさを考慮して、原文にはない部分にダッシュを用いた箇所もある。

一、原文で（　）が使われている箇所は、そのまま（　）を用いて記した。

一、原文の脚注は、本文中に（原1）などと記し、その内容は、注が付された段落の直後に置いた。原注の番号は底本どおりである。

一、底本の編者による注は、本文中に〔編1〕などと記し、その内容は見開き左頁に入れた。底本では、頁ごとにアルファベットの小文字で表記されているが、本訳書では通し番号に改めた。

一、訳者による注は、本文中に〔訳1〕などと記し、その内容は編注とともに見開き左頁に入れた。

一、編者による原注への注は、原注の〔(編注)〕内に収め、訳者による補足説明は〔(訳注)〕内に示した。
一、訳者による補足説明は、〔 〕内に示した。
一、編注に記された文献について、明らかな誤りや体裁の不統一は、特に明示せず訳者の判断で訂正および整理した。
一、編注に記された文献のうち、邦訳のある文献の該当箇所は〔 〕内に示した。ただし、訳文は必ずしもこれらの邦訳に拠らない。聖書からの引用は、新共同訳(日本聖書協会、一九八七年)をもとにした。
一、エドマンド・バークの著作は、原注と編注では初版の頁数が記されている。本訳書では、( )内に英語版の巻番号および頁数を入れ、＝の記号の後に邦訳の頁数を入れた。ただし、訳文は必ずしもこれらの邦訳どおりではない。該当する文献の略記は次のとおりである。

WS……*The Writings and Speeches of Edmund Burke*, ed. Paul Langford et al., Clarendon Press, 1981–2015.
『省察』……半澤孝麿訳『フランス革命の省察』みすず書房、一九七八年。
『崇高』……中野好之訳『崇高と美の観念の起源』みすず書房、一九九九年。
『論集』……中野好之編訳『バーク政治経済論集』法政大学出版局、二〇〇〇年。

訳者からのメッセージ

メアリ・ウルストンクラフトの思想の根を読む

『女性の権利の擁護』で名高いメアリ・ウルストンクラフトですが、フランス革命勃発以降、彼女が最初に著したのは『人間の権利の擁護』という本です。これまで、『人間の権利の擁護』は、それに続いて出版されたトマス・ペインの『人間の権利』のメガ・ヒットの陰に隠れて、さほど注目を浴びてはきませんでした。簡潔かつ平明な語り口で読者を引き込み、説得力をもって社会と政治を新たに定義してみせるペインに比べれば、ウルストンクラフトが選んだ論駁という手法は、難解なものにならざるをえず、読者は彼女が決闘を挑んだ論敵の主張も同時に知っていないと、彼女自身の論駁の急所すらつかめません。同時代の人々も『人間の権利の擁護』の読みづらさに不満たらたらで、普及もそれなりでした。とはいえ、『人間の権利の擁護』は、エドマンド・バークの『フランス革命の省察』に対してその出版からわずか一ケ月以内に出された最初の批判です。ウルストンクラフトは初版を匿名で、つまり性別を示さず出版しました。では、何が彼女をバークとの決闘に奮い立たせたのでしょうか。

バークは『フランス革命の省察』の中で、一〇月五日から六日にかけてパリの民衆がヴェルサイユに押しかけ、国王夫妻をパリに連行した事件を人道に悖《もと》ると批判し、憲法制定国民議会を教会制度の国有化を含め多岐にわたって論難しました。しかし、その一方で、民衆は国家と法への自然的服従を堅持し、彼らが享受しえないような所有権を尊重しなければならない、とバークは言い、彼らは自分達の労働とその結果得られる成果とが釣り合わなくても、来世において正義に適った最終的な均衡があるだろうと自分を慰めるように導かれるべきだと語ったのです。さらには、このような来世への期待という民衆の慰めを奪って、蓄積された財産の略奪へと彼らを扇動する輩は、逆に民衆の残酷な抑圧者だと言い放ちました。このバークの主張は、ウルストンクラフトの義憤を惹起しました。この「見下げ果てた無慈悲な詭弁」に立ち向かうべく、彼女はペンを取ったのです。ウルストンクラフトはあたかも義憤に駆られて決闘を挑む女剣士のように、相手の懐深く入っていって、刀を打ち込みます。本書をじっくり読み進めていけば、彼女の見事な刀さばき、つまり素養の深さと論理展開の鋭さを堪能できることでしょう。

また、本書にはウルストンクラフトの初の著作『娘達の教育について』も収載しました。『人間の権利の擁護』と合わせると、彼女の思想の根底を垣間見ることができます。『娘達の教育について』では、「怒ること遅い神」が登場します。人間という被造物には、完全性に近づこうとすれどもそれに到達できない有限性があります。すなわち、身体的には、いつかは死を迎え、病気にもなる。精神的にも、誘惑に負けやすい意志薄弱は誰にもあるし、間違った判断を避けることもできない。この足りない部分について他人が情状酌量することを、ウルストンクラフトは堪忍《フォーベアランス》と称して、それは「怒ること遅い神」に示された徳性であると言います。さらに『人間の権利の擁護』では、バークの「人道精神《ヒューマニティ》」に対峙して、それに新たな定義を与えています。つまり、まず自分が身体的にも精神的にも脆弱な存在であることを自覚すること、そして他人の中にある同様の弱さを人間にとって避けがたいものとして受け入れること、これこそがヒューマニティであり、平等の原点だというのです。このような彼女の思想の根底にいったん触れると、男性のちょっとした援助を意図的に促す女性のか弱さを称揚する当時の議論を、ウルストンクラフトが一貫して批判した理由が見えてきます。そのような女性の上っ面の弱さが人間の脆弱さとして認識されている限り、個々人は自分の真の脆弱さや不完全性を自覚できず、人間は相互性の絆の根拠を見出せず、結果として永遠に平等には至れないのですから。

これまで「女権」拡張論者の先駆けと言われてきたウルストンクラフトですが、本書を読むことで、彼女の目指した平等はたんに男性と同じ権利を女性が獲得することではないと多くの読者が気づき、ウルストンクラフト像に新たな一面が加わることを願っております。

清水和子
後藤浩子
梅垣千尋

目次

人間の権利の擁護

広　告

バーク氏の『フランス革命の省察』[編1]は、近頃の一時の話題として、最初に私の注意を引いた。そして、知見を得るというよりは娯楽のためにそれを読んだのだが、絶えず出くわす自然の感情とか共通の感覚《コモン・センス》という怪しげな外見の詭弁的な議論は、私を憤慨させた。

以下の書簡の多くの頁は、その時にほとばしり出たものだ。しかし、知らぬ間にかなりの分量に膨れ上がったので、**人間の権利**の短い擁護論を出版してはどうかという提案を受けた。

この支離滅裂な著者〔バーク〕の空想は、議論の途中で新たな駆け引きを始めるので、議論の道筋は曲がりくねっている。だが、それらすべての道筋を辿っている暇も忍耐力もないので、かなりの程度、私は自分の批判を、彼がもっともらしく見せかけた多くの巧妙な議論で狙い目としている主要原則に限ることにした。[編2]

〔編1〕エドマンド・バーク『フランス革命の省察』Edmund Burke, *Reflections on the Revolution in France*, 1790. 一年のうちに一一版を重ねた。〔本訳書では、以降『省察』と略記し、初版の頁数を縦書き漢数字で示す。〕

エドマンド・バーク閣下への書簡

閣下、

その文学的才能によってこの国で注目されるようになった方と、ある重要な問題について議論することを光栄に思うのは言うまでもないのですが[編3]、あなたの貴重な時間をこうして邪魔することを、真実味のない儀礼でお詫びする必要はないでしょう。私は美辞麗句を並べたり、曖昧な儀礼的表現で感情を隠したり、口に出すのを憚るべきことをほのめかしたりする技巧を修得しておりません。ですから、もしこの書簡を綴るうちに、私が軽蔑や憤りをかなり強い調子で露わにすることがある場合、それは空想のほとばしりではないとお考えくださいますよう懇請いたします。というのも、道徳においては真理こそ崇高の本質であり、趣味《ティスト》においては簡潔さが美の唯一の基準である、と私は常に考えてきたからです。とはいえ、**人間の権利**[編4]と理性の自由のために論争する時、私は一個人と争っているのではありません。ご存知でしょうが、私はそのような〔人間の権利や理性の自由といった〕人を怒らせる文言を避けるべく、へりくだって言葉を選んだりはしませんし、現在一般に受容されているこうした用語の意味が、ある活発な空想によって軽々しく愚弄されているからといって、その用語に雄々しい定義を与えることを妨げられもしないでしょう。私は人間の権利を崇敬し、恐れることなくそれを主張します。閣下が嘲笑を誘っても怖気づかず、また閣下が巧妙にかき立てた同情の涙を時が拭い去るまで、じっと待ったりなどいたしません。

もし閣下の行為の何らかの事情がその確固たる高潔さを疑わしいものにしないとすれば、私の目の前にある〔『フランス革命の省察』という〕書簡に散見される多くのごもっともな所感から見て、また書簡の全体的な傾向から見て、閣下は見栄っ張りではあっても善良な人だと考えるべきでしょう。私は人間本性を十分知っておりますので、閣下の心《マインド》の襞に情状酌量の事由を見つけて、この虚栄心を気立ての良さだと評価することもできますし、私人と公人の区別をすることもやぶさかではありません。

活発な想像力は、会話や体系性無視の支離滅裂な著作で人を大いに際立たせるものであり、その人の雄弁が否応なく引き出す一瞬の喝采は、報酬であると同時に激励なのだと私は存じております。[編5]一度機知ある才

［編2］バークの『省察』は一一月一日に出版され、ウルストンクラフトの応答はその月の終わる前に出版された。ウィリアム・ゴドウィン William Godwin は『女性の権利の擁護』の作者の思い出』*Memoirs of the Author of a Vindication of the Rights of Woman*, 1798, ch. 6 において、原稿は書かれると同時に出版社に送られたと述べている。

［編3］バーク（一七二九—九七）は、著名な演説家にして政治家であったばかりでなく、多くのパンフレットや、『自然社会の擁護』*A Vindication of Natural Society*, 1756、『崇高と美の概念の起源についての哲学的探究』*A Philosophical Enquiry into the Origin of our Ideas of the Sublime and Beautiful*, 1757、『アメリカにおけるヨーロッパ植民に関する概説』*An Account of the European Settlements in America*, 1757 といったより大部の作品の著者でもあった。彼は『アニュアル・レジスター』*Annual Register*, 1758–91 の編集者であり、主な寄稿者であった。

［編4］バーク『省察』八六—九二頁（*WS* VIII 109–113 ＝『省察』73–80）を参照せよ。

人になったらやめられない、というのは経験によって認められた金言ですが、細々と気遣ってそのような際立った特性を維持しようと努める人は、決して省察によって深遠な、もしくは——こう言って差し支えなければ——形而上学的な情熱を育むことはできない、と私は結論せざるをえません。野心は虚栄心の道具にすぎなくなり、制御されない感情に従う風見鶏である彼の理性は、修正すべき誤りを粉飾するために使われるにすぎないのです。

けれども私の見るところでは、善良な人の欠点や過ちが、もし私的な仲間うちだけで露呈されるのであれば、つまり、そのような些細な欠点によって機知ある才人が、世に知られた美女のように賞賛をことあるごとに引き起こそうとし、互いの敬重と冷静な尊敬を穏やかにやり取りするのではなく情動をかき立てようと躍起になるにすぎないのであれば、それはあれこれ言うべきものではないでしょう。そのような虚栄心によって社交は活気づき、取るに足らないかの偉人は、自分の王座を守ろうと常に用心します。そしていつも征服されるのを警戒している才人は、自分の知識の蓄えすべてを誇示しようと躍起になって、注意深く耳を傾ける観察者に、空想で溶融され趣味《テイスト》で形を与えられた有用な情報を与えることでしょう。

感情に流されずに推論する人は、〔才人の〕そのような議論は浅薄だと呟き、さらに、これ見よがしに誇示された感情は、往々にして頭脳が冷静に劇的効果を狙った雄弁であって心のほとばしりではない、とつけ加えるかもしれません。しかし、その機知に富んだ議論と飾りにすぎない感情が上流階級の理解力と同水準で、〔それゆえ〕ある本がとても面白いと見なされたとすれば、そのような洞察力ある批評は何の役に立つのでしょうか。閣下、ご婦人達でさえ、あなたの気の利いた警句を真似て、情に訴えるあなたの感嘆文の多くを芝居がかった態度で受け売りして言いふらすかもしれません。感受性《センシビリティ》は現代の**熱狂の的**であり、同情《コンパッション》は多くの悪徳を覆い隠す徳です。一方、正義は放っておかれ、不機嫌そうに黙り込んで嘆き悲しみ、空しく真実を天秤〔正義の女神は正義を測る天秤を手にしている〕にかけています。

正直でも知性の限られた人は、実生活で自分の習慣の奴隷となったり、自分の感情の虜になったりすることがよくありますが、もっと明晰な頭脳と冷静な心をもった人は、他人の情念を自分の利益になる方向へと向けさせます。でも真に崇高なのは、信条に基づいて行動し、行動のより下位の原動力をその力を弱めることなく制御できる人物です。このような人物の感情は、彼の決意に活力溢れる熱気を与えますが、決して熱に浮かされたような奇行に急き立てることはありません。

しかしながら、尊敬は愛を冷たくすると閣下が私達に教えてくださったことからすれば〔訳1〕、あなたの見事な飛躍のすべてはご自身の感受性を大事にしすぎたことから生じていて、あなたが身体器官のこうした想像上の優位〔訳2〕にうぬぼれてあらゆる情動を助長した結果、その頭脳はのぼせあがって、理性の冷静な示唆を蹴散らすまでになっているというのが至極もっともな結論です。このような見方をすると、あなたが議論すべき時に情動で熱くなり、省察があなたの知性を啓蒙する代わりにあなたの想像力を燃え立たせるのも意外なこと

〔編5〕バークはかって雄弁で名を馳せたが、庶民院ではその回りくどい演説のために悪名高くなりつつあった。

〔訳1〕『崇高と美の観念の起源についての哲学的探究』でバークは、「愛は普通想像されているよりはるかに軽蔑と近い関係にある」と述べている（WS I 238＝『崇高』74）。

ではありません。

修辞の花々で飾るのを止めて、閣下、一緒に理性を働かせましょう。信じてほしいのですが、ある錆びついた有害な意見をもしあなたの機知が磨き上げ、嘲りという浅い流れを理性の流れに似るほどにまで増水させて、おこがましくもご自身を真理の試金石であると見なさなかったとすれば、私はあなたの矛盾を指摘するために、そのような混乱状態に手を出すことはなかったでしょう。

私は「馬道や小道[編6]」までくまなくあなたの議論を追うつもりはありません。あなたの意見の土台を批判しつつも、その上部構造は放置して、それが重力の中心を見出して傾くに任せます。やがて強力な突風がその構造を散り散りに吹き飛ばすことでしょう。あるいは、六〇年の間[編7]、円熟した判断力に制御されてこなかったあなたの実り豊かな空想が新たに中国風の建物[編8]を作り出し、それは至るところで一般民衆の眼前に迫るでしょうが、彼らはそのような空虚な建築物を率直に馬鹿げた大建築《フォリー》と呼ぶことでしょう。

閣下、あなたに人間の生得の権利という、論争の的になっている権利を簡潔に定義してさしあげましょう。個々人は社会契約とその継続によって他の個々人と結合しているのですが、生得の権利とは、このように結合している他のどの個人の自由とも共存できる範囲での、市民的《シヴィル》かつ宗教的な自由です[編9]。

この単純で純粋な意味での自由は、財産《プロパティ》という悪霊が手近に存在し、人間の神聖な権利を侵犯して、正義とは相容れない恐ろしく壮麗な法で身を固めてきたために、私達の美しい地球上にこれまで樹立されてきた様々な政府において、まだ一度も具現されたことのない公正な観念である、と私は認識しています[原1]。しかし、もし理性に導かれてそれらの政府が神の属性という恒常的な基礎の上に法の道徳性と宗教を築いたとすれば、自由が権利の恒久的な基礎、つまり不変の真理に由来するということを、理性に基づく判断力をもっていると自認する人なら誰も敢えて否定しないでしょう。

〔原1〕私の道徳性の観念には宗教が含まれているので、この〔道徳性という〕広い意味をもつ言葉から引き出される単純な観念をすべて具体的に挙げることなく、その言葉に言及すべきではなかったでしょう。しかし、私が目下考察の対象としている〔バークの〕書簡では、無神論だという非難が極めて勝手気ままに言い触らされていますので、誤った表現がなされないよう警戒したいと思い〔ここで道徳性に言及し〕ます。

〔訳2〕一八世紀半ばの医学では、スコットランド出身の内科医、ジョージ・チェイニーの『イングランドの病』George Cheyne, *The English Malady: or, a Treatise of Nervous Diseases of all Kinds*, 1733 に代表されるように、感覚の伝達を司るものとして神経線維という身体器官に注目が集まり、個々人の感受性の繊細さは、その人の神経線維の特徴（弾力性や脆弱性などの違い）に応じて決まるという俗説が広まっていた。

〔編6〕『リア王』*King Lear*, act IV, scene i, l. 55.

〔編7〕一七九〇年におけるバークの年齢。

〔編8〕仏塔《パゴダ》は一七七〇年代から一七八〇年代にかけてのイングランドで非常に流行した。

〔編9〕ジョン・ロック『統治二論』John Locke, *Two Treatises of Government*, 1690, book II, secs. 95 and 97 参照。「何人であれ、彼の自然的自由を捨てて、**市民《シヴィル》社会の絆を作る**唯一の方法は、他の人間達と同意して共同体に参加し、一つに結ばれることである。それはお互いに快適で、安全で平和な生活を送るためである。」「何人も一つの政府のもとに一つの政治体を作るために、他人と同意して、その社会の何人に対しても、**多数派**の決定に従い、それによって拘束されるという義務を負う。そうでなければ、それによって彼が他人と**一つの社会**に参入する、この**原始契約**は、意味をもたず、契約ではなくなる。」〔加藤節訳『完訳 統治二論』岩波文庫、二〇一〇年、四〇六―四〇八頁。〕

あなたの奴隷根性に根差した逆説を秩序立てて解明しようとする時、私は義憤で胸が熱くなります。この逆説の中に、私は反駁すべきどんな不変の第一原理も見出すことができません。それゆえ、あなたがある頁で否定したことを別の頁で肯定している箇所や、あなたが先立つ前提なしに頻繁に結論を導くやり口を、もったいぶって示すつもりはありません。論敵が戦う道具として選んだ武器を一度も使う練習をしたことがない人間と戦っても、卑怯に等しいものになるでしょうし、隠された専制の精神《スピリット》が垣間見える文章を一つずつ論駁するのは、苛立たしいことになるでしょうから。

あなたの『省察』の趣旨全体から、あなたが理性に対して激烈な反感を抱いていることがわかります。でも、もし仮にあなたの激情に駆られた熱弁の中に何らかの論理的主張や根本原理のようなものがあるとしても、結末をご覧なさい！　私達は古代の錆〔訳3〕を崇敬し、無知や間違った自己利益で塗り固められた不自然な慣習《カスタム》を、経験の賢明な所産と呼ぶはめになります。いやそれどころか、もし何らかの間違いを見つけたとしても、**感情**に導かれて、私達は盲目の愛つまり子供がもつような無節操な愛情でもって、旧時代の古ぼけた名残を容赦することになるでしょう。これらの旧時代の名残とは、蔦は美しいとでもいうような〔古臭い〕ゴシック風〔訳4〕の美の観念のことですが、蔦が知らぬ間に自分を支えている木の幹を破壊している時に、その蔦を根こそぎ掘り起こそうとしない人はいないでしょう。

さらには、私達は凍りついた静止状態に注意深く永久に留まるべきだ、なぜなら、雪解けは土壌を肥やしはするが、一時的な洪水を広範に引き起こすからだ、とか、個人の現在の便宜を危険に晒す恐れがある場合、最も尊重すべき利益のための闘いは回避されて当然だ、と〔あなたはおっしゃいます〕。なるほど、これは確かに富裕者や近視眼的な人に言わせれば、健全な推論ではありましょう。

そうです、閣下、強者は富を獲得し、少数者は自分達の悪徳のために多数者を犠牲にしてきました。自分達の欲望《アペタイト》を満足させ、精神や身体を鍛錬することなく怠惰に暮らすことができるので、彼らは人間であることを止めてしまったのです。真の喜びの享受を感知できなくなったような存在は、もし仮に必要性という専制君主の正当化の口実によって不正義〔の基準〕が和らげられなかったとすれば、あるいは時効《プレスクリプション》〔による権利の取得という観念〕が革新に対抗する不滅の境界線として提起されなかったとすれば、なるほど同情に値したことでしょう。実際、彼らの精神は陶冶されるどころか、教育によって非常に歪められてきたので、彼らを自然状態に戻し、彼らが自分達の行動に影響を与えるのに必要な程度の信念をもって自身の真の利益を見極めることができるようになるまでには、数世代を要するでしょう。

ヨーロッパで起こった文明は非常に偏っていて、名誉という独断的な心得が築き上げたあらゆる慣習のように、道徳を犠牲にして、所感や意見を、心の内に根をもたず精神による冷静な決意という重みももたない

〔訳3〕バークは、イングランドでは宗教は文明社会の基礎であると確信されているため、「蓄積された人間の不条理」によって精神を覆い固める「迷信の錆」は存在しない、と述べている（WS VIII 141＝『省察』114）。ここでウルストンクラフトは、そのような宗教観こそ「古代の錆」だと批判している。

〔訳4〕本書での「ゴシック」は、一般的な意味に加え、バークがイングランド国制の誕生時期と見なす一三―一五世紀（主にプランタジネット朝期）の制度と騎士道精神などの習俗を意味する。この時期にマグナ・カルタ制定や模範議会招集があった。訳注34を参照。

会話の中で流通させることによって、作法《マナー》を洗練させています。では、何が文明の進歩を押し留めてきたのでしょうか。それは世襲財産、世襲爵位です。人は生まれた身分によって、そしてその結果生じた主従関係がシビレエイとの接触のように人間の諸能力を麻痺させたことによって、人の手による奇形へと変化してきたのです。さもなければ、理性的思考能力をもった存在が、真の幸福は平等によってのみ享受できる友情と親密さから生じること、慈善とは施しの恩着せがましい分配ではなく、正義と人間性の尊重に基づいた尽力と互恵の交流であることを、その諸能力が徐々に発展していく中で発見し損なうことはなかったでしょう。

貧しく惨めな境遇にある人は、その**優雅さを欠く**困窮ぶりで〔人々の〕嫌悪と動物的共感の入り混じった感情を引き起こして、当座の救済を強引に手に入れているわけですが、もし上記の〔真の幸福と慈善についての〕諸原理が適用されていたならば、彼が勤勉である場合、窮乏のために生得の権利の一部を要求している人間であると見なされたはずです。しかし、もし自らの悪徳ゆえに彼が貧困状態に陥らざるをえなかったとすれば、彼は、似たような情念に支配されている弱い存在としての同胞に呼びかけることしかできなかったでしょう。〔それでも〕彼ら〔同胞〕は許すべきなのです。なぜなら、そのような同胞は、良心や理性――私の見方からすれば、同義語なのでどちらでもよいのですが――の忠告を沈黙させる瞬間的衝動を経験しているので、自分達も許されたいと期待しているからです。

バーク氏はわざわざ私達に、理性の光はあてにならない導き手であり、愚か者以外の誰もその冷静な探究を信頼しないほどなので、人間の権利を発見するために私達がいかに遠くまで戻らなければならないかを知らせるおつもりなのでしょうか。

自国〔イングランド〕に限定して考えると、社会の揺籃期には、慣習は野心をもった一個人の無法状態の権力によって築き上げられました。さもなければ、弱い君主は、剣を突きつけながら論駁し難い議論で彼の権威にたてつく、放埒で野蛮な叛徒のあらゆる要求に応じるか、もしくは、彼に条件つきの歳出しか認めない議会のもっと耳あたりの良い要求に応じるかのいずれかを余儀なくされたのです。

これらのことが、私達の国制の尊ぶべき支柱なのでしょうか。そしてマグナ・カルタは、その屋台骨を支えるために、それ以前の権利認可に基礎を置かなくてはならず、さらにはこの権利認可ももっと以前のものへと、ついには混沌とした無秩序が偉大な構造の基礎になるまで遡ることになるのでしょうか。もしくは、私達にはその基礎が何なのかわからないのでしょうか。というのは、〔歴史を超えて〕あまねく行き渡る秩序の原則といったものがなければ、一貫性など成り立たないからです。[編10]

エドワード三世〔一三一二―七七。イングランド国王。フランスの王位継承権を主張し、百年戦争を起こした〕について、ヒュームはこう述べています。「彼は偉大な能力をもった君主であった。寵臣によって支配されることなく、御しがたい情念に導かれて正道を踏み外すことなく、人民と良い関係を維持すること以上に彼の関

〔編10〕バーク『省察』四五頁（WS VIII 80–81＝『省察』41）。バークはマグナ・カルタ（一二一五年）とヘンリー一世の憲章（一一〇〇年）を関連づけ、またその両方をイングランド王国の古代の法律に関連づける自らの理論を裏づけるために、著名な法律家、エドワード・コーク卿 Sir Edward Coke とウィリアム・ブラックストーン卿 Sir William Blackstone を引用している。自然権に対立するものとして、「最も聖なる権利と特権」は「**相続権**」（強調は原典による）であるとバークは示唆している。

心にとって本質的なものはないということに気づいていた。しかし、全体的に見て、その政府はせいぜい野蛮な君主政にすぎないように思われる。この君主政はどんな一定の格率によっても律されておらず、実際に通常遵守されているような明確もしくは明白な権利によっても縛られていない。〔編11〕国王は一連の原則に従って行動し、封建家臣はまた別の原則に従って、そして庶民院は第三の原則に従って、聖職者達は第四の原則に従って行動した。政府のこれらの組織すべてが対立し、両立不能であった。それぞれが、状況が自らに有利となった時に、順々に優勢となった。君主が偉大であればその君主政の権力は優勢になった。国王が弱いと手綱を封建家臣に譲ることになった。迷信深い時代には聖職者の大勝利を経験した。そして、政府が設立された主たる目的であり主たる配慮の対象でもある人民は、全体の中で最も弱かったのである。〔編12〕」

一四世紀、リチャード二世〔一三六七―一四〇〇。イングランド国王。エドワード三世の孫で、黒太子エドワードの子〕の治世の間は最も幸運な時代でした。権力の手綱をうまく扱って傲慢な封建家臣を従わせておく能力がまったくなかったので、彼は取るに足らない存在になりました。この時代の直前、エドワード三世はしばしば〔議会が国王に交付する〕特別援助金のみならず、彼が受けていた軽蔑がおのずと生み出した反乱を鎮圧するための援助を庶民院に申し込むことを余儀なくされていて、庶民院は、次第に権力の座に上ってきました。というのは、庶民院が国王に歳出を認める時には必ず見返りとして――請願という名称ではあったにせよ――、何かの承認や、以前の勅許の更新を求めたからです。勅許は、国王によって、あるいは主として武力や、農村にはびこって略奪や暴力で暮らしている泥棒やならず者をけしかけることで王権からの独立を維持していた反乱教唆的な封建家臣によって、侵害されすっかり無視されていたのです。

なんとひどい窮境に貧民は貶められたのでしょうか！　彼らの勤労の所産である彼らの所有物は、多くがさもしい専制支配者である封建領主の自由処分権のもとにすっかり置かれてしまったのですから。

国王が庶民院から受け取った歳出と援助の見返りに、庶民院は特権を要求しました。エドワードはその治世の大部分の期間、数多くの戦争に携わり、これを遂行するための貨幣が逼迫した状態にあったので、庶民院に特権を授与せざるをえませんでした。この結果、徐々に庶民院は権力の座に上っていき、国王と貴族の両方を抑制するようになりました。こうして私達の自由の基礎が築かれたわけですが、それは国王が、庶民院――のちに専制や抑圧に激しく反対し、臣民の所有物を押収や没収から効果的に守ることになります――にその重要性を自覚させると王権にとって打撃になることを承知してというよりは、彼の差し迫った必要によってでした。彼は、主に自身の戦争と野心的な計画を実行するために当座の歳出獲得に懸命になっていました。エドワードの野心が始めたことを、リチャードの弱さが完成させたというわけです。

この時代にウィクリフ〔イングランドの先駆的な宗教改革者〕がローマ教会の最も有害な教義の一部を攻撃することによって、理性のための展望を切り拓いたというのは確かですが、[編13] その視野は、一四世紀の思考の尊

［編11］原典では「何らかの明白な権利」。

［編12］デイヴィッド・ヒューム『イングランド史』David Hume, *The History of England*, 1778, vol. II, chap. xvi〔一七七八年版をもとにしたWilliam B. Todd編集のLiberty Fund版（1983）ではvol. II, pp. 283–284.〕

［編13］ジョン・ウィクリフ John Wyclif（一三二四？―八四）は教会に対する最初の本格的な攻撃を、オックスフォードにおける一連の講演（一三七九―八〇年）と『デ・ユーカリスティア』*De Eucharistia*（一三八一年）において開始した。

さはどこにあったのかという問いが容認されるに十分なほど、まだぼんやりと霞んでいました。

確かに、宗教改革で啓蒙されたローマ・カトリック信者であれば、私達の考察を昔の極悪非道の無法行為から反らすために、並外れた礼儀正しさでそれ〔宗教改革〕に先立つ時代を賞賛するかもしれません。しかしプロテスタント信者は、この自由のかすかな曙は沈殿する闇をより鮮明にしたにすぎず、その世紀の誇れる徳はみな、愚かな優越感と頑固な野蛮の刻印を帯びていると認めるに違いありません。その時代には、礼儀正しさは腰の低さと呼ばれ、これ見よがしの施しが人道精神《ヒューマニティ》と呼ばれていました。そして人々は、自分達自身にとっての徳を獲得するべく骨の折れる課題に取り組むというよりは、後代から自分達の徳を、もっと妥当な言い方をすれば自分達の重要性を借用して満足していました〔訳5〕。

「人間の制度はみな不可避的に不完全である」という使い古されたことわざを繰り返すのを待たないとすれば、あらゆる現代の政府の不完全性は、かなりの程度、人間精神が最大の偏見と最も不道徳な迷信に縛られていた暗愚の時代に国制が定められたという単純な状況から生じてきたに違いありません。もっとも、そのような異種混交の寄せ集めが国制という名に値するならば、ですが。しかるに、明敏な哲学者であられる閣下、あなたは光を分析するのに最も適した時間として、夜をお勧めになるわけでしょうか。

一人の人間の命に課された罰金がほんの数マルクにすぎず、金持ちの所有物が侵害された時――私は私達の本性の堕落を発見して恥じ入りますけれども、例えば一匹の鹿が殺された時――には〔鹿の〕死の代償として死刑が課される時代がありました。私達は、人間の権利をそのような時代の中に探し求めるべきなのでしょうか。これらは、おのずと愛され、その侵犯が神聖さの冒涜となるような法なのでしょうか。法が殺人を公認したり黙認したりしていた時、人間の権利は理解されていたのでしょうか。さもなければ、あなたの教義では権力と権利は同じなのでしょうか。

　でも、実際にあなたの熱弁のいっさいがあまりに直接にこのような結論に達しますので、あなたがご自身を自由の友と呼ぶ時、ご自身を所有権《プロパティ》の擁護者、権力が作り上げてきた輝かしい像の崇拝者と呼んだ方がもっと首尾一貫したものになるのではないかと自問なさるよう強く求めます。そして、あなたが胸の内を精査している時、もしそれが、優れた想像力がいやいやながら従事する数学的な作業と酷似していないようでしたら、さらに問うてください。目下、欺瞞的報酬を享受していること、そしてこっそりと男らしくないやり方でアイルランド行政機関の年一五〇〇ポンドの恩給を手に入れてきたことを忘却できない人が、自分の徳と独立心を自慢することは〔原2〕〔訳6〕、正直さという通俗的な観念や道徳性の土台である真理とどのように両立するのでしょうか。閣下、私は名誉の洗練された原理に到達しているわけではありませんが、正直な人間というものは、公務や隠れた援助の報酬を**別の**名前で受け取るのでしょうか〔編14〕〔訳7〕。

〔訳5〕バークはフランス人を批判して、「先代以前の御先祖達に自分の主張の根拠を求め」るよう進言し、「御先祖を畏れの心をもってひたすら愛していたならば、あなた方の想像力は……昨今の野卑な行動など及びもつかない水準の徳と叡智を彼らの中に認識したことでしょう」と述べている（*WS* VIII 86＝『省察』47）。ここでウルストンクラフトは、このバークの論理を逆手に取って、後代の人間が自分自身ではなく先祖を自己の徳の根拠とするのであれば、逆に先祖の徳は後代の人間によって根拠づけられることになる、と論難している。

〔原2〕バーク氏の経済改革に関する法案を参照せよ。〔〔編注〕バークは、一七八〇年二月一一日の庶民院での演説において、五つの経済改革法案を提出する際、改革に必要な徳と独立心への訴えでその演説を始め、締めくくった。〕

この件は、この本の読者の誰よりも完全にあなたご自身が理解するでしょうが、でも、余談から本題に戻りましょう。閣下、あなたはどんな原理に基づいて古い教会制度を根こそぎ引き裂いた宗教改革を正当化できるのでしょうか。私には推察できません。でも、失礼ながら、おそらくあなたは宗教改革を正当化することをお望みではなく、あなたにはご自身の敬虔な気持ちをすべて明言しないことを自分に言い訳する心的留保があるのでしょう〔本書「解説」二二四―二二五頁参照〕。もしくは、さらに昔に遡って、仮にあなたがユダヤ人だったとしたら、あなたは「彼〔イエス〕を十字架につけよ、彼を十字架につけよ」という大衆の叫びに加わっていたことでしょう。〔現代の〕私達のように暗闇や無知の中に溶け込んではおらず、神が与えた権威に依拠していた新しい教説の宣伝者や古い法や慣習の侵犯者は、あなたから見れば、危険な革新者だったに違いありません。もしあの大工〔イエスの養父ヨセフ〕の息子がダビデの血統と家系であることをあなたが知らされていなかったとすれば、なおさらです。しかし、このような見え透いた不条理と闘うために、恐ろしいほどの一連の誤った意見に必ず含まれている明白な矛盾を示して推論しても、きりがありません。

断固必要なのは以下のことです。すなわち、人間には、その向上可能な能力によって獣類の上に位置づけられる理性的な存在として、生まれながらに受け継いだ権利があること、そしてこのような能力を祖先からではなく神から受け取る点で、時効は決して自然権を覆せないこと、これらを繰り返し唱えることです。

父が自分の財産を浪費するとしても、その子供は不満を述べるどんな権利ももちません。しかし、彼が子供を奴隷として売ろうとしたり、理性に反する法で束縛したりすれば、自然は子供が善と悪を識別できるよ

〔訳6〕バークは「経済改革のための演説」（一七八〇年二月一一日）の後半で、「もし議会が私をこの改革の仕事を実行する何らかの任務に選んでくれたならば、……私は本院に対し誠心誠意、自分として昼夜の別、都市と田舎の別なく、執務中であれ森にいるのであれ、便宜、安寧、快楽を顧慮することなく、なんら報酬を期待したり受け入れたりせずに、人民からの負託に応えて全力を傾注すると約束する」と述べている（*WS* III 547＝『論集』369）。

〔編14〕ウルストンクラフトの批判は、この当時は根拠のないものであった。一七九四年、バークが多額の借金を負っていて、ピットが彼に三〇年間の国家奉仕の見返りとして年額一二〇〇ポンドの年金を与えた時、彼の政敵からは案の定、敵意に満ちた反応があった。

〔訳7〕ブレイクモアによれば、この恩給の噂の源はランズダウン卿である。ランズダウン卿は、一七九〇年にフランス革命を支持する急進派が集ったボーウッド・サークルで、リチャード・プライスにバークの恩給について語り、プライスがそれをゴドウィンに伝えた。ゴドウィンは日記に「ホラント卿の私設秘書であるムーア氏は、アイルランド行政機関の年一五〇〇ポンドの恩給受給権の売却を申し出ている。この恩給は彼の名前になっているが、一七八二年に授与されたバーク氏の財産であるとムーア氏は告白している」と記している（William St Claire, *The Godwins and the Shelleys : A Biography of a Family*, W. W. Norton, 1989, p. 50）。これはウルストンクラフトの叙述と一致する。参照：Steven Blakemore, *Intertextual War : Edmund Burke and the French Revolution in the Writings of Mary Wollstonecraft, Thomas Paine, and James Mackintosh*, Associated U. P., 1997, pp. 86–88.

うにし、彼に無知の鎖を断ち切ること、そして盲目的信条によって両親が聖体を飲み込んだからといって、パンが肉体になりブドウ酒が血になるとは信じないよう教えます。

権威に対するこうした無条件の服従にはきりがありません。〔しかし〕どこかでそれは終わらなければなりません。さもなければ私達は野蛮へと戻り、私達に現世における生まれながらの王笏を与える向上の能力は、私達を牧草地へ招待するように見せかけて、泥炭と掃きだめの中に導く一つのまやかし、鬼火のように人を惑わすものとなってしまうでしょう。もし私達の政府に変革をもたらした事前の対策の多くが賢明であったと認められるとしても、それは国制の持久力の強壮さや卓越性についての評価を具現しているというよりは、むしろ弱さの証左なのです。

しかし、バーク氏はどのような原理に立ってアメリカの独立を擁護できたのでしょうか。私には考えられません。[編15] というのは、彼のまことしやかな議論の趣旨全体が、奴隷制を永続的基礎の上に据えてしまうからです。[訳8] 古代に対する彼の追従的な畏敬の念や自己利益への賢明な注意が、奴隷貿易は決して廃止されてはならないという彼の主張をより説得力あるものにすると認めるならば——私達の無知な父祖達は、人間の生得の尊厳を理解せずに、理性や宗教のあらゆる助言を踏みにじる交易を承認してしまったのですから——、私達は非人間的な慣習に従い、人間性に対する極悪非道の愚弄を祖国愛とか、私達の財産を保障するための法への当然の服従などと呼ぶことになってしまうでしょう。財産の安全保障！　ご覧なさい。煎じ詰めれば、これがイングランドの自由の定義なのです。そして、この利己的な原理のために、より高貴なあらゆる原理が犠牲となっています。ブリテン人が人間に取って代わり、市民というものの中では神のイメージは失われます。しかし、ギリシアやローマであらゆるあさましい情念を飲み尽くしたのは、上述の〔鬼火の〕ような熱狂的な炎ではありません。いやむしろ、焦点となるのは利己心です。〔個々人の本源的諸権利という〕分裂する光線は、私達の〔諸情念と諸関心の群れである〕霧がかかった大気を超えて昇っていくのではありません。〔訳9〕いやむしろ、穏やかに言えば、安全に保障されるのは、富者の財産だけなのです。額に汗して生きる人には抑圧からのどんな避難所もありません。〔『新約聖書』ルカによる福音書、一一章二一節に出てくる〕かの強い人間は〔避難所に〕入ることができるかもしれません〔「強い人が武装して自分の屋敷を守っている時には、その持ち物は安全である」〕が、いつ貧民の城が神聖不可侵になったというのでしょうか。〔強制徴募隊に情報を流す〕卑しい密告者は、生計をその勤労に依存している家族から逞しい男性を奪うのです。

あなたは、最も貴重な人間の権利に対するこのような悪名高い侵害の後に生じる致命的な帰結や、そのような侵害が私達の完全無欠の国制のまさに正面にあるいまいましい汚点であることに十分に気づいていらっ

〔編15〕バークは、「アメリカとの和解についての演説」（一七七五年三月二二日）において、アメリカ独立革命を伝統的なイングランドの自由の主張であると見なした。

〔訳8〕バークは「アメリカとの和解についての演説」において奴隷制を擁護している（*WS* III 131＝『論集』195）。詳しくは本書「解説」二一六―二一八頁を参照。

〔訳9〕バークは、抽象的に想定された個々人の本源的諸権利は「人間の諸情念と諸関心の錯雑した群れの中」では「様々な屈折と反射をする」と言っている（*WS* VIII 112＝『省察』79）が、そのことを揶揄していると思われる。

しゃるはずです。それなのに、あなたが私達の政府を模範であると推奨した際、人々を海軍水夫として強制徴募《プレッシング》する専横な慣習に注意するようフランス人に警告しなかったことに、私は驚きを隠すことができません。[編16] あなたは彼らに、イングランドでの財産は自由よりもはるかに保障されているとほのめかすべきでしたし、正直な一職工の自由——彼のすべて——がしばしば富者の財産の安全保障のために犠牲にされることを隠すべきではありませんでした。というのは、ある人に自由も財産もない場合に、その人が**彼の国のために、彼の暖炉**〔家族〕**のために、あるいは彼の祭壇**〔一族の信仰〕**のために**[訳10]戦うふりをするのは滑稽な行為だからです。彼の所有物《プロパティ》はその筋骨逞しい[編17]腕の中にあるのですが、彼の腕は、一人の専制的な少年——おそらくその〔海軍での〕地位を、家族の縁故で入手したか、あるいは一選挙区での権益や貴族院議員としての発言権が大臣の意に適っていた父親が金銭ずくの投票で入手したかのいずれかでしょう——の傲慢な命令に従って、なじみのない〔戦艦の〕ロープを引っ張るよう強要されるのです。

私達の刑法は、わずか数ポンドを盗んだ泥棒を死刑に処します。[編18] しかし、人を暴力や罠にかけて連行することは、そのような忌まわしい犯罪ではありません。というのは、一人の人間の命よりも一頭の鹿の命をより神聖不可侵であるとする旧来の法律の残存について、敢然と不満を述べることなど誰もしないからです。上述のように連行されて抑圧されたのは、まさに生得の尊厳しかもち合わせていない貧しい人間達でしたが、しかし、形而上学的ソフィストや冷めた数学者だけは、非実在的形式を理解することができます。というのは、それ〔法〕は抽象化のなせる業だからです。活発な想像力をもつ**紳士**《ジェントルマン》は、ある**人間**《マン》を愛したり哀れんだりする前に、空想から衣装を借用してこなければなりません。悲惨は、あなたの胸の内に届くためには宮廷道化師の衣装をまとっていなければならないようですね。というのは、ごく**自然に**あなたの気質を考察すると、あなたの涙は劇場での熱弁用に、あるいは王妃達の失脚のために取っておかれるのですから。王妃達の失脚の場合、その身分が愚行の本性を変え、人間性を堕落させる悪徳に優美な覆いを投げかけます。一方で、その**配偶者**と引き離された多くの勤勉な母親達の困窮と、途方に暮れた赤ん坊の空腹ゆえの泣き声は、広く見られる難儀ですが、そのことが施しを強要することはありえても、あなたの同情を引き起こすことはできないでしょう。ルソーはこう述べています。「虚構の悲しみのために流される涙は、見事に改変されて、自らがもっていないすべての徳を私達は誇るようになる。[編19]」

強制徴募の専制的実施の破滅的な影響を、私達はまもなくほぼ確実に知ることになるでしょう。というの

〔編16〕健康であるが兵役を志願しない男性を対象とした海軍への強制徴募は、一八一五年のナポレオン戦争の終結まで続いた。

〔訳10〕バークは、世襲原理が「私達の国家と暖炉と墓標と祭壇を相互に不可分のものとする」と述べている（*WS* VIII 84＝『省察』44）。

〔編17〕サミュエル・ジョンソン『辞書』Samuel Johnson, *Dictionary*, 1755〔「筋骨逞しい」nervous〕「頑丈、強い、強靱。」

〔編18〕一八一三年までは、五シリングものわずかな窃盗でも死刑を宣告されることがあった。

〔編19〕ルソー『ダランベールへの書簡』Rousseau, *À Mr. D'Alembert*, 1758, pp. 31–2.「そうした架空のことに涙を注ぐことによって、私達は人間性のあらゆる権利を満足させたことになって、私達自身のものを何も与える必要がなくなる。」〔今野一雄訳『演劇について――ダランベールへの手紙』岩波文庫、一九七九年、五五頁。〕

は、通常の雇用から徴発されたたくさんの人々が、戦争の懸念がもはやないので、まもなく自由になって社会に放たれるからです。

庶民《ヴァルガー》は十中八九、習慣と衝動の生き物です。この〔卑俗《ヴァルガー》という含意をもつ〕言葉で、私は、自分の肉体を維持するために労働し、精神を陶冶する時間のない階級の人々だけでなく、裕福に生まれても必要によって創意工夫の才を磨くことがなかった人々をも意味しています。

私が形而上学的な探究に公然と言及することで、あなたの神経系統を混乱させるのではないかと非常に気がかりではありますが、畏れながら閣下、次のように言わせていただきます。文字どおりに解釈すれば、自己保存は自然の第一の法であり、肉体を維持し保護するために不可欠の世話《ケア》が、精神を発達させ男らしい独立心を啓発する第一歩なのです。産着にくるまれて泣いている赤ん坊は、上流の者のように扱われるなら、おそらく紳士になるかもしれません。しかし彼が、あらゆる木の枝に快楽がぶら下がっている時でも個人的な長所を獲得するために自分の精神や身体を鍛錬するほどの剛毅さもっている場合、自然は彼に非凡な能力を与えたに違いありません。情念は理性の不可欠な補助です。今ここにある衝動が私達を前へと押し出します。そして、獲物は追いかけるに値しなかったとわかる時には、私達はすでにはるかに多くの地表を走破し、多くの新しい着想を獲得しているだけでなく、考える習慣をも身につけているのです。私達の諸能力の鍛錬が大いなる結果なのですが、ただしそれは、私達が上述の意気込みをもって出発した時に見据えていた目標ではありません。

さらに横道に逸れて形而上学の中に入ってしまうかもしれませんが、これ〔自己保存の法〕は魂の生得の不滅性を支持する最も強力な議論の一つであることを書き加えておきましょう。さあ座って現在の瞬間を楽しもう、私達の能力や願望は現にある状況と釣り合っているので、私達は不平を言うことなく似通った土くれに戻ることになるだろう、と私達が言うことができる時は、何事も手段のように見え、目的や終点のように見えるものはありません。そして、もし自尊心が私達にもっと洗練された快楽を味わうことができると囁かなければ、真理への渇望は鎮められ、弱い型の非物質的なエネルギーである思考は、もはや自分が躍動する場がないことを知り、どうにか十分な多様性を確保できる住処に閉じ込められます。その場合、富者は自分が他の人間達のようではないことを神に感謝することでしょう。しかし、日夜助けを求めて叫んでいても、手近に誰も助ける人がいない悲惨な人々には、いつ報いがあるのでしょうか。悲惨だけではなく不道徳もまた、このような〔強制徴募という〕専横な権威濫用から生じてきます。庶民は労力として使われた時に、一旦受け入れた観念を彼らの精神から追い払う力をもっていません。彼らはある種の生活から別の生活へと素早く変わることはできません。彼らの精神の蝶番《ちょうつがい》を完全に外すように彼らを急き立てても、彼らは新しい習慣を獲得しており、以前のように容易にかつての仕事に戻ることはできません。その結果、彼らは怠惰や大酒飲み、そしてあなたが野卑という烙印を押した一連の悪徳に陥るのです。

　このようなやり方で行為する政府を、善き親であると言うことはできませんし、そのような政府は、こうしてなおざりにされた子供達の胸中に自然な（より適切には習慣的な）愛情を喚起することもできません。

　狩猟法は、職工にとっての強制徴募とほぼ同じくらい農民にとって抑圧的です[編20]。この自由の国で、貴族の領主が貧しい農民の小さな所有地の近くに狩りの獲物をおびき寄せるための畑[編21]を作ると決める時、この貧しい農民の所有地を何が保障することになるのでしょうか。猟獣は農民の労働の成果を食べ尽くします。しかし、彼が敢然とそれらの動物の一匹一羽でも殺すならば、あるいは地主の楽しみを妨げようと手を挙げようものならば、罰金や投獄が彼を待ち受けているのです。**狩猟がさかんな**《スポーティング》農村〔訳11〕では、これまでどれほどの家族が、このような高圧的な法の取るに足らない違反のかどで、悲惨と悪徳の中に追い込まれてきたのでしょうか。そのような違反は、自分の勤労の報酬が無情な贅沢によって荒らされる——彼の子供の糧が犬に与えられる！——のを見た時、人間が感じる怒りの当然の帰結なのですが。

閣下、あなたはこのような事柄に沈黙することで、地位に対するあなたの尊敬が人間性という共通の感情を見えなくしてしまうことをお示しになりました。あなたは貧民を地所にいるたんなる家畜、世襲の貴族階級の猟鳥のように考えているように思われます。あなたが悲惨な物言わぬ大多数をほとんど尊重することがないのを思えば、私は、司教冠が決して飾ることがないであろう額をもち、その人気があなたの虚栄心を傷つけたかもしれない一個人〔リチャード・プライス〕を扱うあなたのやり方に驚きはいたしません。というのは、虚栄心は常に人を悔しがらせるものですから。閣下、フランスにおいてさえ、革命以前に人は文学的名声によって紳士としての待遇を手に入れました。ところが、あなたは礼節《ポライトネス》の証明書を求めてもっと遠い時代へと戻ろうとしていらっしゃいます。ゴシック期の丁重な物腰が、あなたが採用するにふさわしいと思っている流儀ですが、それは一封建家臣の儀礼的な腰の低さであって、自由な人間の礼儀正しさではありません。礼節は実のところ、唯一人間性に代わるものです。さもなければ、何によって無学文盲の野蛮人と文明化された人間は区別されるのでしょうか。理性によって律せられていない人間は、彼の行為をきっと勝手気ままな基準に合わせることになるでしょう。どんな規則であなたのプライス博士〔訳12〕への批判が律せられているのかを、私達はこれから突き止めなくてはなりません。〔編22〕

閣下、私は、教会の説教壇は政治的議論の場ではないというあなたの見解に賛成します。ただし、もっぱら政治的革命〔名誉革命〕を記念するために特別に設定された日に、明白に規定された義務が侵害されていない状況で、政治的な話題に立ち入ることはかなり容赦されうることではあるでしょう。〔編23〕でも、私はこの点は一蹴し、プライス博士の熱意は健全な理性が正当化しうる地点を越えたところにまで彼を運んでいったと

〔編20〕一三八九年から一八三一年まで、狩猟法は、猟獣を殺す権利を大土地所有者や長期借地人に限定した。また強制徴募令状は、健康な男子を強制的に軍務につかせるために、戦時に出された。

〔編21〕猟獣を誘き寄せるために作られた無防備な穀物の畑。

〔訳11〕バークは「立法部が恣意的法令によって人々の精神や感情に突如暴行を加えかかったり、彼らをその生活状態や条件から強制的に貶めたり」したならば、その立法部は不正であり、加えて人々が「住まいから追い払われ、財貨のすべてを没収された」なら、それは「専制的狩猟 despotic sport」であり、それは「極悪非道の暴政 the rankest tyranny」であると述べている（*WS* VIII 205＝『省察』196）。

〔訳12〕リチャード・プライス Richard Price（一七二三―一七九一）。ロンドン郊外のニューイントン・グリーン礼拝堂を主宰した。

〔編22〕バークの『省察』は、著名な非国教徒《ディッセンター》の牧師、リチャード・プライスに反駁するものであった。プライスは、『祖国愛についての講話』*Discourse on the Love of our Country*, 1789 において、フランス革命が市民的および宗教的自由を約束するものであると賞賛した。〔本訳書では、以降『講話』と略記し、初版の頁数を縦書き漢数字で示す。〕

認めましょう。私はまた、私達が遠く離れた帰結を知ることができるまでは、目下の災難は醜い悪《イーヴル》の形で現れ、私達の同情をかき立てざるをえないというあなたの見解に心底から同意します。時間がゆっくりとそのような災難から発現させる善は、死すべき運命にある者の目から隠されているか、あるいはただぼんやりと見えるだけなのかもしれません。他方、共感は他の人間を思いやるように人を駆り立て、体全体を救うために一肢を切断せんとする手を制止します。しかし、こうして譲歩した後で、あなたに諫言し、あなたの偏った感情を映し出す鏡を静かに掲げることをお許しください。

　プライス博士の意見を非難した際に、あなたは彼を容赦できたはずでした。そして、あなたが地位の偶然的区別に対して払う崇敬の半分でも、かの有徳の白髪の御仁に払ったとすれば、あなたは、その才能と慎み深い徳ゆえに道徳的卓越性で高く評価されている共同体の一員を、あのような下品なずうずうしさと傲慢な侮蔑をもって扱いはしなかったでしょうに。〔編24〕精神的に卓越しているため、ある人が他の仲間より高く評価されている場合でさえ、私は通俗的な畏敬の念をもって仰ぎ見る習慣がありませんが、それでも、敬虔と理性によって定まった習慣や、善良さの中に統合されている諸徳をもつような人の見識は、私の敬意を喚起します。仮に私が自分の感受性を見せびらかすとしても、そのような人の間違いには手加減して触れるでしょう。プライス博士の政治的意見はユートピア的夢想であり、世界はそのような崇高な道徳体系を採用するに十分なほど文明化されていない、とさしあたり仮定しましょう。それでもなお、彼の意見は、まさしく慈愛に満ちた精神の夢想なのです。死の縁をよろめき歩いても、あのご立派なお方は、権力や富を得ようと奮闘することを夢見たことなど、その全生涯で一度もありません。そして、もし自由の喜ばしい曙の閃光が彼の気分に若き炎を再び灯したのだとしたら、あなたは、プライス博士の時宜を得ない有頂天を容赦してさしあげるべきだったでしょう。その目の中に徳や分別の輝きはないにもかかわらず、**偉大な**貴婦人〔マリー・アントワネット〕の目の魅惑的なまなざしにあなたは耐えられなかったのですから、プライス博士の有頂天も、それと同様に見なされるはずでしょう。〔編25〕

私には、この尊敬に値する老人が説教壇に立って手を握り締め、目を信心深く一点に据え、動じない敬虔さがもつ実直な力強さで祈っているのをほとんど眼前に想像できます。もしくは、もっと胸を張って、徳の気高さを説き、彼の人生によって光彩を添えられた教説を力強く訴えている姿が想像できます。慈愛は一つ一つの表情を活気づけ、彼の口調は説得力を帯びています。この説教者は、ただ明晰であるように努力しているだけなのですが、次第に雄弁になります。そして、彼が手に入れた尊敬は、もっぱら体現された徳と年輪を重ねた叡智に起因する尊敬だけであるように思えます。〔編26〕これが、あなたが多くの侮辱的な形容辞で烙印を押した人間でしょうか。彼の私生活は厳しい取調べに耐えることでしょう――そんな男らしくない風刺や

〔編23〕バーク『省察』一四頁（WS VIII 62＝『省察』17）。「政治と説教壇はあまり相容れない言葉です。教会ではキリスト教の慈善を説く癒しの声以外の音が聞こえるべきではありません。」プライスの『講話』は革命協会という、一六八八年の名誉革命を記念する協会での説教として、一七八九年一一月四日に語られた。公職に就く者に国教への同意を要求した審査法と自治体法の撤廃運動をしていた非国教徒達にとって、一六八八年の取り決めは自由と平等に向けての大きな前進を意味した。完全な平等は一八七一年まで与えられなかった。

〔編24〕編注22を参照せよ。

子供じみた思い上がりは追い払いましょう。でも、ここでの私の批判を終える前に、私はあなたに意図的な虚偽の陳述と悪意に満ちた罵詈雑言の罪を宣告しなければなりません。

　プライス博士は、公的礼拝の場に人々が参列する必要性について論じる時、弁明《アポロジー》という形式でこれまでなされてきた異議を、簡潔に不要なものとしています。[編27] それは、イングランド国教会の祈祷書に同意せず、自分達が良心的に参加できる教会以外にはどんな礼拝様式も見出すことができない人達に、彼ら自身のための礼拝の場を確立するよう助言することによってです。[編28] この平明な助言をあなたは極めて異なった意味へと曲解して、この説教者を、国教会教義に異議を唱えんとする熱狂に駆り立てられ、「真理を普及させるためではなく、矛盾を伝播するために」意見の不一致を推奨する者であると叙述しました。(原3) 一つの単純な問いが、このずうずうしい熱弁を沈黙させるでしょう。真理とは何か。いくつかの基本的な真理は、理性の最初の探究と一致し、偏りのない精神には、私達の身体が生きて機能するためには空気と糧が必須であるというのと同じくらいに明白なものに見えます。しかし、かなり熱を帯びて人々が論じる意見は、単純化され、第一原理に還元されなければなりません。さもなければ、誰が想像力の生み出す奇想や一見入念な論拠薄弱さを、理性による判断と識別することができるでしょうか。危険な惰性が起こってくるといけないので、これらすべての論点を論証させ、根拠のない権威や無知蒙昧の伝統によって規定させないようにしましょう。というのは、探究を中止すれば、おそらく私達の理性はまどろみ、情念のあらゆる衝動に無制限に引き渡された状態になるでしょうし、私達の知性の使用がもはや明晰な光を灯し続けることがなくなれば、その光に照らされた視野を私達はまもなく失うことになるでしょうから。経験に基づいて論じるならば、人間精神は思考をひどく嫌って、必要性によってのみ啓かれうるように思われます。というのは、人間精神が世間の通念を鵜呑みにできるような場合、人間精神は喜んで魂《スピリット》をその粗末な住処に黙って寝かせておくのですから。知性の拡張だけを今議論するなら、おそらく、最も向上する精神の行使とは、不確実性の境界線のあたりをうろついたり、不確実性の暗い深淵をまたいだりする休むことなき探究なのです。このような活発な推測は、静まり返った湖をよどまないよう保ち続けるそよ風です。私達はすべての道徳的卓越性を、幅広いものではあっても一つの道筋に限定するよう心がけておくべきでしょう。もしくは、もし私達の精神がとても狭量であるとしても、私達は、私達が代々受け継いだものがイスラム教ではないという偶然、そして深く根づ

［編25］バークのマリー・アントワネット礼讃については、バークの『省察』一一一―一一三頁（*WS* VIII 126–127＝『省察』96–97）を参照せよ。

［編26］ウルストンクラフトがニューイントン・グリーンに住んでいた時（一七八四―八六年）、プライスは、彼女が時折出席していた長老派の礼拝堂の説教師であった。彼らは親しい友人になった。

［編27］グラフトン公爵、オーガスタス・ヘンリー・フィツロイの『聖職者、貴族、紳士階級の新たな連携に、真剣な関心を求めて、俗人が提出した覚え書等』Augustus Henry Fitzroy, Duke of Grafton, *Hints, etc. submitted to the serious Attention of the Clergy, Nobility and Gentry, Newly Associated, by a Layman*, 1789 は、礼拝儀式規定集の改定を呼びかけた。

［編28］プライス『講話』一八頁。「公的権威によって定められた礼拝形式を好まない人々は、（もし彼らが賛同する教会以外には礼拝の場を見出せない場合には）彼ら自身で別の礼拝を確立すべきである。」〔永井義雄訳『祖国愛について』未来社、一九六六年、三三頁。〕

いた権威の姿をした運命の鉄の手が私達の頭上に破壊の剣を掲げたことはまだないという偶然の恩恵を、どれほど多く被っているかを忘れるべきではありません。とはいえ、ここで、間違った叙述の指摘へと戻りましょう。

（原3）一五頁（WS VIII 63＝『省察』18）。〔（編注）バーク『省察』「彼の熱意は変わった性質のものです……それは真理の普及ではなく矛盾の伝播を目指しているのです。」〕

バーク氏が非常に敬服しているブラックストーン〔原4〕〔編29〕は、グレート・ブリテンの王位継承が人民の選択に依拠していているという点、あるいは人民は王位継承を遮る権力をもっているという点で、プライス博士に同意しているように思えます。しかし、この権力はより適切には、権力というより**権利**と名づけうるものです。そうあって欲しい！　その上、私達の父祖達が世襲の権利の主張を大いに尊重したことを示すためにあなたが入念に先例を引用した時、あなたはあなたのお好みの時代に戻って、〔教皇から発せられるかのような〕雷鳴轟く法〔訳13〕によって〔政変がある度に王位継承の制度が変わり〕、面目を失墜してきた教会に対する父祖達の尊敬を示すこともできたでしょう。先例を秤にかけると矛盾がかなりの重みをもつので、この結果、最も凝り固まった古い時代への崇拝は減少するでしょう。そして、一八世紀の人々は、**聖者の列に加えられた父祖達**〔訳14〕が権威の杖への依存を止めて理性に立ち返ることができなかったこと、もしくはそうするのを恐れていたこと、そして子孫の独り立ちが許されてはならないと立証するためにそのような先祖がもちだされるべきではないことを、認識せざるをえなくなるでしょう。

（原4）「**世襲的**権利の理論は、王座への**取り消すことのできない**権利を決して意味するものではない。偏見なく、またどんな程度であれ、注意して、我が国の法律、国制や歴史を考察したことのある人なら、このことを主張する人はいないだろう。この世襲的権利を否定し、特定の継承予定順位、限定や規定条件によって、すぐ次の後継者を排除して、継承権を他の誰かに渡すことは、疑いもなく我が王国の最高の法的権威、すなわち国王と両院の考えるところである。このことは、我が国の法と国制に厳密に合致するものであり、我が国の法令集にとても頻繁に用いられている「国王陛下、彼の後継者および継承者達」という表現からうかがえる。ここにおいて観察されるのは、「後継者」という言葉が、必然的に通常「王族」に備わった相続や世襲の権利を意味するように、継承者という言葉は、独立して受け取られるなら、この相続が時として破られること、もしくは国王の後継者でない継承者が存在しうることを意味するはずだということである。」〔（編注）ブラックストーン『イングランドの法律に関する注釈』Blackstone, *Commentaries on the Laws of England*, 1765, I, iii, p. 188. 強調は原文。〕

しかしながら、私は言い逃れのようなものに依拠して、あなたがなさったほど偏った形でアリストテレスから引用するつもりはありません。〔（編注）バーク『省察』一八五―六頁（*WS* VIII 174＝『省察』158）では、「民主制は専制と多くの点で類似している」というアリストテレス『政治学』Aristotle, *Politics*, book IV, part iv を引用している。〕ブラックストーンはとても慎重に、自分の意見の至るところに付帯条件をつけているので、法律の条文は

〔編29〕バーク『省察』四五頁（*WS* VIII 81–82＝『省察』41–42）。

〔訳13〕バークは、国王を選択できる人民の権利を主張するプライスの議論を、それは教皇権と同じだと皮肉って「雷鳴轟く教皇勅書」と表現した（*WS* VIII 64＝『省察』19）。

〔訳14〕バークは「聖者の列に加えられた父祖達」の前にいるかのように行為すれば、無秩序と過度に向かいがちな自由の精神は先祖に対する畏怖と厳粛さで中庸を得るようになると述べている（*WS* VIII 84＝『省察』44–45）。

この問題についてあなたの側を支持していると彼が考えていたことは明らかです。でも法に対する盲目的な尊敬は、私の信条の一部ではありません。

私達が先祖の誤りなき叡智を疑う時、法の誠意への疑い、そして我らが至高の君主たる国王という卑屈な呼称の礼儀正しさへの疑いも、同じ理由でようやく生じ始めます〔編30〕。誰がそのような法のへつらった言語の指令者だったのでしょうか。それは宮廷の寄生者であり、俗物の司祭ではなかったでしょうか。さらに礼拝の際に、その感情が習癖によって麻痺せず、その知性も萎えていない聖職者であれば、一人の人間〔国王〕と創造主に同じ〔至高の君主《ソブリン・ロード》という〕形容辞が適用されるのをぞっとせずに繰り返したでしょうか。もしこれが言葉の混同であるとすれば、覚醒した理性の指令、つまり無意味と区別するための基準は何なのか、述べてください。

あなたはさらに、**人民の屑**〔編31〕というよく知られた言い回しの明らかな意味を歪曲することによって、民主主義者の一貫性を皮肉っぽく論難しています。あるいは、貧困に対するあなたの軽蔑が、あなたを間違いに導いたのでしょう。それはともかく、偏見のない人であれば、直接にその言葉の偽りのない意味に気づいたことでしょうし、古参の国会議員であれば、その意味を取り違えることは到底なかったことでしょう。選挙民の意向を非常に頻繁に探っている議員であれば、屑が暗にほのめかしているものが共同体の不埒な人間であって下層階級ではないことに、彼自身の経験からすぐに気づいたことでしょう。

閣下、私は再度あなたの誠実さや識別力を疑わざるをえません。あなたはずっと陰で政治を操ってきました。あなたの世事に通じた心を自然に戻し、雄々しい気分にさせるのは難しいことでしょうが、とはいえ、あなたが畏敬の念に打たれて陥った混乱は、ご自身を元老院議員であるかのように見なす〔訳15〕ことで喚起された驚嘆という低俗な情動が鎮まった時に、消え去ったに違いありません。その時、汚職で動きが鈍くなった車輪に、増大する税によって搾り取られた勤労貧民の汗で絶えず油が差されているのを見ることができたはずです。またあなたは、庶民院の大多数の議席がしばしば王権によって買収され、人民が自分達自身の金銭の力で抑圧されていることに気づくことができたはずです。なぜなら、その金銭は買収で固められた議員団の金ずくの発言権によって、人民から強奪されたものだからです。

有能な人でも、選挙区での利権をもたない限り、教会や陸軍や海軍で昇進できないことや、下劣な消費税

〔編30〕プライス『講話』二三―六頁。「臣民の**統治者**《ソブリン》というより**下僕**というほうが正しい。」〔永井訳、四〇頁。〕バーク『省察』四〇―四二頁（*WS* VIII 78–80 =『省察』37–39）。「法は、お世辞を言うことも侮辱することも知らないものですが、この元首を、この謙虚な牧師が呼ぶように、私たちの下僕とは呼ばず、「**我らが至高の君主たる国王**」と呼んでいます。」

〔編31〕バーク『省察』八二頁（*WS* VIII 107 =『省察』72）は、プライス『講話』四二頁を引用している。『講話』では、イングランドの政治的代表は「おもに大蔵省と、大抵金銭を支払われて投票している、数千人の人民の屑によって選ばれる」と描写されている。〔永井訳、五五―五六頁。〕

〔訳15〕バークは、元老院もしくはそれに類する会議は共和政に本質的で不可欠であるにもかかわらず、フランスの国民会議はそれを忘却してしまったと指摘し、それゆえ「最高度の無能力を露呈している」と批判している（*WS* VIII 245 =『省察』251）。これを揶揄して、ウルストンクラフトは「ご自身を元老院議員であるかのように見なす」と言っている。

徴税官の地位でさえも、選挙運動での利権によってようやく確保されうるということを、あなたはご存知のはずです。[編32]さらに私は、次のことも主張したいと思います。すなわち、学識があって善良な司教はこれまでもいたでしょうが、人間を堕落させる屈従的依存を甘受することなしに司教冠を勝ち得た司教はほとんどいない、ということです。こうした状況をすべてご存知のはずなのに、あなたは庶民が法律条文について語るように、上流の人が礼儀作法について語るように、徳と自由について語ります。なるほど、このような儀式の遵守が礼儀正しさを生み出すというのは正しい。墓は体裁よく白く塗られてごまかされ〔偽善者のこと。『新約聖書』マタイによる福音書、二三章二七節〕、高位の人間の上品ぶった目に障りはしません。しかし、あなたが幻影のみを崇拝し、しかもあなたの財産を確保するためにそうする時、徳は問題外となります。

まったく適切にも、人間は、小宇宙、つまり彼自身の中の小さな世界であると名づけられてきました。そのとおりですが、しかし、人間はさらに、蜻蛉のように一時のはかないもの――あなたの比喩の修辞を使えば、夏の蠅――であると認識されなければなりません。[編33]家族内での財産の永続は、あなたが最も熱心に弁護している特権の一つです。しかし、そのような精神はとても許容範囲が小さく、自分の慈愛の対象を〔家族というような〕狭い集団に限ってしまうことを証明するのは、それほど難しいことではないでしょう。こんな慈愛は、盲目的自己愛のあさましい計算の中に包含されてしまうと言って差し支えないでしょう。

子供達を奴隷のように扱い、子供達に譲る全財産の代価としてそれ相応の忠順を自分の生存中に要求する親達には、子供達への動物的な愛着がとても目立つものです。そしてこのような愛着は、その子供達が〔愛という〕最も神聖な絆を断ち切って、自然な衝動に背き、富を増やし貧困を避けるために合法的な売春行為[編34]

に走ることを余儀なくさせてきました。さらに悪いことには、親の悪口を恐れて、多くの弱い性格の人々は天に向かって真実を欺いてきました。そして、父親の怒りに満ちた非難を避けるために、最も神聖な約束が破られてきました。人が祖国の法の裁判権の対象となる年齢である場合には、親や私的処罰への絶対的な服従から解放されるべきだということは、理性が自然に示唆するところだと思われます。また、子供達が結婚相手を選ぶ際に自然の命じるところに従うことでその家の高貴な血統が汚れてしまうのを防ぐために、あるいは公的司法の管轄には入らない何らかの不品行ゆえに、親達が自分の子供を監禁するに任せるのは野蛮な虐待であり、最も専制的な自由の侵害の一つであることも、同様に理性が示唆するところです。[編35]

〔編32〕「影響力《インフルーエンス》」を使っての権力均衡の保証が追求された。したがって、王権は議会において、公務、軍および教会の公職の任命、そして課税によって賄われる年金や褒賞の分配を通して支配力を保持し、一方、貴族は、庶民院における貴族院の利害を守るために、州や自治都市の選挙に同様の影響力を投じた。「影響力」の濫用を抑制する改革は一七八二年に始まった。

〔編33〕バーク『省察』一四一頁（*WS* VIII 145＝『省察』121）は、国制上の連続性がなければ、「人間は夏の蝿に等しくなってしまうでしょう」と論じている。

〔編34〕この語句はデフォー Defoe によって、『結婚の猥褻さ、あるいは結婚という売春』*Conjugal Lewdness; or, Matrimonial Whoredom*, 1727 の中で使われた。

〔編35〕ヘレン・マライア・ウィリアムズ『一七九〇年の夏にフランスで書かれた手紙』Helen Maria Williams, *Letters written in France in the Summer of 1790*, 1790, chs. 16–22 では、まさにこうした暴力を受けたデュ・フォセ夫妻の物語を描いている。一七九一年までは、国王から受け取った「封印状」〔王の封印を押した投獄などの命令書〕という手段によって、一人のフランス市民が他の市民を裁判抜きで投獄することが可能だった。

家名を絶えさせまいとする**賞賛に値する興味深い**欲望が生み出してきた自然に背く犯罪を、誰がすべて数え上げることができるでしょうか。長男でない年下の子供達は、長男のために犠牲になってきました。彼らは遺憾にも**家族の**所有地と誤って呼ばれているものを侵害しないよう、追放の身の上となったり、修道院に閉じ込められたりしてきました。バーク氏は、このような親達の愛情を理性か徳に基づいているとお考えになるつもりでしょうか。いいえ、それは傲慢で見当違いの優越感が生んだまやかしであって、文明化の第一の源泉である自然な親の愛情ではありません。自然な親の愛情は、理性が卓越した長所を指し示して是認する場合でなければ、子供達の間に違いを設けることはありません。

こうしたまがいものの愛情から避けがたく生じるもう一つの有害な結果は、早婚という道をふさぐ克服しがたい障壁です。この障害物によって、最も傷つくのが若者の精神なのか身体なのかを見定めるのは困難でしょう。私達の社会の若者は自己中心のきざな男になり、慎ましやかな女性に対してはこれ見よがしに慇懃な態度《ギャラントリ》をとり、別種の女性達とは密通することによって、その精神と身体のどちらかが成熟する前に、それらの両方が弱められています。一家の主人、つまり夫や父という人格は、謹厳で男らしい思考や秩序ある振る舞いを生み出すことによって、知らず知らずのうちに市民を形成します。ところが、放蕩者の不品行や堕落した愛情からはどんな結果が生じるのでしょうか。それはまさに、自分自身の私的な満足を確保することや、社会における自分の地位を維持することだけを案じている趣味《ティスト》にうるさい人、これです。

これと同じ事情が、女性の道徳にも同様の有害な影響を及ぼしています。少女は家族の便宜の犠牲となり、さもなければより高い地位に就くために結婚し、私がすでに描写した類の上品ぶった紳士に遠慮なく媚を売るのです。この虚栄心、目立ちたいという欲望は少女達を駆り立て、今では彼女達を軽はずみな恋愛《ラブ》結婚《マッチ》から守る必要がないほどです。なぜなら、一部の未亡人達が時折恋に**落ちる**のでもなければ、田舎の教会での話でもない限り、愛〔の神キューピッド〕とヒュメーン[編36]はめったに共存しないでしょうから。

上流の女性達が夫をもつのは、自分の思いのままに多くの賞賛者達に媚を売るためです。媚を売ることは、上流社会の生活の重要な務めですが、それゆえ、老齢期のための備えを蓄えることなく、社会のために役立つこともなく、彼女達は人生の春をひらひらと飛び去らせてしまいます。このように私が述べる時、私は皮肉を込めて逆説的であろうとしているわけではありません。結婚における愛情は、尊敬に基づいてのみ築かれることができますが、そのような柔弱な存在〔上流の女性達〕は尊敬に値するのでしょうか。子供達は愛人のためにほったらかしにされ、不倫がとても広まっていることに私達は驚きを隠せません。女性というものは異性の感覚に対して印象づけるために、また無理やり慇懃に敬意を捧げさせるために、決して自分を飾ることを忘れません。にもかかわらず、女性達がとんでもなく限られた知性をもっていることに私達は驚きます。

私達は二人の主人に仕えることはできない、とお聞きになったことはありませんか。人に気に入られようとする過度の欲望は、精神的諸能力を萎縮させ、——ある偉大な哲学者の思想[編37]を借りるなら——魂を物質の

〔編36〕ギリシア神話では豊穣と結婚の神。

中に沈め、ついに魂は観想の翼に乗ることができなくなってしまいます。
高貴な人々の習俗《マナーズ》の猿真似をしている中産階級の人々が社会の中に引き起こすすべての悪徳や悲惨を突き止めるのは、おそらく困難な課題です。あらゆる人々が、自分の財産のおかげで尊敬を手に入れることを目指していますが、大半の地位は閑職と見なされていますが、それによって人々は注目を引き始めることができるのです。人々の四分の三の大いなる関心事は、どうにか首尾よく自分達と同レベルの人間の上をいく生活をすること、彼らよりも裕福に見えるようにすることです。このような理性を欠いた野心のために、どれほどの家庭内の安楽や私的な満足が犠牲になっているのでしょうか。それは最も麗しい数々の徳を枯れさせてしまう有害な白カビです。慈愛、友愛、寛大さ、人の心を結びつける親愛の情からなるすべての仁愛《チャリティ》、精神をより高い観想へと高める探究、そして「自らの成長とともに伸び、自らの力とともに強くなった」[編38]誤った観念によって蝕まれなかったつぼみの中のいっさいが、財産という鉄の手によってすべて粉砕されるのです。
私はこう断言して憚らないのですが、財産は絶えず変動するべきです。もし一家のすべての子供達の間でもっと等しく財産が分配されるならば、実際そうなるでしょう。さもなければ、まさに野蛮な封建的制度の結果生じた不朽の城壁が、長男に〔他の子供達の〕能力を押さえつけ、〔彼らの〕徳を低下させる権限を与えてしまうのです。[編39]
その上、これによって、人格の真の気高さに最も反する男らしくない奴隷根性が社会の中で育成されます。何らかの才覚をもつ人は、富者の愚かさにつけ込み、堕落するほどに富貴へと登りつめます。そして彼らは、より卓越した才能をもっていてもそのような歪んだ道を進むことができないか、もしくは汚物の中を歩くことができない人間——**腰巾着**であれば決してたじろがないでしょうが——の行く手をふさぐのです。真っ直ぐに自分の道を追求しても、そうした人間の精神《スピリット》は富裕者の傲慢や自らが直面せざるをえない困難によって、曲がったり壊れたりしてしまいます。

自然が認め理性が是認する唯一の所有権《プロパティ》の保障とは、自分の才能と勤勉によって獲得したものを享受し、その獲得物を自分が選んだ人々に遺贈するという、各人がもつ権利です。もし〔自分の才能と勤勉以外に〕富と名誉に至る他の道がないとすれば、そしてもし親の愛情の形をとった優越感に心を奪われず、その優越感によって友情が親族関係と同じ重みをもつことが妨げられなかったとすれば、この世にとってなんと幸福なことでしょうか。そうなったら、奢侈と女々しさが、私達の国家の主柱の一つである貴族の家系に非常に多

〔編37〕プラトン『パイドロス』Plato, *Phaedrus*, 246A–247E.〔脇條靖弘訳『パイドロス』京都大学学術出版会、二〇一六年、五二—五六頁。ここでプラトンは、魂の構成要素を「翼をもった二頭立ての馬と馭者」に喩えている。この二頭のうち、一方は善美の本性、他方はその反対の本性の馬であるがゆえに、馭者がうまく手綱をさばくのはとても困難で、手綱さばきを誤ると魂は翼を失って落下し、「土の性質をもつ物体（身体）」に住まうようになるという。〕

〔編38〕アレグザンダー・ポープ『人間論』Alexander Pope, *An Essay on Man*, 1732–4, epistle II, ll. 135–36.「〔やがては人間を征服する病気の萌芽が、〕彼の成長とともに伸び、彼の力とともに強くなる。」

〔編39〕ロック『統治二論』book II, secs. 25–51.〔加藤節訳、三二四—三五二頁。〕

くの愚行をもたらすこともなくなるでしょう。土地は休耕にされることがなく、精神の無目的な活動が絶えざる怠惰とその付随物である悪徳という伝染病を社会全体に蔓延させることもないでしょう。

駆け引きをやめて、彼らは徳に適った大志を育むでしょうし、あなたが騎士的忠誠をもって崇めた女性への慇懃さには、おそらく愛が取って代わるでしょう。そうすれば、女性達はおそらく母親らしく振る舞い、上品な貴婦人は理性を備えた女性になり、社会契約の自分の側の責務を履行するために自分の家族を管理し、自分の子供達に授乳することが必要であると考えるようになるでしょう。けれども、膨大な数の財産が世襲の特権によって保護されている限り、このような望みははかないものです。というのは、富裕という温床で促成栽培される数え切れない悪徳は、見た目の良い形を装って諸感覚を惑わし、知性を曇らせるからです。地位や財産に対して払われる尊敬は、魂のどんな寛大な決意をも挫き、人間の安らぎが築かれる土台となるべき自然な愛情を抑え込みます。もし相続したのでなくとも、さほど骨の折れない尽力によって獲得された**必要なただ一つのこと**〔『新訳聖書』ルカによる福音書、一〇章四二節の表現で、ここでは騎士道精神のこと〕で、人が当然追い求める世間の注目を手に入れることができ、〔騎士道精神の大義名分と名誉心から生じる純潔のもとで、〕悪徳が「そのすべての粗暴さを失うことでその害の半ばを失う」[原5]のでしたら、誰が敢えて徳の険しい坂道を登ったり、知識の大いなる深みを探究したりしようとするでしょうか。これが徳のある人の筆から生じてくるご所感であるとは！

（原5）一一三頁（WS VIII 63＝『省察』97）。〔（編注）バーク『省察』「身分と女性に対する雅量ある忠義、誇り高い服従、威厳に満ちた恭順、心の追従は、まったくの隷従状態にあっても、高揚した自由の精神を保ち続けましたが、私達はそれらを二度と見ることはないでしょう……節義への感受性、名誉心から生じる純潔は、小さな汚点でも傷のように感じ、獰猛さを和らげつつも勇気を鼓舞し、触れるものすべてを気高くし、そのもとでは悪徳がそのすべての粗暴さを失うことでその害の半ばを失ったのですが、そのような感受性と純潔もなくなってしまいました。」〕

外科医はあなたに、傷口を覆うことで骨格のあらゆるところに病を拡散させてしまうと伝えることでしょう。そして、そのとおり、悪徳の本来の歪みを隠すために感傷的にうわべを取り繕うことで、徳のまさに源泉に毒を盛る人々は、間接的に道徳の純粋さすべてを破壊しようとしているのです。私は、盗み、売春、大酒飲みを甚だしい悪徳だと見なします。とはいえ、それらはあらゆる道徳感情を消し去りはしないでしょうし、この手の悪徳はすでに世間で烙印を押されているので、本来の醜悪さを伴って現れます。しかし、詐欺や不倫や媚を売ることは、軽い罪ではあるものの、徳を空虚な言葉に貶め、叡智の本質が体面を保つことにあるかのようにしむけます。

「〔啓蒙と理性による〕物事の体系では[原6]、国王は一人の男性に**すぎず**、王妃は一人の女性に**すぎません**。一人の女性は一匹の動物に**すぎず**、しかも最高位の動物ではありません[訳16]。」閣下、もし彼女が他の王妃や上流の貴婦人が一般的にそうである以上に人間の義務に注意を払っていないとすれば、まったくそのとおりです。

〔訳16〕啓蒙と理性から見るとルイ一六世とマリー・アントワネットはこのように映るとして、バークが啓蒙と理性を揶揄している叙述（*WS* VIII 128＝『省察』98）。

さらに、あなたがこの時代を活気づけている精神《スピリット》について非常に的確に述べた意見に同意もしましょう。「女性に対して女性であるがゆえに一般的に漠然と払われていたすべての敬意は、**空想的情感**《ロマンス》と愚行と見なされることになる。」まったくそのとおりです。なぜなら、そのような敬意は女性を堕落させ、しっかりした個人的長所を獲得しようとする努力を妨げ、要するに、慎慮ある母親となり有用な社会の一員となるべき存在を、虚栄心が強く浅はかな人形にするからです。「国王殺しと〔教会に対する〕冒瀆行為は、迷信の虚構にすぎず、この虚構は法学の簡明さを破壊して法学を腐敗させています。国王や王妃や司教を殺すことは、普通の殺人にすぎません。〔編40〕」再度、あなたに同意します。でも、私が比較の対象の範囲が不適切だと考えて、〔引用元の本来の文章から〕**父親**という言葉を取り去ったことを、閣下、あなたはお気づきですよね。

（原6）あなたが一一四頁（WS VIII 128＝『省察』98）で皮肉っぽく述べているように。〔（編注）最初の二つの引用での強調はウルストンクラフトのもの。〕

さらにあなたは雑に論を進めて、プライス博士の言わんとするところを誤って伝え始めます。プライス博士は、フランス国王が国民議会に屈服したことに暗に言及しつつ〔原7〕、自由と幸福があまねく普及することを約束した名誉革命のようなものと呼んで歓迎し、祝ったのです。〔編41〕にもかかわらず、あなたはほとばしる信心深さを装いながら、プライス博士が〔フランス民衆の〕美しく熱狂的な絶叫を濫用しているとして、ご自身の憤慨を露わにされています。

（原7）七月に初めて彼が人民に屈服した時のこと。あなたがご自身の雄弁な力を全開させるために選んだ一〇月の、烏合の衆が勝利を誇った破局的出来事ではありません。

閣下、私があなたの敬虔深さを見せかけだと呼んだことにご注意ください。あなたの敬虔深さなど、あなたの毒矢を尖らせ、あなたの美文に磨きをかけるはったりにすぎません。私は少し苛立って話しています。なぜなら、あらゆる偽善者の中で、私の魂が最も憤ってはねつけるのは、宗教的な偽善者だからです。ここで私は非常に慎重にこのような偽善者の告発をし、あなたから高潔さの化けの皮を剥ぎ取ります。〔これ以降はジョージ三世が一七八八年に精神に異常をきたし、いわゆる摂政危機が起こった際のバークの対応について言及している。〕摂政設置法案について激論が交わされていた時のあなたの演説〔一七八九年二月〕が今手元にあります。**当時**あなたは野心や利害に満ちた見解を推進するために単刀直入な言い方で、どんな敬虔な良心の咎めもなく、こう叫ぶことができました。「人々は、彼を嘲るべきでしょうか。彼の頭上にイバラの冠をかぶせ、手には葦をもたせ、紫の衣で正装させて、「ブリテン人の国王万歳！」と叫ぶべきでしょうか。[編42]」あなたが神も

〔編40〕バーク『省察』一一四―五頁（WS VIII 128＝『省察』98）。原文には「親殺し」も含まれている。

〔編41〕バーク『省察』九六頁（WS VIII 115＝『省察』83）以降。プライス『講話』四九―五〇頁。〔永井訳、六三―六四頁。〕プライスは四版（一七九〇年）の序文において、ウルストンクラフトがここで述べていることを強調した。その説教の文脈が意味するところによれば、彼は国王が国民の意志に自ら従った一七八九年七月の出来事を、「彼ら国民の自由を回復させたもの」として賞賛していたのであって、一七八九年一〇月六日のヴェルサイユからの国王一家の暴力的な拉致を賞賛したのではなかった。〔永井訳、六―七頁。〕

〔編42〕バーク「一七八九年二月九日の庶民院における……演説」（一七八九年）（WS IV 271）。原書は「ブリトン人の国王！」という言葉を用いている。

人間も同程度に愚弄してこの残酷な嘲笑を口にできた時、どこにあなたの感受性があったのでしょうか。汝、衝動の奴隷よ、この場所から立ち去って、汝の心の秘密の隠れ家を覗きに行きなさい。そして汝自身の目から丸太を取り除くまでは、汝の兄弟の目から一片のおが屑も取り出すことなかれ〔編43〕。

あなたの偏った感情について、もう一つの検証をしましょう。あなたが「反省のない叡智であり、**反省に優るもの**」と述べている自然への追従が、最も控えめな表現を使っても、あなたを大いなる矛盾に導いたということをお見せします。最近の憂いに満ちた出来事〔摂政危機〕の際、非常に重要な問題について激論が交わされた時、**あなた**はなんと不埒な苛立った態度で一人の女性〔シャーロット王妃〕を扱ったことでしょうか〔編44〕。〔ここで一女性と表現するのは、〕おそらくかの王妃に惜しみなく送られてきたへつらいの賞賛ではないにせよ、生まれてこのかたまでその振る舞いが賞賛に値してきた女性について、その〔王妃という〕称号に私は重きを置くつもりはないからです。あなたはご自分が血の通った心をもっているとおっしゃいますが、しかし、同情は党派心に譲歩させられ、あなたの中世騎士物語《ロマンティック》的な〔女性に対する〕慇懃はもちろんのこと、人間の感情は〔あなたの〕政治家としての目論見に譲歩させられたのです。あなたが一〇月六日の惨事〔訳17〕を長々と論評し、ご自分の絵の具のパレットをきれいにする労をとることなく、その極悪非道の夜について熱のこもった、そして時にはこの上なく誇張された描写をした時、あなたは家に戻って、あなたが〔摂政危機の際に〕個人的に自ら悪化させた悲惨な有様を素描して、私達を喜ばせることもできたでしょうに〔編45〕。

あなたは極めて雄弁に、予期せぬ悲惨や奇妙な運命の逆転を見ると精神は自分自身にその報いを受けるとほのめかしはしなかったでしょうか。そして、熟考しながら、すべての人間の希望の不確実性や現世の栄光のはかない土台を辿らなかったでしょうか。なんというクライマックスがあなたの前にあったことでしょう。その子供達から引き裂かれた父親、その親愛なる妻から引き裂かれた夫、自分自身から引き裂かれた男！　しかも、抵抗できない死の一撃で引き裂かれたのではありません。そうであれば、時間は癒しがたい悲しみを和らげるために力を貸したでしょう。そうではなくて、ただ心を徐々に蝕む形で希望を持続させるにすぎない〔国王の座の〕一時的停止という生きながらの死こそ、あなたのすべての憐憫を喚起する惨事だったのです。

[編43]『新訳聖書』マタイによる福音書、七章三節。「あなたは、兄弟の目にあるおが屑は見えるのに、なぜ自分の目の中の丸太に気づかないのか。」

[編44]バーク「一七八九年二月六日の庶民院における……演説」（一七八九年）（*WS* IV 265）は、夫の精神錯乱の後、シャーロット王妃に生活費を支給することに反対した。その根拠は、それが「国会議員に賄賂を贈る資金を作る」というものであった。

〔訳17〕群衆がヴェルサイユ宮殿を襲って国王夫妻を捕らえパリへと連行した「ヴェルサイユ行進（一〇月事件）」。

[編45]ジョージ三世が一七八八年一一月、精神錯乱であると公表されると、皇太子は国王になろうとし、バークに大蔵省主計長官の地位を提示してその支持を取りつけようとした。首相のピットは皇太子の力を制限するために摂政法案を提出した。バークは五五歳という高齢での国王の回復不可能について、急いで精神病院から統計資料を集めた。この節操を欠いた自己利益の露呈によって、バークは出版物で嘲笑の的となった。そして、統計資料に反して、法案が成立する前に国王が回復すると、バークの政治家生命は危うく損なわれかけた。国王は一八〇一年まで病気が再発しなかった。バーク『省察』一〇五頁（*WS* VIII 121＝『省察』90）以下。

すべての精神的能力が猛烈な錯乱状態の中で混じり合っている時に、寂れた国の荘厳な廃墟を見たとして、そのような廃墟は混乱した魂にとってどんな意味ももちません。まさにその時に、私達は〔自身の〕人間性を案じて慄きます。そして、もし途轍もない空想が偶然頭をよぎるとすれば、私達は恐れのあまりびくっとして、額に手を押し当てながら、自分はまだ人間だろうか、私の理性は何かに邪魔されていないか、判断力は舵を取り続けているか、と自問します。〔自分の運命の逆転を悟った〕マリウスであれば、カルタゴの廃墟の上に威風堂々と座るでしょう。[編46] 人間の神々しい顔〔ミルトン『失楽園』三巻四五行目のフレーズで、人間の中の神性のこと〕を見るのを空しく待ち望んでバスティーユに投獄された不運な人々であっても、依然として自分自身の精神の働きを見つめることができるでしょうし、発想を新たにすることで重苦しい展望を変えることができるかもしれません。貧困、恥辱、さらには奴隷のような隷属でさえも、有徳な人であれば耐え忍ぶかもしれません。彼はなお歩き回る世界をもっているのですから。しかし、理性の喪失は道徳の世界では途方もない欠陥であるように思われます。これによって、探究することができなくなり、啓蒙されることもなく、卑しめられます。

国王〔ジョージ三世〕がこんな状態だった時に、あなたは無情にも不遜な態度で、しかも異様にあわてて国王からその世襲的特権のすべてを取り去ることを望んだのです。[編47] あなたは権力の甘い汁を味わおうと熱心になるあまり、ひどい譫妄状態が慢性の狂気へと固まっていくかどうかを時が決するまで待つことができなかったのです。それで全能の神の秘密をほじくり出して、恐ろしいけんまくでこう言いました。神は**国王をその王座から追放**した。そして、彼が国王であったことを思い出したり、彼を以前の気高さのゆえに格別の尊敬をもって処遇したりすることは、最も侮辱的な嘲りなのだ、と。[編48] 天がこうして冷厳に退位させた怪物、あなたが言うような怒りの一撃を食らわせた怪物とは誰だったのでしょうか。疑いなくルイ一六世と同じくらい人畜無害な人物です。そして、グレート・ブリテンの王妃の心は寛大さによって広くなっていないかもしれませんが、誰が彼女の人柄とフランスの王妃のそれをおこがましくも比較しようとするでしょうか。

その上、理性に優るものとしてあなたが激賞した本能[訳18]の無謬性はどこにいったのでしょうか。それは虚栄心によって捻じ曲げられたのでしょうか、それとも自己利益によって王座から**追放された**のでしょうか。冷静に省察なさっている時に、ご自身の心の中でこれらの問いに答えてください。そして、このような情念の

〔編46〕ガイウス・マリウス Gaius Marius（紀元前一五五―八六）は、紀元前八八年にスーラに敗退したローマの将軍であった。マリウスはカルタゴに逃れたが、総督セクスティリウスに入国を阻まれた。マリウスは運命の変化に屈したことを示すために、カルタゴの遺跡に逃亡者として坐り込み、申し立てをした。

〔編47〕バーク「一七八九年二月九日の……演説」。

〔編48〕バーク「一七八九年二月九日の……演説」。「彼らは病気の国王のことを話していたことを思い起こしたのでしょうか。全能の神の手に打たれた君主のことを。また、全能の神が彼を王座から追放し、彼の王国の最も卑しい小作人ですら哀れむような状態に彼を陥れたことを。彼らは国王を嘲るべきでしょうか。その頭にイバラの冠をかぶせ、手には葦をもたせ、紫の衣を着せて、「ブリトン人の国王、万歳！」と叫ぶべきでしょうか」（*WS* IV 271）。

〔訳18〕バークは「私達の理性の誤りやすくか弱い考案物を補強するために、自然の無謬で強力な本能の助けを求めることによって、……私達は利益を引き出してきました」（*WS* VIII 84＝『省察』45）と述べている。

ほとばしりを見直した後に、理性の至高性を尊重することを学んでください。

閣下、私は精査し比較する目をもって、国王が病であった時期のあなたの無神経で不敬な演説のいくつかを読んできました。私は人の弱みにつけ込んだり、軽率な有頂天〔訳19〕から重要な意味を引き出したりするのを潔しとしません。ライオンは死骸を餌食にはしません。とはいえ、その時、あなたは計画的に行動したのです。人間性が覆い隠すのは、一瞬の熱情ではありませんでした。否です。では、マキャヴェリ的な権謀術数のおぞましい処世訓でないとすれば、何にあなたは導かれて、まさに悲惨のカスの中〔訳20〕にあなたの党派を擁護する説得力ある議論を探すことができたのでしょうか。もし虚栄心や利益があなたの心を頑なにしなかったとすれば、あなたは一人の人間を恐ろしい館――そこでは人間の弱さが、国王の回復に対する勝ち目を**計算する**という最も醜い形で現れます――に連れて行くことができる冷たい無神経さに衝撃を受けたことでしょう。王族を尊敬している**現在のあなた**から受ける印象からすると、神の代理人〔国王〕に加えた侮辱のために天があなたの罪深い頭に対して報復しはしないかと、あなたが一歩進む度に身震いしなかったことに私は驚きます。もっとも、感情の一時的なほとばしりの指令下にある良心は、流れが別の方向に向かっている場合、さほど鋭敏なわけでも首尾一貫しているわけでもありません。

もしあなたが哲学しようという気持ちであったならば、あなたの心か理性が本来の働きをしていたならば、目に見える実証によって、あなたは狂気とは理性の欠如にすぎないと納得させられたことでしょう。統治する天使がその座を離れると、奔放な無政府状態が生じます。そして、制御されない想像力はそのとても大胆な飛翔の際にも往々にして至極正常なコースを辿ること、また、判断力が情操《センティメンツ》を原理に照らして検査して差し出がましく整序することをもはやしない時には奇行がはっきりと和らぐことも、あなたはおわかりになったことでしょう。あなたは、軽薄と残忍とあらゆる種類の愚かさが混交した奇妙な混沌の中に、本性から逸脱したすべてのものを見ることができたことでしょう。また、〔あなたがいうような〕途方もない悲喜劇の光景の中に、まったく反対の諸情念が必ず相次いで起こり、時には精神の中で互いに混じり合うのも見ることができたことでしょう。交互に起こる軽蔑と憤慨、笑いと涙、嘲りと恐怖というように。〔原8〕これが精神の混沌状態の真の病像であり、狂気と呼ばれるものです。理性がどこかに去ってしまうと、情念の野生の要素がぶつかり合い、すべては恐怖と混乱になります。あなたは、最も気の利いた奇想のひらめきを一瞬ごとにお聞きになったことでしょう。そして、もしその熱狂《ラプソディ》の言葉が詩でも散文でもない曖昧な言葉で表現されたものではなかったとしたら、もしその煌めく美文がつながりを欠いて力不足でばらばらに孤立していなかったとしたら、その熱狂の言葉が雄弁ではないという判断をあなたは疑ったことでしょう。

〔原8〕この引用は厳密ではないので、引用符を付していません。一一頁。〔（編注）バーク『省察』一一―一二頁（*WS* VIII 60＝『省察』15)。「この軽薄と残忍の、そしてあらゆる種類の愚かさにあらゆる種類の罪悪を混ぜたこの奇妙な混沌の中では、すべての物事が本性から逸脱しているように見えます。この途方もない悲喜劇の光景を見ていると、まったく反対の諸情念が必ず相次いで起こり、時には精神の中で相互に混じり合います。交互に起

〔訳19〕バークは、民衆が国王一家をパリに連行した「ヴェルサイユ行進（一〇月事件）」を「軽率な激情の発作」（*WS* VIII 123＝『省察』92）と評している。

〔訳20〕バークの「人間の悲惨をなみなみとたたえたコップを……その最後のカスまで飲み干す」（*WS* VIII 121＝『省察』90）という表現を皮肉ったもの。

こる軽蔑と憤激、笑いと涙、嘲りと恐怖というように。」〕

機知と狂気を隔てるのはとても薄い仕切りであるというのは、諺にもある見方です[編49]。それゆえ、当然詩は空想に呼びかけます。情念に刺激された省察は知覚が捉えた諸対象を一点に統合し、想像力はそれを際立たせて心象として描写しますが、〔詩のような〕情念の言葉はこの心象から非常に巧みに引き出されるものなのです。そして、「熱狂に身を委ねて」いる間[編50]、理性は、余分なイメージが入り込むのを防ぐためでなければ、想像力を制御する権利をもちません。もしその情念が本物であれば、陳腐な紋切り型の修辞や興ざめする大言壮語[編51]を求めて頭の中をくまなく探しまわるような事態は生じません。私がここで語っているのは、天才の本物の熱狂のことですが、このような天才はおそらく文明の揺籃期にしかほとんど現れません。なぜなら、この〔文明の〕光がいっそう明るくなるにつれ、理性は空想の羽を刈り込んでしまい、こうして若者は大人になるからです。

ヨーロッパの栄光が落日を迎えたかどうかを、ここで探究するつもりはありません。でもおそらく、中世騎士物語《ロマンス》と騎士道の精神は衰えかけていて、この精神が消滅した分だけ理性が普及していくでしょう。数人のつまらない空想的情感《ロマンティック》をもった人物達を観察した結果、私はこのロマンティックという言葉を、虚偽の、もしくは模造の感情という一つの定義に限定するようになりました。天才の作品は好意的な先入観をもって読まれ、情操は模倣されます。なぜなら、それらが当時の時流に乗っていて気が利いていたからであって、それらに強く心を打たれたからではありません。

現代の詩においては、知性と記憶がしばしば心の見せかけのほとばしりをでっち上げます。そして、趣味に関わる作品において簡潔さはまさに真理に相当しますが、空想的情感《ロマンス》はこの簡潔さをすっかり破壊します。この空想的情感に満ちた精神《スピリット》は我が国の散文にまで及んできて、この上なく不毛なヒースの荒野に模造の花をまき散らすようになりました。つまり、極めて異様な不調和を生み出す詩と散文の混ぜ合わせです。あなたの美文の一部にある大言壮語は、十分にこの主張を立証します。というのは、心が語る時、私達は誇張法や耳ざわりな歓喜の叫びによって衝撃を受けることはめったにないからです。

私がこのように断言調で話すのは、以下のようなことがあるからです。すなわち、私は最初に読んだ時よりも多くの注意を払ってあなたの最新の著作を読み進め、その本で述べられている所感と多くの重要な機会でのあなたの振る舞いを比較しているのですが、〔その結果〕実に頻繁にあなたの誠実さを疑い、あなたが多くの事柄を述べてきたのはただ上手く語らんがため、もしくはあなたの虚栄心とぶつかる人物や意見に辛辣な非難を浴びせるためだったのではないかと推定するに至るからです。

裏に隠された狡猾さや矛盾の言い逃れを辿るのは、骨の折れる仕事です。というのも、戦場と同様に論争でも、勇敢な人はその敵と正面から向き合い、同じ土俵で戦おうとするからです。しかし、支配的情念の影

〔編49〕ジョン・ドライデン『アブサロムとアキトフェル』John Dryden, *Absolom and Achitophel*, 1681, l. 163.「優れた機知は必ずや狂気に近いものである。」

〔編50〕『夏の夜の夢』*A Midsummer Night's Dream*, act V, scene i, l. 12.「詩人の目は、熱狂に身を委ねて回っている。」

〔編51〕ジョンソン『辞書』〔「大言壮語」rodomontade〕「空虚で騒がしい空騒ぎやほら。ばか騒ぎ。アリオストの詩に登場する戦士のロドモンテに由来する。」

響力を知っており、また心の中に多くの感受性がある時にはそうした情念が頻繁に理性の形式を帯びることも存じておりますので、〔編52〕論敵が私と異なる意見を執拗に主張しても、彼を尊敬します。でも、もしそれらの意見の多くが空虚で修辞的な美辞麗句であることを一旦発見してしまうと、私の敬意はすぐにも軽蔑と隣り合わせの憐憫に変わります。そして、見せかけの気高さと傲慢な歩きぶりは、獅子の皮をかぶったロバ〔虎の威を借る狐〕を思い起こさせるのです。

私が以下の絶叫を読んだ時、この種の所感が脳裏をよぎりました。「一方、囚われの身となった国王一家は行列に従い、恐ろしいわめき声や甲高い叫び声、気違いじみた踊りや破廉恥な侮辱、そして下劣極まる女性達のおぞましい姿をした地獄の鬼女達の言語に絶する忌まわしい振る舞いのただ中を、ゆっくりと連れ去られていきました。〔原9〕」おそらくあなたは、野菜や魚を売って生計を立て教育の恩恵を一度も享受したことがない女性達を指しているのでしょう。もし教育の恩恵に預かっていれば、粗野な部分がなくなって、彼女達の悪徳のその忌まわしい醜悪さは取り除かれたことでしょうが。フランス王妃——そして貴賤を問わずすべての庶民——が私達の憐憫に値します。彼女達は真の人格の気高さに向かって進もうとしても、そこにはほとんど乗り越えがたい障害があります。それでも私は飾りのないはっきりした知性をもっておりますので、違いがないのに区別を設けることを好みません。しかし、**あなたが**そうなさるのは、さほど意外なことではありません。というのは、書簡のあちこちであなたは頻繁に一つの感情的な専門用語に言及しているからです。この用語は、理性の**王**印を受けていないにもかかわらず、会話やさらには道徳の本の中で長い間流通してきました。一種の神秘的な本能が魂の中に宿っていると**想定されて**いて、それは推論という長ったらしい労をとらずとも即座に真理を見分けるとされています。この本能――というのも、私はそれにつけるべき他の名前を知らないので――は、**共通の感覚**《コモン・センス》とか、より頻繁には**感受性**と名づけられてきました〔訳21〕。そして、一種の**奪うことのできない**権利によって、それは精神の他のどの能力よりも優先して権力を振るい、それより上位の上訴先は存在しない最高権威であると**想定されて**きました。というのも、この種の権利は容易には証明されませんから。

（原9）〔（編注）バーク『省察』〕一〇六頁（WS VIII 122＝『省察』91）。

磁石のようなこの捉えがたい流体は社会全体を循環していて、すでに知られているどんな規則にも従いません。見せかけの謙虚さだという嘲笑を無視して、あるいはエデンの園の蛇を起こすのを恐れて思想のどんな自由にも怯む一部の善意のキリスト教徒が抱く臆病な恐怖心をも無視して、不快な言い方をすれば、その流体は**事物**〔の本性に宿る諸因果関係〕**の不変の合目的性**〔編53〕にも従わないのです。それを無謬の本能であると仮

〔編52〕 支配的情念という心理学的概念は、ベーコンやモンテーニュの理論に起源をもつ。彼らはそれを人間の人格の中心にある、自己制御の源として理解した。この概念を最も十全に展開したポープは、個人に方向性、安定、カオスからの防備を与え、善にも悪にもなりうる力としてそれを扱った。摂理の計画において、その役割は、個人の目標を区別することで、世界の営みが達成されるようにすることである。アレグザンダー・ポープ『人間論』Alexander Pope, *An Essay on Man*, 1733–4, epistle II. ll. 123–44.『富の使用について、バサースト卿への……書簡』*On the Use of Riches, An Epistle to .... Lord Bathurst*, 1732, l. 154.『カーバム子爵への……書簡』*An Epistle to .... Lord Visct. Cobham*, 1733, l. 174ff.

〔訳21〕共通の感覚（common sense）という言葉の背後には、ヒュームの懐疑論を批判して、リード **Thomas Reid** に始まった、一八世紀スコットランドにおけるコモン・センス学派の興隆がある。この学派によれば、コモン・センスとは人類に共通した認識の源泉である。リードは一七六四年に『コモン・センスの原理に基づく人間精神の研究』を著し、その後、ビーティ **James Beattie** が、『詭弁と懐疑主義に反対する、真理の本性と不変性についての論考』（一七七〇年）を出版した。ビーティによれば、コモン・センスは「漸進的な増大によってではなく、瞬時の本能的衝動によって真理を感知したり信を命じたりする精神《マインド》の力」を意味し、それは教育や習慣によってではなく本性に由来するものであり、「我々の意志とは独立に」「全人類に同じ様態で作用する」ので「コモン・センス」と呼ばれる（*An Essay on the Nature and Immutability of Truth in Opposition to Sophistry and Scepticism*, Edinburgh, 1770）。ただし、ビーティは、コモン・センスと感受性は別物だとしている。彼は、感受性を共感《シンパシー》と同義とし、それは「他者の状況にある自分を想定して、他者の情操を受容したり、彼らの思考をいわば感知したりする」もので、「育ちの良さ《グッド・ブリーディング》の基礎」だと規定している。

　一方、スミス **Adam Smith** は一七五九年に『道徳情操論』を出版し、コモン・センス学派とは異なった道徳の基礎づけを行った。そこで感受性は非常に重要な意味をもっている。スミスは、情操のあり方は本能や自然によってのみ規定されているのではなく、感受性の有無によって大きく異なると考えた。文明社会では、分業と交換という相互行為や演劇や文学などの文芸、そして地域的に異なる慣習によって、感受性が培われる。未開状態では感受性はない。感受性とは評判や利益など自分自身の事柄について、あるいは他人の諸感情について感知する能力である。スミスは鋭敏で繊細な感受性に支えられた情操を道徳の基礎とし、このような感受性こそが自然の諸感情を統制する役割を果たすと述べている。「最も完全な徳を備えた人、我々が自然に最も愛し尊敬する人は、自分の当初の感情や利己的な感情の極めて完全な抑制に、他人の当初の感情や共感的感情に対する最も繊細な感受性を結びつける人である。……他人の喜びや悲しみに対して最も繊細な感受性をもつ人は、彼自身の喜びや悲しみに対する最も完全な統制を獲得するのに最も適している。」（*The Theory of Moral Sentiments : The Glasgow Edition of the Works and Correspondence of Adam Smith I*, Oxford U. P., 1976, p. 152. 米林富男訳『道徳情操論（上）』未来社、一九六九年、三二八頁）。このスミス由来の「感受性」の影響は、上記のビーティにも見られるし、ウルストンクラフトにも見られる。とはいえ、ウルストンクラフトは、道徳感情の基礎に情操と感受性を置くスミスと異なり、感受性を基本的には本能に由来すると見なし、それを洗練させて感情を制御するには理性や知性が不可欠であるとしている。

　ところがその後、感受性という観念にスミスのそれとは異なった意味がつけ加わった。スミスは、読書や演劇が感受性を育成することに確かに触れているが、この育成を女性に特化しているわけではないし、その教育的機能を強調してもいない。ところが、一七七〇年代以降、感傷《センティメンタル》的な題材で感受性を刺激する演劇や小説が、出版業での廉価小説の販売と相まって、イングランドで情操に訴える文学《センティメンタル・リテラチャー》として流行した。（これについては John Brewer, 'Sentiment and Sensibility', in *The Cambridge History of English Romantic Literature*, 2009, Cambridge U. P., pp. 19–44 を参照。）この流行は当時大いに問題視されており、ウルストンクラフトも随所でこのような文学が生み出す模造の感受性を批判している。この結果、オニールも指摘しているように、彼女が感受性に言及する場合、「理性が情緒を教導し指令する」善き場合と「抑制されていない本能的な諸感情に由来する感受性や官能主義の形式」を意味する悪しき場合の二種が存在するようになった。そして、ウルストンクラフトは後者の意味での感受性をコモン・センスと互換的であると見なしている。詳しくは Daniel I. O'Neill, *The Burke -Wollstonecraft Debate*, The Pennsylvania State U. P. p. 112 を参照。

　ちなみに、バークは、感覚の鋭敏さという意味でしか感受性を使っておらず、コモン・センス、本能、感受性を同義のものとして論じてはいないが、バークが『フランス革命の省察』や『崇高と美の観念の起源についての哲学的探究』で、根本的道徳感情の自然性を主張したり、女性の振る舞いの原因を本性に帰したり、悲劇が共感にもたらす効果を論じたりしているので、ウルストンクラフトは上記の三つの概念を列挙したと思われる。

に認めるとしても、理由はわかりませんが、この流体は羅針盤の針〔訳22〕のように偏差〔厳密な北とのずれ〕をもつのです。常に針の先は真理たる北極を指すと想定されているにもかかわらず、針の先は常に動いていて、めったに真北で静止することはありません。

あなたが「心の道徳的構成」について語る時に暗に言及しているのは、疑いなくこの本能です。私はそれをセンセーション〔情念《パッション》が魂の中において喚起する特定の情動《エモーション》〕と情念の集合だと考えていますので、「人間の権利の学校をまだ卒業していない聴衆に対処しなければならない」**詩人達**が本能を利用しなければならないことは、私も認めます。〔編54〕詩人達は一種の機械的なばねで心を動かすとはいえ、しばしば知性を曇らせざるをえないというのは明らかです。しかし、「劇場では」感情の「最初の直観的な一瞥が」〔編55〕真理の形式を見分け、真理の公正な割合を見出すはずだという主張〔訳23〕は、失礼ながら、疑う余地があります。燃え立つ炎の中で統合された心の感情が神聖不可侵！であるならば、それらの感情が生気を生み出す太陽になります。そして、この太陽が感情を吹き込んで受胎させ活気づけなければ、理性は途方に暮れた活動停止状態に置かれ、決してその唯一の正統な子孫である徳を生み出すことはないでしょう。でも、同じ父〔感情という太陽〕からは、しばしば〔理性を母としない〕悪徳という庶子が生まれてきました。これは、徳とは実際は個人が習得するものであって、無謬の本能の盲目的衝動ではないことを証明します。

もし知力が情念を導くことが許されないとすれば、どんな点で私達は獣に優っているのでしょうか。獣は望みもするし恐れもします、愛しますし憎みもします。しかし、向上する能力、すなわちこれらの情念を善と悪のいずれかに変える力がないので、獣は徳も叡智も獲得しません。なぜでしょうか。それは創造主が獣

には理性を与えてこなかったからです。(原10)

（原10）私はここで、獣の死すべき運命という込み入った問題について議論するつもりはありません。おそらく人間のように、死が介在することで生命の階梯を昇って行くのなら、次の存在の段階において、獣には理性が与えられるでしょう。

［編53］ヘンリー・フィールディング『トム・ジョーンズ』**Henry Fielding, *Tom Jones*, 1749, vol. II, book iv, ch. 4. p. 20.**〔朱牟田夏雄訳『トム・ジョウンズ（一）』岩波書店、一一九頁。この概念は、倫理を自然科学と同じ絶対的かつ客観的な法則に基づかせる目的で考え出されたもので、この小説では哲学者スクエアの理想の境地として登場する。ニュートン主義的な哲学者・神学者サミュエル・クラーク Samuel Clarke の理論を指すものとして、一八世紀に流布した。〕

〔訳22〕バークは「古来の思想や規則が取り去られる」と「自分達を統治するための羅針盤を」もたないことになる、と述べている（*WS* VIII 129＝『省察』99–100）。

［編54］バーク『省察』一二〇頁（*WS* VIII 132＝『省察』103）。「詩人達は人間の権利の学校を卒業していない聴衆に対処しなければならず、しかも心の道徳的構成に関わらなければならないので、そうした勝利〔フランス革命〕を歓喜すべき出来事として敢えて演出することはないでしょう。」

［編55］バーク『省察』一二一頁（*WS* VIII 132＝『省察』104）。

〔訳23〕バークは、「教会より劇場のほうが道徳的情操《モラル・センティメンツ》には良い学校」だと述べ、なぜなら、民主主義と専制主義のそれぞれの罪悪を秤量する政治的計算の方法によってあらゆる度合いの犯罪が正当化されてしまうことを観客は一瞥してわかるからだ、と理由づけている（*WS* VIII 132＝『省察』103–104）。バークの文脈に沿えば、劇場で育まれるのは道徳感情に基づく「正義」判断だが、ウルストンクラフトはこれを「真理の形式」と読み替えている。

しかし、理性の陶冶は骨の折れる仕事です。活発な空想を抱いている人は、情念の衝動に従ったほうが楽だと思い、自分や他人に対してそうすることが最も**自然**であると納得させようと努めます。天が灯した輝きを墓場の古びたランプのように不精にもそのまま放置しておく人々にとっては、他人の理性が彼らを縛るために用いたいくつかの有徳な習慣が理性の代わりとなるのは幸いです。親への愛情、卓越したものや古いものへの崇敬、名誉の観念、あるいは正直が一番の得策であると抜け目なく人々に示す世事に通じた自己利益の観念、これらすべては理性から生じ、しかも理性の代替物として役立っているのです。しかしそれは、間接的な受け売りの理性です。

子供は無知で生まれ、その結果、罪がありません。情念が一定の方向性を受け取るまで――つまり、情念が未熟な理性のほのかな煌きによって築かれる、良心と呼ばれる脆弱な障壁を勢い余って跳び越えるか、あるいは揺れ動く理性の指令を強化して、ついに健全な原理が深く根づき、この原理がしばしば理性の厳粛な形式を不当に装う頑固な情念にうまく対処できるようになるか、このいずれかになるまでは――情念の性向は善でも悪でもありません。こうした善なる性向が、現在そう呼ばれているように本能であるとされる場合、善なる性向を賞賛することでどんな道徳的目的が適えられるのでしょうか。というのも、本能は直線的にその究極的目的に向かっていき、導きも援助も必要としないからです。しかし、もし徳が経験によって習得されるか、もしくは模範によって教えられなければならないとすれば、省察によって完成された理性は、多数の情念の指南役になるに違いありません。情念は実り豊かにする熱を生み出しますが、あなたが理性の位置へと高めようとしているほどの光〔訳24〕は生み出さないのです。理性は舵を握らなければなりません。さもなければ、舵がどちらの方向に傾くかを風が吹くに任せ、船は決して順調に予定された港へと前進しないでしょう。というのも、ジグザグに船が進むことで失われる時間は、船の進行を非常に遅らせるからです。〔編56〕イングランド国民の名において、あなたは次のように述べます。「私達は、道徳においては、**自分達が**、何も発見していないことを知っているし、いかなる発見もなされないと考えます。統治の大原則においても

〔訳24〕バークは『省察』の中で「光と理性のこの新しい征服帝国によって、すべての心地良さを与える幻想が……消滅させられようとしています」（*WS* VIII 128＝『省察』98）と光と理性を等置したうえで批判しているので、バークが「光」を「理性」の位置に高めようとしている、というウルストンクラフトの言い分は、文字どおりとれば正確ではないが、「高める」と表現することで理性の本来の位置を暗示しつつ皮肉っている。

〔編56〕ルソー『エミール、または教育』Rousseau, *Émile, ou de l' Éducation*, 1762, Tome I, p. 112 参照。「理性だけが善と悪を区別することを私たちに教える。それゆえ、その一方を愛し、他方を憎むように私達をしむける良心は、理性から独立しているとはいえ、理性なしには発達できない。理性が支配的となる年齢に達する前には、私達は良く知らぬまま、善悪をなす。そして私たちの行動にはまったく道徳性がない。」〔今野一雄訳『エミール（上）』岩波文庫、一九六二年、八一頁。〕また、ジョン・ロック『教育に関する考察』John Locke, *Some Thoughts Concerning Education*, 1693, pp. 1–2.「私たちの出会うすべての人間のうち、十人中九人までが、善人であれ悪人であれ、また役に立つ人であれ役に立たない人であれ、教育によって現にある姿にできあがっていると言ってよいと思う……。私が想像するに、子供の精神は水のように、あちらこちらへと簡単に向きを変える。」〔北本正章訳『子どもの教育』原書房、二〇一一年、五頁。〕

自由の諸観念においても、多くの発見はなされない、と私達は考えます。それらは私達が生まれるよりずっと前に理解されているのであって、私達の高慢の上に墓土が積み上げられ、もの言わぬ墓石の法が私達のずうずうしい饒舌を封じた後にもまったく同じように理解されるでしょう。イングランドでは、私達はまだ、自身の自然に備わった情けが宿る臓腑を完全には抜き取られていません。私達はまだ、生得の情操を自身の内に感じ、それを慈しみ、育んでいます。これらの情操は、私達の義務の忠実な擁護者、活発な勧告者であり、すべての自由で雄々しい道徳の真の支持者なのです。〔原11〕〔訳25〕」あなたは、生得の情操という言葉で何を意味しているのでしょうか。どこからそれは生じてくるのでしょうか。どのようにそれは育成されたのでしょうか。それは泥と腐敗物が萎えた土壌を肥沃にする時のナイル川の岸辺に群がる昆虫のような、愚劣の群れではないでしょうか。教会が殺人者の避難所で、人々がパンを神として崇拝していた時、そして、奴隷制度が法によってその毒牙を人間の身体に向ける権限を与えられていた時、そして鉄の鎖がまさに魂を蝕んだ時、このような**生得の**情操が私達の義務の忠実な擁護者だったのでしょうか。もしこのような情操が習得されるものでないとすれば、もし私達の受動的な性向が有徳な愛情や情念へと広がらないとすれば、なぜタタール人の最初の未開の遊牧民集団は、吹き寄せる雪のように白く**優雅な**情操を賦与されていないのでしょうか。なぜ情念や勇壮さ《ヒロイズム》は省察の所産、つまり一つの対象に留まりそれをじっと見つめた結果の産物なのでしょうか。生理的諸欲求《アペタイツ》は私が見分けられる唯一の完全な生得の力です。そしてそれらの欲求は本能と同様、一定の対象をもち、満たされることができます。でも〔その一方で〕、向上可能な理性は、それが到達できるであろう完全性をまだ発見していませんし、発見することなど断じてありません！

〈原11〉一二八頁（*WS* VIII 137＝『省察』109–110）。

しかしながら、第一に、私達が実際に知っているものをはっきりさせる必要があります。もし文明化のゆっくりとした進展が跡づけられたとすれば、道徳におけるどんな新しい発見がなくても人間がより有徳で幸福になりうることを誰が否定できるでしょうか。誰が敢えて、徳は理性のより広範な陶冶によっては促進されないだろうと主張するでしょうか。もしこれ以上何もする必要がないのなら、せいぜい飲み食いしましょう。明日私達は死ぬ、永遠に死ぬのですから！　もし目下の不完全な状態でも、理性が習得可能な強さを獲得できたならば、もし自然の声が胸襟を開いて語ることを許され、人間の**生来の**譲ることできない権利が全面的に承認されたとするならば、もしまがいものの美点《メリット》が本物の習得された徳に取って代わることがなく、しかもこのまがいものの美点のおかげで人が他の仲間の悲惨の上に自分の享楽を築き上げることがないとすれば、もし人が世間の通念ではなくむしろ理性の支配下にあるとすれば、そしてもし自分達の偏見を「それらが偏見だから」という理由で大切にすることなどないとすれば、この地球上には与うる限りの多くの幸福が広がっていて、理性が育むだけ多くの社会的徳が存在している、などと誰が妄語するでしょうか〔原12〕。閣下、私はあなたの嘲りには気づいていまして、至福千年期を歓喜して迎えようなどとはしておりません。

〔訳25〕「まるで博物館の剥製の鳥のように、……人権のことが書き散らしてあるけちな紙屑などを詰め込むために内臓を抜かれたり、羽を縛られたり」するフランスでの状況と対比して、ここでバークは「イングランドでは」「自然に備わった情けが宿る臓腑」を「抜き取られていない」と表現している（*WS* VIII 137＝『省察』109–110）。

ただし、道徳のもっと純粋な状態は、たんなる詩的な虚構ではないでしょう。また、理性はすでに自分の産着を投げ捨てたのですから、私の空想が現世に天国を創り出したわけでもありません。厳密に言って幸福は現世には存在せず、私達は涙の谷間ばかりか闇の谷間をもさまよい歩くのだ、と私は強すぎるほどひしひしと理解しています。そして、私の情念は想像力が膨らます対象を追い求め、ついにはそれらの対象がたった一つの崇高な観念になって感覚による探究を忌避し、この精神的な燃素《フロギストン》〔編57〕を試料溶解用坩堝に閉じ込めようとする実験的な哲学者をあざ笑うようになる、〔訳26〕と私は理解しています。人間知性は驕りから生じる影によって惑わされていて、熱心に何らかの研究を遂行しても、私達は人間の探究に対して設定された限界に達するだけなのだ、と私はわかっています。したがって、汝は遠くに進むべし、だがそれ以上は行ってはならぬ、と過酷な困難は伝えます。私達が追求している**原因**は、真っ暗闇の中に溶けます。しかし、これらは観想する精神の試行にすぎず、徳の基礎は堅固であり続けます。知性を鍛錬する力は、私達を獣の上に引き上げます。そしてこの鍛錬こそ、あなたが「教えられたのではない感情」と名づけておられる「原初の道徳性」を生み出すのです〔編58〕〔訳27〕。

〔原12〕一二九頁（WS VIII 138＝『省察』110-111）。〔（編注）バーク『省察』「私達はいっさいの古い偏見を捨てるどころか、かなりそれらを大切にしています。そしてもっと恥ずかしいことに、それらが偏見であるゆえに、大切にしているのです。」〕

もし徳が本能であるとすれば、私は〔霊魂の〕不滅という望みをすべて放棄します。さらにこれとともに、人生の険しい道を円滑にしてきた崇高な夢想や気高い情操をも、それはまったくのいかさまで、嘘の見解だとして、放棄します。私は無駄な心配をしてきたことになります。というのは、私から見ると、正義に依拠した基礎をもたず、普遍的愛が中心に置かれていないすべての感情は、誤っていて胡散臭いからです。私は人間の権利——神聖な権利！——を崇敬します。私が自分の精神をよく見つめれば見つめるほど、この権利へのより深い畏敬の念を覚えます。そして、このような異端の意見を公言しつつも、私はなお情けが宿る臓腑をもち続けています。私の心は人間的で、人間の同情心で激しく鼓動しています。そして、私は神を畏れます！〔訳28〕

自分の畏れが何を基盤にしているのかを問う時、私は厳粛な崇敬の念とともに頭を垂れます。私は、賢明

〔編57〕燃素は火の元素と見なされた仮説的な物質であり、燃える過程で物質から分離するとされた。ジョンソン『辞書』〔「燃素」phlogiston〕「物体の燃える部分。」

〔訳26〕バークは『崇高と美の観念の起源についての哲学的探究』序文で「物理的原因を探究することによって」思弁が想像力を働かせ、「我々の心が開発され拡大される」ことになるので、「我々が獲物の獲得に成功するか失敗するかに関係なく、この企てにおいては追跡それ自体が意味をもつ」と主張している（*WS* I 191＝『崇高』9）。

〔編58〕バーク『省察』一二八—九頁（*WS* VIII 137–8＝『省察』110）。

〔訳27〕バークは、神に対する畏れ、国王達への畏敬の念、議会への好意、治安判事への恭順、司祭への崇敬の念、貴族への尊敬の念を抱くのは「自然」であると主張し、それ以外の感情は嘘偽りで、「原初の道徳性」を損なうと主張している（*WS* VIII 137＝『省察』110）。

かつ善なる動機で私を創造したに違いない崇高な力を畏れます。そして、自分がこの力に依存しているという見地から私の理性が導き出す道徳律に従います。私が畏れるのは神の力ではありません。私が服従するのは、気まぐれな意志ではなく、誤りなき**理性**です。服従、そうです。私は、神の正義に適った決定を統制している道徳律に対する傲慢な非難を無視します。私が熱望する幸福は神のものと同じ種類のものであり、同じ尽力によって生み出されるものに違いありません。とはいえ、真底謙虚であれば、最も気高い被造物が習得しうる善性と、生命と至福の主たる源泉〔である神〕とを比較しようとする思いつきなど、差し控えるべきでしょうが。

この神への畏れによって、私は自分自身を崇敬するようになります。そうです、閣下、偽りのない名声や有徳な人々との友情に対して抱く尊敬も、私自身に対して抱く尊敬にははるかに及びません。そして、この啓蒙された自己愛——甚だしくその意味が曲解されてきたこの形容辞が、私のいわんとするところを伝えるとすれば——は、〔神の〕幸福が〔自己愛自身に〕反映されていること、そして善を共にすることで私の魂はその高貴な心の糧を受け取ることを理解するよう、そして——貶められた言葉を敢えて借用すれば——**感じる**よう、私に強制します。それゆえ、私は、これがイングランド**国民**《ピープル》が感じている畏れなのかどうかをわざわざ問いはしません。そして、あなたがつけ加えた〔畏れの〕変種すべて(原13)を含めることが**自然**であるとすれば、そのような畏れはイングランド国民が感じている畏れではありません。

（原13）『フランス革命の省察』一二八頁（WS VIII 137＝『省察』110）を参照せよ。「私達は神を畏れます。**畏敬**《オー》**の念**をもって国王達を、**好意**《アフェクション》をもって議会を、**恭順**《デューティ》をもって治安判事を、**崇敬の念**《レヴレンス》をもって司祭を、そして

尊敬の念《リスペクト》をもって貴族を、仰ぎ見ます。」〔(編注) バーク『省察』、強調はウルストンクラフトのもの。〕

さらに、あなたは**啓蒙された**自尊心を軽蔑しているふりをしていますが、もしあなたがそのような自尊心をもち合わせていたとすれば、あなたは次のように語りはしなかっただろうと私は疑わざるをえません。すなわち、私達の教会と国家の国制《コンスティテューション》は、多くの他の近代的な国制のように、ヨーロッパが野蛮から抜け出すにつれ徐々に「宗教と敬虔の庇護のもとに」形成され、「それらの是認によって堅固なものとなっている」〔編59〕と。あなたはすでに歴史の頁を紐解き、世慣れておられるので、私的な陰謀や公的な反目、私的な徳と悪徳、宗教と迷信のすべてがともに作用して国制の主要部の形成を誘発し、現在あるような形にまで膨れ上がらせたのだということをご存知のはずです。いやそれどころかさらに、その主要部はその人目を引く外観を、果敢な反乱や知らないうちに進行している革新に部分的に負っていることもご存知のはずです。閣下、派閥争いはパン種のように機能して徐々に全体を膨らませてきましたし、私的な利益は公共善を生み出してきました。

〔訳28〕 生まれもった自然の感情があるゆえに、神の観念を前にすると心を動かされ、「私達は神を畏れる」のだ、というバークの議論に対して、ウルストンクラフトは、原初の道徳性は本能的官能ではなく、人間の権利の崇敬という知性の産物であり、これゆえに「私は神を畏れる」と反駁している。

〔編59〕 バーク『省察』一一三頁は、イングランド国制について次のように述べている。「いっさいが宗教と敬虔の庇護のもとになされてきました。そしてそれらの是認によって堅固なものとなっているのです」（WS VIII 141＝『省察』114）。

以上のような一般的な省察は、徳が過ぎた日の所産であったということをほのめかすために示されているわけではありません。そうではなく、徳は壮大なドラマに関与していたのです。私は不正確に伝えないように用心しますが、一般的主張を部分修正できない人は、きっと推論の第一の基礎をまだ習得していないのでしょう。ローマ〔カトリック〕教会に多くの徳があることは知っていますが〔訳29〕、私は、高潔さという衣を自ら身につけることをゆるがせにして、〔教会に貯えられた〕余剰功徳の業の親切な寄贈品に依存することを選択しはしないでしょう。あらゆる宗派に賢明で有徳な多くの聖職者がいることは知っていますが、私は、私達の国民性を特色づけ、「知性のある種の平明さと率直さから発している」〔編60〕とあなたが言うような、聖職者全体に対する尊敬をもち合わせてはおりません。さて〔ここで〕再び、私達は**生得の**感情と秘密の光に遭遇しつつあります〔訳30〕。さもなければ、失礼ですが、それはあなたが〔自分の〕議論の見栄えをよくするために選んだ見せかけかもしれません。

私達イングランド国民が、自分達がどう処置してよいかほとんどわからない息子をもった時に、**私達**は彼を聖職者にするというのは周知の事実です〔編61〕。聖職録が家族からの贈与で賄われる場合、息子は教会に進むべく育てられますが、必ずしも〔魂の〕不滅への希望に満ちてではありません。「そのような崇高な諸原理が高貴な生まれの人々に**絶えず**吹き込まれている**わけではなく、**」彼らはしばしば「目先のはした金」のことを考えます〔原14〕〔訳31〕。そして、福音を伝えるとか自制をしつけるといった教区民の世話は、貧しい教区牧師補達に委ねられます。彼らは、あなたの立場から論じれば、自分達が受け取るわずかな俸給から「彼らの任務や目指すところについて、高邁で価値ある考え」をもつことができません〔編62〕。この**永久の**聖化、つまりは**永久の**献身

――これは肉体の唇から発せられる強大な無に満ちた言葉ですが――は、**聖なる神殿**《テンプル》から欺瞞、暴力、不正義、専制といったすべての不純物を取り除いてはきませんでした。〔訳32〕人間の情念は依然として聖なる神殿

〔訳29〕ローマ・カトリック教会では、聖人は救いに必要とされる以上に多くの徳を持っていて、それは教会に余剰功徳として貯えられていると考えられていた。この余剰功徳を、贖罪したい信徒に金銭と引き換えに贈与したのが免罪符販売であった。

〔編60〕バーク『省察』一三三―四頁は、イングランドの国制について次のように述べている。「すべてが、私達の国民性の簡潔さと、知性のある種生得の平明さと率直さから発しています。それは長い間、私達の間で権威となることに成功した人々を特徴づけてきたものです」（*WS* VIII 141 = 『省察』114）。

〔編61〕ウルストンクラフトはここで、バーク『省察』一三五頁（*WS* VIII 141–2 = 『省察』115）の「私達がプロテスタントであるのは、無関心からではなく、熱意からなのです」という主張に反駁している。「私達」に置かれた彼女の強調は、イングランドのプロテスタントを代表するというバークの主張に対する世間の軽蔑を暗に示唆している。彼はプロテスタントとして教育を受けて、二〇歳からイングランドに住んだが、ローマ・カトリック信者の母から生まれたアイルランド人であった。

〔訳30〕「私達は自らの神殿を照らすのに〔無神論のような〕不浄の火を借りはしません。それは別の光で照らされるでしょう」（*WS* VIII 141 = 『省察』115）。

〔訳31〕ウルストンクラフトは、バーク原文の「高貴な地位 exalted situations」を「高貴な生まれ exalted birth」に変えている。

〔編62〕バーク『省察』一三六―七頁（*WS* VIII 143 = 『省察』117）。「人間の政府で統治する者はすべて、神自身の名を借りてその政府にあるわけですが、彼らの任務や目指すところについて、高邁で価値ある考えをもたねばなりません。」

の**至聖所**〔誰にも邪魔されない場所〕に潜んでいるのですから、この神聖さを侵すような理性の世俗的行使がなければ、聖なる神殿での浄めの儀式も空しいものになるでしょう。道徳性は依然として、このような国家的宗教――このような国家の観念的聖化――から離れたところに存在するでしょう。そして人々は、生きている間の情念の向こう見ずの疾走を抑制するよりも、死の床にある時に、天国への狭き道を切り拓くため、肉体の善きもの《グッズ》〔財〕を寄贈することを選ぶでしょう。

（原14）一三七頁（*WS* VIII 143＝『省察』117）。〔（編注）バーク『省察』「そのような崇高な諸原理こそ、高貴な地位の人々に吹き込まなければなりません。」「彼らは目先のはした金など求めてはなりません。」〕

あなたの手紙に登場する一節がとても奇妙なので、私はそれを書き写す気になりました。[原15] もし私があなたの意味を誤解しているならば、それをご説明願わなければなりません。

（原15）「人民がすべての利己的な意志の欲を捨て去った時――それは宗教によらなければまったく不可能ですが――、また彼らが、委任の序列のより高いところで行使する権力が合法的であるためには、意志と理性が同一であるところの永遠に不変な法律に従わなければならないと自覚した時、彼らは権力を卑しく無能な人間達に渡すことにもっと慎重になることでしょう。彼らは、人々を公務に任命する際に、権威の行使を哀れむべき稼業ではなく、神聖な職務と捉えて任命することでしょう。彼らの下劣で利己的な関心によってではなく、彼らの気まぐれや恣意によってでもなく、（どんな人でもそれを与えたり、受けたりするのに戦慄を禁じえない）その権力を、積極的な徳と叡智を大いに備えたと認めた人物にのみ与えることでしょう。その徳と叡智が結合されると、それは避けがたく混じり合った巨大な集団の中に見出される責務に適するものとなるのです。」（一四〇頁、*WS* VIII 145＝『省察』120）

宗教的にであれ、市民的にであれ、人民が政府に干渉する唯一の方法は、代表を選出することです。そして、閣下、雄々しく率直にあなたに質問させてください。これらは**神聖な**任命なのでしょうか。どこに宗教用の投票所があるのでしょうか。宗教は、酔いどれ騒ぎや獣のような暴飲暴食の場面にその厳粛な指令を混ぜ込んだり、説得力ある声を張り上げたりするのでしょうか。明らかに下層階級の人々の習俗を悪質にしがちな夜間の醜行を、宗教は監督するのでしょうか。悪疫はここで終わりはしません。金持ちも貧乏人も一つの共通した本性をもっています。そして、現世での崇拝の対象としてあなたが敬慕している名家の多くは、――私は揺るぎない事実を話しているのですが――自分達の窮状が、選挙運動のお祭り騒ぎの宴会での思慮のない浪費に起因すると見ています。その上、反対派にかき立てられた精神《スピリット》の興奮が冷め、狭量で専横なやり方の選挙運動がすべて終わった後には、物言わず静まりかえる人々！　彼らはただイエスかノーを言わせるために一般民衆を行軍させようとするにすぎないのです〔編63〕。

〔訳32〕バークは、国家という建物が「欺瞞、暴力、不正義、専制といったすべての不純さから浄められた聖なる神殿として、国家《コモンウェルス》とその内部で職務を行う人々すべてを厳粛かつ永久に聖化（consecration）した」と述べている（WS VIII 142 =『省察』117）。consecration には聖別と同時に献身という意味がある。また、ロンドンのテンプル教会（テンプル騎士団が創設した）から法曹学院が生まれ、その教会を王権が所有することになったという歴史から、「テンプル」は王権、法、宗教の一体性を象徴している。

〔編63〕一七六二年に選挙の賄賂を抑制するために罰金が導入されたが、一七七一年、一七七五年、一七八二年の調査では腐敗の増加が明らかになった。

経験が示すところでは、金銭ずくの利害もしくは常軌を逸した思慮のなさが、大部分の選挙の際の行動のばねになっていると思われます。ここで再度、〔あなたが言う〕一般的規則を私が修正するのを見落とさないようお願いします。人民は自分達が〔投票を通じて議員に〕授与しようとしている責務の神聖さを慣習的に確信しているどころか、その逆なので、彼らの投票は買収されやすいのですが、このことは彼らに、自分達には私心なき振る舞いを期待する権利がないことを気づかせるに違いありません。とはいえ、話を教会とイングランド国民の習慣的確信に戻しましょう。

〔イングランド〕国民は、「その本質が善である神には、行為と許可とのいずれにおいても悪は許容できないことを習慣的に確信」している状態からはほど遠いので[原16]、彼らが聞く説教は、彼らにとってはまるで外国語で説かれているかのようにほとんど理解できないものです。説教の言葉と趣旨は彼らの理解力を超えているので、まったく正統なキリスト教徒が、啓発のためとは言わないまでも気晴らしのために狂信的な集会へと駆り立てられます。聖職者——私はその集団について述べているのであって、個々人に対して私が抱いている尊敬や好意を忘れてはいません——は、〔教会所領の〕一種の単純封土権〔から生じる奉仕義務〕として、彼らの職業上の任務を遂行します。この単純封土権は、彼らにその権利から生じた俸給を得る資格を与えます[編64]。そして、彼らの無知な信者達は、ただ教会に行くことが立派なことだと考えているのです。

(原16) 一四〇頁 (*WS* VIII 145＝『省察』120–121)。〔(編注) バーク『省察』「その本質が善である神には、行動と許可のいずれにおいても、悪は許容できないことを習慣的に民衆が確信している場合、彼らは、行政や教会、軍隊の、すべての執政者の心《マインド》から、尊大で無法な支配に少しでも類するものをより完全に追い払うことができる

でしょう。」〕

実際、私達の法は、宗教的機構の点では非常に欠陥があるので、多くの理性的で敬虔な聖職者が、役に立とうとする自分達の努力の妨げにならない形で俸給を受け取る術がないと不満を述べるのをこれまで耳にしてきました。その一方で、多くのさほど良心的ではない教区主任牧師の生活は、彼らが教化に従事している相手である教区民との訴訟沙汰に費やされるか、さもなければ遠く離れた町で、くつろいで贅沢に遊んで暮らすことに費やされます。

しかし、あなたはいつもの堅固な地盤に戻ります。**正直者、おまえはそこにいるのかね。**〔編65〕あなたの狼狽した精神《スピリット》を落ち着かせるために、私達は財産の安全保障を誓い、念には念を入れてそれを確約しなければならないのでしょうか。汝の愛国的熱狂の御霊《みたま》に平安あれ！ それは汝の同胞市民の一部から、アメリカにある財産を奪うのに貢献しました。今度は、また別の精神《スピリット》が教会財産の安全を保障しようと外国を歩いています。〔編66〕〔イングランドの〕十分の一税は無事です！――永遠にとは申しませんが。なぜなら、誇らしいロンドンはどこにいったのか、とその旅人が尋ねるであろう時が来るでしょうから。ロンドンの**神殿**も法も貿易も、一つの共通した廃墟へと埋められて、ある道徳を指し示す決まり文句として役立つか、あるいは大西洋

〔編64〕単純封土権は、もともとは上位の貴族への奉公の返報として保有される相続権付きの領地を意味する封建制の用語であった。

〔編65〕『ハムレット』*Hamlet*, act I, scene v, l. 159.

〔編66〕ウルストンクラフトはバークのアメリカ独立支持に言及している。教会財産の擁護は彼の『省察』の主な関心である。例えば、八〇頁（WS VIII 105＝『省察』69）を参照せよ。

の反対側で舌戦を繰り広げる元老院議員達〔アメリカ合衆国上院〕に、彼らの響き渡る雄弁のほとばしりを勢いづける修辞を与えるにすぎない時が来るでしょうから。〔訳33〕

　あなたが同胞市民の大集団の確実な利益に完全に合致する専制的原理を誠心誠意支持してきたとすれば、誰が敢えて矛盾しているとあなたを今更非難するでしょうか。とはいえ、それは最大集団ではありません。というのは、あなたが議会を敬慕するとしても、異議を唱えて大声でその理由を説明するだけの鉄面皮をおもちだったように、その集団は多数派ではない、と私は推察するからです。しかし、この手紙を書き始めた時、あなたの行いの詳細にまで立ち入ることやあなたの欠陥を天秤にかけることは、私の意図ではありませんでした。私が隠れた穴から捕獲したいのは、ひとえにあなたのいくつかの有害な意見です。そして、あなたの専制的原理を包みこんでいる壮麗な衣装を剥ぎ取られたご自身の姿を、あなたに見せたいのです。

　イングランド国民が国家体制《ナショナル・エスタブリッシュメント》を尊重しているということを私は否定しません。彼らがまさに今世紀に示してきた、**啓蒙された**熱意と理に適った愛情の物悲しい例証を私は思い出します。同様に、ある商業国家の**慎慮ある**法が命じるところによれば、真実は名誉毀損と見なされるということも私は存じております。とはいえ、私の人間性は一度もゴシック風の〔悪趣味な〕慇懃に席を譲ったことがありませんので、ジョージ・ゴードン卿はフランス王妃に対する**名誉毀損**ゆえにというよりは、彼が祖国にもたらした惨事ゆえに幽閉されたと聞かされたほうが、もっと私の意に適ったはずだと認めます。〔編67〕

　しかし、あなたがご自身の主張を強固にするために提示した議論は、もう一方の側を優勢にしているように見えます。

あなたは「我が国の教育は、〔国教体制に対する尊敬という〕この印象を確認し定着させるように形作られています。私達の教育は、幼年から成年までの全段階において、ある意味で完全に聖職者の手中にあります」と述べておられます。(原17) 閣下、これらの規則が聖職者達をさらに有用で尊重に値する集団にするというあなたの見解には、まったく賛成できません。むしろ経験は、事実がまったくその逆であることを確信させてくれます。学校や学寮では、聖職者はある程度、修道院の壁の内側で、気高さを装うかもしれません。しかし、自分達が個人教師をしている若年貴族の親達に然るべき尊敬の念を示す際に、彼らはその高貴なパトロンに媚びへつらうことを忘れません。お屋敷では、個人教師や礼拝堂付き牧師に払われる尊敬などほとんどなく、このことは、閣下、あなたの推論の誤りを証明します。次のように述べることは憎まれ口をたたくも同

〔訳33〕バークは「アメリカとの和解についての演説」（一七七五年）において、国王がアメリカの植民地人への土地の下賜を中止すれば、彼らはその地を占拠し、「その生活の慣行とともに自分達の習俗を変えていき、やがては自分達を勘当した〔ブリテン〕政府の存在を忘れてイングランド版のタタール遊牧民となるだろう」と述べている（*WS* III 129＝『論集』192）。ウルストンクラフトはこのようなバークのイングランド中心主義の文明社会観を皮肉っている。

［編67］ジョージ・ゴードン卿 Lord George Gordon（一七五一―九三）は一七八〇年、多くの混乱を招いた反カトリックのゴードン暴動を率いた。イングランドにおける司法の厳しさを批判し、マリー・アントワネットが無実のカリオストロ Cagliostro を迫害したと非難したために、彼は一七八七年、名誉毀損の罪でニューゲイト監獄に終身拘禁された。カリオストロはダイアモンドの首飾り事件に連座した後、イングランドに亡命した。

然でしょうが、彼らは時としてゴシック期の記憶の中にある宮廷付き道化師の現代の代替物にすぎず、彼らのパトロンである高貴な貴族の機知の鈍さを研ぎ澄ます砥石として役立つにすぎません。そして日頃嘲りの矛先が向けられている**物笑いの種**に対して〔その貴族の家の〕少年がどんな尊敬を抱くことができるのかは、洗練された作法《マナーズ》という見た目に美しい仮面の下に隠された道徳の堕落を見分けることができる人に決めていただきましょう。

（原17）一四八頁（WS VIII 149 =『省察』126）。

その上、聖職者を卑しい道連れとして高貴な教え子の旅に同行させる慣習は、その地位を高めるのではなく、不可避的に聖職者の性格を堕落させがちです。彼らがみすぼらしく最も卑屈な依存状態に屈従し、昇進のために仰ぎ見ている少年達の――穏やかな表現を用いるなら――最も気まぐれな愚行を言い繕っていることは有名な話です。聖職者の目の前で司教冠の幻が舞い、彼らは自身の子羊の衣〔誤った指導者の隠喩〕をよりぴったりと体にまとい、その精神《スピリット》を歪め、ついには人間の権利と一イングランド人の言論の正当な自由を主張することが慎慮〔の問題〕となってしまいます。実際、どのようにして聖職者達が大胆にも、自分達の〔所領内教区に対して封建領主がもっていた権限に由来する〕聖職推挙権《パトロン》保持者を悪徳ゆえに戒めることができるでしょうか。聖職者は〔パトロンという〕この言葉の真に封建的な意味を強調するにすぎないのです。人間の心を表面的ではなく精査した人々によって、次のことが認められてきました。すなわち、人が自分の精神《スピリット》を理性以外の力に対して屈服させると、[編68] 彼の人格はすぐにも堕落し、彼の精神は彼がしぶしぶ従っているまさにその偏見に縛られるのです。経験による観察はさらになされていて、より目上の者への追従、目下の者への暴虐が我が国の聖職者の特徴であると言われ、これは貴族と聖職者の付き合いから自然に生じてくると想定されてきましたが、これはもっともな話です。交際《ソサエティ》という言葉に雄々しい意味をつけ加えるとすれば、不平等な者達の間に交際は成り立ちません。もし友情の基礎が相互の尊敬であって、商業的協定ではないとすれば、上記のような〔貴族と聖職者の付き合いの〕親密さから友情が生じることは決してありません。こうして自分の所管の外に出されて、自分の信者から遠く離れたところで十分の一税を享受しているのですから、聖職者が宮廷の寄生者になって大物のパトロンや国庫に依存しようと画策するのは当然ではないでしょうか。これらすべてを観察しながら――これらの事柄は暗闇の中で行われたわけではないのですから――我が国の上流社会の若者達は、ミルクとともに聖職者に対する軽蔑を飲み込んで、間違っているにせよ広く知れ渡った観念連合によって、宗教に対する軽蔑心を抱いてきたのです。

閣下、一三世紀、一四世紀に――私はこれ以上遡って、過去のカトリックの遺灰を侮辱するつもりはありませんが――イングランドの国民は、国制の一主要部として教会組織が〔経済的自立を得て〕堂々とその頭を上げることができるようにするため、宗教共同体の自由を守るために、教会組織を安定させ、それに巨額の

〔編68〕例えば、ルソーは『エミール』（一七六二年）において、情念は個人の自由と道徳に対する最大の脅威であると見なしている。第四編（Tome III, p. 248）では、生徒が次のように教師に嘆願する。「私を襲う諸情念から守り、私を自由にしてください。私が情念の奴隷にならないようにしてください。そして、私の感覚にではなく理性に従順を示すことで、私を自分自身の主人にさせてください。」〔今野一雄訳『エミール（中）』岩波文庫、一九六三年、二四五頁。〕

財源を与えたわけではありません。ところが、骨折ってシェイクスピアの作品に注釈をつける人々のように、あなたは、偶然が、あるいはもっと哲学的に言えば人間の私心ある目論見が——あなたの独創的な解釈など夢にも見ずに——決定した諸法に、ある特定の意味をつけ加えました〔訳34〕。

そうではなくて、人が自分を煉獄の陰鬱な責め苦から救おうとして自分の朽ちる財産を差し出し、さらには、理性の提案を聞き自力で救済策を講じるよりも、自分の堕落した欲求に溺れたまま赦免のために法外な代償を払うほうがより便宜的であると気づいた時に、自己の理性を鍛錬した唯一の人々であった司祭のまさに強欲が、そのような莫大な財産を教会に確保したのです。つまり、道徳性から宗教が分離したのは、司祭の活動の結果ではなかったのでしょうか。そしてこの分離は、あなたがとても敬虔な態度で〔その終焉を〕嘆き悲しんでいる**名誉ある**時代に、部分的に達成されたのではないでしょうか〔訳35〕。

文明化、つまり知性の陶冶と愛情の洗練がおのずと人間を宗教的にすることを私は喜んで認めます。他の何が、心の中のうずくような隙間を埋めることができるでしょうか。人間の愉楽や友情は、決してそれを埋めることができません。まったく完全な原型〔神〕に対する心からの崇敬や、善性への愛から生じる神秘的な紐以外の何が、無知であるという定めを受けながらも私達を甘んじて生きさせることができるでしょうか。私達の原型である存在——私達はその原型のかすかな写しです——に対する崇敬以外の何が、自分自身を崇敬させることができるのでしょうか。偉大な霊《スピリット》〔イエス〕が水上を歩くと〔『新約聖書』ヨハネによる福音書、マタイによる福音書他「イエスの水上歩行」と言われる記述〕、狼狽した心は彼の声を聞き、不安な心は苦痛に満ちた動悸を止めます。なぜなら、主への信頼が心に鎮まるよう命じるからです。気高さの自覚は私達を

〔訳34〕バークは、国教会制度がイングランドの政治組織にとって本質的な部分、国制の基礎であると述べた直後の段落で、「私達は古い教会制度の様式と型にあまりにも固執しているため、一四世紀、一五世紀以来、それらは極めてわずかな変更しか加えられていません」と述べ、この制度の基礎は「ゴシック的、修道院的教育」であるとしている（*WS* VIII 150＝『省察』127）。バークは、国教会制度は「自由な市民達を健全な畏怖心によって操作するためにも必要なものです。なぜなら、自らの自由を確保するために、彼らは権力の一定部分を享受しなければならないからです」（*WS* VIII 143＝『省察』118）と語り、また「私達は宗教を介して司教冠を戴いた宗教指導者達の法廷や議会での地位を高めさせようとしているのです」（*WS* VIII 153＝『省察』131）、「私達の先見の明ある国制は、……無知を教導すべき人々が……貧乏な俗人の軽蔑を買ったり、彼らの施しに頼って生活したりしないよう、……配慮しているのです」（*WS* VIII 152–153＝『省察』130–131）と述べている。さらに、教会財産については、教会の民衆教育と弱者救済という義務ゆえに、イングランドの人々は宗教政策として「教会財産を私有財産群の中に含ませ」（*WS* VIII 151＝『省察』128）たのだ、という解釈を示している。

〔訳35〕王権と教皇権の対立が深まる中で、イングランドでも一三世紀頃から、最初は教皇派の修道院で免罪符販売が始まった。当初は施療院設立などの名目で行われたものだったが、その莫大な収入を目にしたイングランドの大司教座下の教会でも司教によって免罪符が発行され、国中に広まった。この免罪符販売についてはチョーサーの『カンタベリ物語』でも「免罪符売りの話」として言及されている。詳しくは田巻敦子「中世イングランドにおける寄進探索人としての免罪符売りpardoner」『比較宗教思想研究』（新潟大学大学院現代社会文化研究科比較宗教思想研究プロジェクト）、第一一巻、二〇一一年、二五—四五頁を参照。バークは古い教会制度の修道院的教育が「道徳と規律に有益である」（*WS* VIII 150＝『省察』127）と述べている。これに対して、ウルストンクラフトは、中世の修道院こそ、道徳と規律を失う元凶だった、とここで反駁している。

奮い立たせて誹謗中傷にも動じないようにし、断固として運命の逆風に勇敢に立ち向かわせるでしょう。自分自身を尊重しつつ、私達が翻弄されるまさにその嵐によって、私達は奮い立たせられるのです。でも、友人が不親切で、心が優しくもたれかかる支えをもっていない場合、傷つきやすく悩める者は人の心を見抜く方〔『新約聖書』ローマ人への手紙、八章二七節、神〕以外のどこに逃げ込めるのでしょうか。そして、死が現在の居場所を侘しいものにし、若かりし頃の友人を奪い去ってしまった時に、慣れ親しんだ道沿いに歩くと、自然は死んだと思わんばかりになって、こう問うものです。こうしたなじみの場所に命を与えていたあなたはどこにいらっしゃいますか、と。このように記憶が私達の現在の眺めと対照させて、以前の愉楽を強調する時、私達の手が届くところにただ一つ慰めの源があります。こうした崇高な孤独においては、世界にはただ創造者と被造物だけしか存在せず、この創造者が被造物の幸福の源であるように思われるのです。これらが人間の感情です。しかし、人間の間の共通した本性や関係で理性から生じないものを私は知りません。同様に、共通した愛情や情念は獣を一つにまとめます。私達が理性的存在という名称にふさわしくなるのは、まさにそうした関係の継続性があってのことです。この継続性は省察から、つまりあなたがぶしつけにも尊重せず軽蔑する、あの理性の作用から生じるのです。

さて、類比に基づいて推論して、もし省察が**理性に基づく**愛情の自然的基礎であり、なおかつ、ある人が他の人の上に出ることを可能にする経験――これは獣においてはこれまで決して見られなかった現象です――の基礎でもあるに違いないと思われるとすれば、自分の理性を鍛錬するよう義務づけられている人々は最も理性に富み、彼らは並はずれた緊急時に、自分達がその一部を作った社会を導くよう自然によって指名された人物である、と推定しても議論を拡大解釈することにはならないでしょう。

あなたが後に否認しないにせよ修正している全面的な非難と、あなたが国民議会に対してこれ見よがしに示してきた不当な侮蔑が、理性に基づいたものか、信念の所産なのか、羨望の落とし子なのかは、時間だけが示すことでしょう。[編69] 時間はまた、代々の女々しさによって軟弱になった上流階級の放蕩者よりも、この〔国民議会の〕無名の群集のほうが、人間の心と立法についてよく知っていることを示すかもしれません。

誰が一国の創設者であるか——未開人か、泥棒か、教区牧師補か、法の専門家か——は、おそらくさほど重要ではないでしょう。ローマ人には常に古いパン種〔悪意と邪悪〕の**風味**があり、[訳36] 私的な〔動機での〕強盗がその〔財産没収の〕伝統は正しいと信じて公的な略奪者になったにすぎない、とあなたはおそらく皮肉の

〔編69〕バーク『省察』五八頁（*WS* VIII 91–92＝『省察』52–53）以下。

〔訳36〕『新訳聖書』コリント人への手紙一、五章七節「いつも新しい練り粉のままでいられるように、古いパン種をきれいに取り除きなさい。現に、あなた方はパン種の入っていない者なのです。キリストが、私達の過越の小羊として屠られたからです。」五章八節「だから、古いパン種や悪意と邪悪のパン種を用いないで、パン種の入っていない、純粋で真実のパンで過越祭を祝おうではありませんか。」バークは、「土地財産のほとんど全制度が起源からして封建的であり、そうした土地財産は本来の所有者の所有物を奪った山分けであって、野蛮な征服者が同じく野蛮な手先に与えたもの」であることを理由に、自らも没収地の分け前に正当に預かろうとするフランスの農民達を、昔略奪によって所有者となった「ローマ人かゴール人の子孫」であると批判している（*WS* VIII 269＝『省察』282）。

つもりで述べていらっしゃいますが[訳37]、それは真実です。あなたは、次のようにつけ足すこともできたでしょう。彼らの文明化は非常に不完全だったに違いなく、人々の道徳よりも習俗に大きな影響を与えた、と。もしくは、もし優雅だが不道徳な行動様式と奢侈な生活様式が〔文明化という〕言葉の悪用でないのであれば、円形劇場での娯楽が、彼らの人間性だけではなく彼らの洗練の上にも永久に消えない汚点を残すことはなかっただろう、と。しかし、あなたが重く冗長な兵器〔『省察』のこと〕を使って浴びせた雷鳴のような激しい非難と、かなりふざけた嘲りの山火事は、国民議会が堅固な基礎の上に新たに獲得された国家の自由を確定するために集まった際に、彼らが想像力ではなく知性を頼みにしているという理由で国民議会を貶めようする議論ですが、これは貶めることにはなりません。

もし仮に、あなたが同じ助言を才能ある若い歴史画家に与えたのなら、私はあなたの判断を賞賛し、あなたの意見に共鳴したことでしょう[原18]。あなたはこのように言うこともできたはずです。想像力が燃え上がるまで、古代の高貴な模範例《モデル》を研究せよ、そうすれば、現在の月並みな実習[訳38]を超えて、それらの偉大な原画を写し取るのではなく手本にすることができるだろう、と。ある興味深い瞬間を描いた生き生きした絵画が、おそらくこのような自然な手段で製作されたことでしょう。とりわけ、その画家が、賞賛を呼び起こし努力を促すべく意図された、回顧すべき高貴な模範例をもっているという小さな付帯条件が見過ごされなければ。

（原18）五一頁（*WS* VIII 86＝『省察』47）。「もしあなた方の国の先代が、あなた方から見てあまり輝きをもっていないように見えるなら、彼らを通り越して、もっと以前の先祖からあなた方の主張を引き出すこともできたはずです。それらの御先祖を畏れの心をもってひたすら愛していたならば、あなた方の想像力は、昨今の野卑な行動など及びもつかない水準の徳と叡智を彼らの中に認識したことでしょう。そして自ら模倣したいと切望した実例によって、あなた方も高められたことでしょう。父祖達を尊敬することによって、自らを尊敬することも教えられたことでしょう。」

しかし、科学的計算の範囲を超える何百万もの人々の幸福を左右する国制を決定するにあたって、国民議会にとっておそらく必要だったのは、**想像された**彼らの父祖達の徳よりも高い模範例をその視野の中にもっていること、そして自分達自身に対する尊敬を唯一の正統な根源である正義に対する尊敬から賢明にも引き出すことでした。ゴシック風の材料で野蛮な時代に建てられた古びた城を修繕することが、なぜ義務だったのでしょうか。私達の父祖達が贈った唯一の価値ある遺産である経験という基礎の上に、単純な構造の骨組みが作られるかもしれない時に、なぜその基礎をほとんど調査できないであろう古い城壁を再建するために、国民議会の立法者達は異種混交の廃墟をくまなく探す必要があったのでしょうか。私達が自身の蓄えを獲得するまでは、この〔経験という〕遺贈物を役立てることはまだほとんどできないのです。そしてその時でさえ、先祖から代々伝えられた経験は、正しい道を指し示すために各曲がり角に立っている道しるべというよりは、私達に危険な岩や砂堆を警告するための灯台として役立つのです。

〔訳37〕専制の初期段階にあったローマでは、敗北した党派に対して、国家への敵対と裏切りの罪という理由をつけて、「自らの不正に一種の迷彩」を施し「形式を整えて」財産を没収した、とバークは述べている（WS VIII 165＝『省察』145–146）。

〔訳38〕バークの「現在の野卑な行動（the vulgar practice）」という言葉を、ウルストンクラフトは、「月並みな実習」という意味に変えて用いて皮肉っている。

しかし、以下に列挙することは〔フランス国民議会の立法者達にとって〕まったく必要ではありませんでした。すなわち、立法者達が、彼らの先祖の**ほとんど忘れ去られた**国制に満足していなかった場合、あるいはそのような国制を識別できなかった場合、自分達に対する自信を失うべきだということ。(原19) 立法者達は第一に、イングランドの国制は最高度に近代的であるだけでなく、可能な限り最良のものであり、イングランドの社会契約は人間知性が形成しうるであろう、そして人間の大多数が享受しうるであろうあらゆる**可能な**自由の最も確実な基礎であると確信すべきだったということ。また立法者達は、イングランドの代議制が代議制の全目的に答えており、地位や財産の既存の不平等は共同体全体の自由を保証しているのであって、この〔自由という〕言葉を国全体に適用して従属の大げさな形容辞にしてはいないと確信すべきだったということ。あなたの生涯にわたる行為はまったく別の言葉を物語ってきたにもかかわらず、あなたがうぬぼれて私達に無理やり押しつけているのと同じ庶民院に対する尊敬を、立法者達ももつべきだったということ。最初に注意を引きつけた原型から逸脱しないことを立法者達が重視する前に、以上のすべてが行われるべきであったということ。

(原19) 五三頁(WS VIII 86 =『省察』48)。「もし自分自身に自信がなく、あなた方の先祖のほとんど見失われた国制を明白に認識できなかったとしても、この国〔イングランド〕にいるあなた方の隣人——彼らは現代の状況に適合するよう改良されたヨーロッパの古いコモン・ローの古来の原理と原型を、ずっと存続させてきました——に目を向けていたならば、賢明な実例に従うことによって、あなた方は叡智の新しい実例を世界に与えることができたでしょうに。」

ブリテンの庶民院が地位や家系や世襲という点で、あらゆる輝かしいものや獲得された富裕に満ちているということ、これは本当かもしれません。しかし、それが、軍事、文民、海軍、政治において優秀な、尊敬に値する才能のすべてを含んでいるかといえば、それは大いに問題があります。〔バークのように〕自然的原因の点から議論する思弁家には、まったく逆のことが事実であるように見えることでしょう。では、これらの推論が確かな根拠の上に築かれているかどうかを経験に語らせてみましょう。

あなたが高貴な自由人《リベラル》の家系〔訳39〕という空虚な観念によって生み出される効果を非常に強調していることは事実です。〔原20〕しかし、高貴な人達の行為を見れば、識別力のある人ならむしろ、この観念は生まれもった気高さを生み出すどころか消失させ、その代わりに、その人の臓腑を抜き取るまがいものの優越感を生み出すのだ

〔訳39〕ここでウルストンクラフトがliberalをどのように解しているのかは特定できない。一八世紀に、liberalは主に「寛大な」もしくは「気前の良い」という意味で用いられ、バークも他の多くの場所で「寛大な」という意味で使っている。ただ、この箇所ではこれらとは別の意味で使われていると思われる。一つは、「リベラル・アーツ」の用法での「リベラル」であり、それは隷属民との対比での「自由と独立の特権をもった自由民」から派生した言葉で、社会的エリートとしての「自由人」やそれにふさわしいことを意味する。他方、この言葉が登場するバークの『フランス革命の省察』当該部分では、先祖から伝わった自由の継承という文脈で使われている点から考えると、その後ヴィクトリア時代に確立していく「自由な」「自由を重んじる」という語義の一つの源泉がここにあるとも考えられる。（これについては、J. W. Burrow, *A Liberal Descent: Victorian Historians and the English Past*, Cambridge U. P., 1981, pp. 106, 217, 289を参照。）

という結論に至ることになるでしょう。金持ちの自由には、その個人を中身のない名誉で得意がらせる紋章旗があるのです。でも、徳ある貧乏人の奮闘はどこに飾られるのでしょうか。ありていに言って、あなたが自慢する記念の仰々しい碑銘を汚すであろうものを、誰が敢えて飾ろうとするでしょうか。そして堂々たるギャラリーに並ぶ、誇らしげに戦闘隊形に整列した肖像〔訳40〕を、人間の姿をした怪物だとして戦慄をもって私達に敢えて眺めさせようなどと誰がするのでしょうか。

（原20）四九頁（WS VIII 84＝『省察』45）。「聖人の列に加えられた父祖達の目の前にいるかのように常に振る舞うことで、それ自体として過ちや過剰に陥りやすい自由の精神は、畏怖を感じさせる威厳によって、適度に抑えられます。高貴な自由人の家系という観念は、生まれもった尊厳という習慣的感覚を私達に抱かせます。そしてこの感覚は、何らかの功成り名遂げた最初の人達にほとんど不可避的につきまとい名誉を汚してしまう、成り上がり者のあの傲慢を防ぐのです。」

しかし、この話題をもっとよく精査してみましょう。高貴で財産のある人は良い教育を受けてきたと**考えられる**ということは、一つの可能性はあるということでしょうか。ほしいものすべてが即座に供給され、必要性によって創意工夫の才が決して磨かれない場合、どのようにして彼は自分が一人の人間であることを発見できるのでしょうか。追従者のちやほやした注目がかなり甘美な酒である場合に、彼は自分と対等な者からの好意を受けるにふさわしくなるために、知識と徳を獲得しようと努力するのでしょうか。というのは、価値あるものすべては忍耐を要する努力の所産に違いないからです。

健康は節制によってのみ守られます。でも、日々豪華な食事に慣れてきた人を、健康を取り戻せるほどのあっさりした食べ物で暮らすように説得するのは容易なことでしょうか。おだてられて習慣的に過度に甘やかされてきた人は、友情という質素な食事を楽しむことができるでしょうか。そして、血が沸き立ち、感覚が四方八方で誘惑と出会う場合に、人は知識をその抽象的な美しさのために追求するでしょうか。否です。才能は勤勉によってのみ開花すること、そして私達が才能はそれ自身が報いであること〔訳41〕に気づく前に、より下等な動機に導かれてある程度の前進を遂げていなければならないことは、良く知られています。

しかし、**見事に開花した**才能は、あなたの学説によれば、世襲のもの**かもしれず**、判断力の成熟からは独立していて、理性を超えておのずとイングランド人を誤謬から守る生得の感情のようなものということになります。なんと高貴な特権！　義母である自然が自分を少なくとも貴族にしてくれなかったことを容赦できる人間は、なんと卑屈な精神の持ち主なのでしょうか。

そして、あなたの元老院議員の徳についての叙述の後で、〔編70〕我が国の庶民院はしばしばクマ園《ベアガーデン》〔熊に犬をしかけて見物する昔の娯楽〕に似ているとか、全国民の凝縮された叡智と徳が錚々たる集団の中で煌いているとはいえ、それは尊厳ある立法府というより**歳入**委員会のように見える、などと誰が敢えて言うでしょうか。

〔訳40〕バークは、イングランドの自由には系図があり、「紋章も紋章旗も……肖像ギャラリーも記念の碑銘も記録も証拠も身分もあります」と述べている（WS VIII 84–85＝『省察』45）。

〔訳41〕徳は善行の快感それ自体が報いなのだから物質的な見返りを期待するな Virtue is its own reward、という諺からの転用。才能を発揮すること自体の喜びに満足せよ、という意味。

〔編70〕バーク『省察』二八七―八頁（WS VIII 245＝『省察』250–251）。

心を麻痺させる富と卑しい野心という鬱陶しい負荷を庶民院が含んでいることを、私は直ちに認めます。また、未経験の新参者が、大臣によって適切に教練される場合には、世襲の名誉を財産と結びつけるために進んで上院〔である貴族院〕へと行進するであろうという仮定以上に優れて信用できるものはありません。とはいえ、才能、知識、徳はその人の人格の一部であるに違いなく、〔国王や貴族院議員が議会開会時に着用する〕式服がしばしばそうであるように、それらを随従者や木偶の坊に着せても、見せかけをさらに堂々たるものにはできません。

党派の陰謀が知性を偏狭にし、心を萎縮させる時でさえ、私達の庶民院は雄弁の学校、機知の温床であると褒め称えられてきたのは事実です。しかし、庶民院が芸を仕込んだ何人かの熟達者から見ると、この凡庸な賞賛はたいした重要性をもちません。たいした意義もない、とロック氏はつけ加えたことでしょう。彼は常に、雄弁は、冷静な判断力が命じるところを擁護するよりも、「悪いものをより良く見せる」ために使われることのほうが多いという意見をもっていましたので。〔編71〕とはいえ、財産と世襲の地位によって議席を獲得した人のかなり多くは自分達の優位に満足し、より危険を伴う名誉のためには奮闘しないものです。でも、あなたは例外です。あなたは能力を発揮することによって出世してきましたし、上流階級の〔知性や感情のない機械のように行動する〕自動人形達《オートマトンズ》を背後に投げ捨ててきました。あなたは二つ目の〔議席という〕栄誉を賭けた雅量ある選挙戦《コンテスト》〔訳42〕や、庶民院にあなたを招き入れ、あなたが出世して注目を浴びるのを手助けした貴族〔第二代ロッキンガム侯爵チャールズ・ワトソン＝ウェントワース〕の遺灰に捧げた感謝に満ちた尊敬の賛辞で、その力を発揮してきました。そして、あなたは長らく庶民院の——支柱とは言わないまでも——看板議員となってきました。しかし、不幸なことに、あなたは最近その人気の多くを失ってしまいました。議員達はその熱弁を聞くのに飽き飽きしたのです。もしくはあなたが当の問題から巧妙に脱線し、目下の論点から外れているにせよ確かに善いことをあれこれ語っても、彼らは面白がるに十分な趣味《テイスト》をもち合わせていなかったのです。長年あなたは庶民院の一方の側〔を占めるホイッグ党〕のキケロでした。[編72]その後、世間から忘れら

〔編71〕ジョン・ロック『人間知性論』John Locke, *An Essay Concerning Human Understanding*, 1690, book III, ch. x, sec. 34.〔「修辞法が案出したいっさいの人工的で比喩的な言葉の使用は、ただ間違った観念をほのめかし、情緒を動かし、これによって判断を誤らすだけであり、したがって、実際に完全なまやかしなのである」（大槻春彦訳『人間知性論（三）』岩波文庫、一九七六年、二七〇頁）。〕バーク『省察』二四五頁（*WS* VIII 215＝『省察』210）。「雄弁はそれに釣り合う叡智がなくても存在することがありうるかもしれません。」

〔訳42〕一七七四年、バークはヨークシャー州モールトンで庶民院議員に当選した直後に、ブリストル市の有力者リチャード・チャンピオンに乞われてブリストルからも立候補した。立候補演説で「実は私はこの地から極めて遠く離れた別の地域の選挙で選出の栄誉に浴した」と事情を説明し、「もしも私があなた方によって自由に選ばれる栄誉に浴した場合でも、……無為にまどろみうたた寝することがないよう自戒したいと思う」と抱負を述べている（*WS* III 60＝『論集』157）。また、一七七五年三月二二日の「アメリカとの和解についての演説」においても「本院の議席という栄誉」と表現している（*WS* III 105＝『論集』169）。

〔編72〕ローマ人の政治家、マルクス・トゥリウス・キケロ Marcus Tullius Cicero（前一〇六―前四三）は偉大な演説で名高かった。

れ、あなたの花開いた名誉が目の前で色褪せていくのを見て、あなたの中の人間的なもの〔『省察』でバークが繰り返し力説している言葉〕すべてが奮起し、あなたの名声の輝かしい蘇生となった熱情的な『省察』を出版するに至ったわけです。リチャードは調子を取り戻した！[編73] 彼〔バーク〕は議員の地位を捨てました。そして、〔イングランド〕国民の**意志**[原21]がアメリカの人々を抑圧した際に、彼は熱意に突き動かされて自由と自然権を支援するためにその才能を使ったにもかかわらず、〔この度は〕この熱意を国教会制度の賞賛[編74]で包み隠しました。とはいえ、彼は依然として偉大な人物です。

〔原21〕六頁（WS VIII 56＝『省察』10）。「ある特定の国家の市民であり、その**公的な意志**によってかなりの程度縛られているのですから」等。〔〔編注〕強調はウルストンクラフトのもの。〕

あなたの気質の中では、真の感受性と妄信的に心に浮かんでくる空想的情感《ロマンス》とが混ぜ合わさっていて、その結果、現在の危機があなたに我を忘れさせているように思われます。そして、あなたは偉大な提案者の一人にはなれなかったので、あなたの想像力を魅了した次**善**の策は、人目を引く対抗者になることでした。自分のことで頭がいっぱいの状態で、あなたはご自身が革命を軽蔑していることを世間に納得させるために、随分と騒ぎ立てています。ちょうど、ルソーが彼の同時代人達に自分をひっそり暮らさせるよう説得するためにそうしたのと同じように。[編75]

あなたの『省察』を注意深く通読した際、絶えず否応なく私が襲われたのは、あなたがもしフランス人だったとすれば、地位と古さに対する尊敬の念を抱くどころか、暴力的革命家になっていただろう、という思いでした。そして、現在あなたがおそらくそうであるように、あなたの理性を曇らせる情念に惑わされて、あなたの空想的《ロマンティック》情感に満ちた熱意を、啓蒙された祖国愛、人間の権利に対する慈愛に満ちた尊重と名づけただろうということです。あなたの想像力は燃え立ち、ほとんど柱が残っていない国制、時間がその跡形をほぼ消し去った国制は、強固な愛着に値するほど十分に高貴な原型ではないことを証明するために、あなたが現在提示しているのに勝るとも劣らない巧妙な議論を作り出したことでしょう。そして、イングランドの国制に対しては、あなたが最近身につけたほどの深い敬慕を抱くことはおそらくなかったことでしょう。いやむしろ、あなたがアメリカ〔独立〕戦争の間に抱き公言したのと同じイングランド議会についての見解を、あなたが抱いたかもしれない、ということも考えられなくはありません。

頻繁に生じてくるのでほとんど確信にまで高まったもう一つの所見は、単純に以下のようなものです。すなわち、もし仮に、イングランド人一般がフランス革命を非難したとすれば、あなたは一人進み出て、自由のゴリアテ〔巨人戦士〕を自認したことでしょう。でも、多くの兄弟達が名声の王座の近くにいるのを見たくないので、あなたはご自身の情念の流れを、またその結果として推論の流れを、別の方向へと変えたのです。もし仮に、プライス博士の説教があなたの胸の奥のまさに妬みのような火花を発火させなかったとすれば、彼はもっと公平に扱われただろうと私は鋭く推察します。というのも、個人的な立腹や傷ついた虚栄心

〔編73〕『リチャード三世』Colly Cibber (ed.), *Richard III*, 1700, act V, scene iii.「リチャードは調子を取り戻した。」

〔編74〕バーク『省察』一三六―五七頁（WS VIII 142–154＝『省察』117–133）。

〔編75〕ウルストンクラフトはルソーの死後に出版された自伝、『告白』（一七八二年）に言及している。

以外のものが、あなたの『省察』に登場するような辛辣な皮肉や繰り返される軽蔑表現を生み出したのかもしれないと想定するのは、仁愛に欠けますので。[編76]

しかし、一定の原則なしでは、心の善性ですら矛盾を予防する手段にはなりません。また、傷ついた虚栄心の心痛が徳に適った憤慨だと誤解され、辛辣な憎悪がキリスト教的仁愛の思いやりであると誤解される場合、温和で愛情のこもった感受性は、人をより巧妙に残酷にするにすぎません。

もし噂の内容に信憑性があるとすれば、囚われの身の黒人達は、貴婦人達が考案する前代未聞の拷問を受けて身体的苦痛にもがき苦しんだ果てに、彼女達に呪いの言葉を吐くそうですが、このような麗しき貴婦人達のどこに気高さや無謬の感受性があるのでしょうか。彼女達の一部が、鞭打ちの光景を見た後に最新の輸入小説を読んで自分の苛立った精神《スピリット》を鎮め、優しい感情を発揮することもありえます。これらの涙がどれほど真に迫ったものか、あなたに判断をお任せします。でも、こうした貴婦人達は、あなたの『崇高と美の観念の起源についての探究』[訳43]を読んであなたの議論に得心して、弱々しく見せかけることで可愛らしくあろうと努力したのかもしれません。[編77]

あなたは次のように彼女達を確信させたかもしれないのです。すなわち、**小ささと弱さ**が美のまさに本質であり、そして至高存在は、最も卓越した美を与える際に、道徳的徳など陶冶しないようにと力強い自然の声で女性に命じているようだ、なぜなら、徳はからずも尊敬を呼び起こして、女性は心地良いセンセーションを喚起すべく創られたのにそれを妨げるかもしれないのだから、と。こうして、真理、剛毅さ、人間性を男性的道徳の厳格な境界内に閉じ込めたうえで、貴婦人達は、愛されることは女性の高邁な目的であり偉大な特質であって、女性は「舌足らずの話し方や、よろめいた歩き方や、神の創造物に渾名をつけることを学ぶ」べきである、[編78]と当然論じるようになるかもしれません。彼女達はあなたに倣って、どんな男性も、ましてや女性も、剛毅さ、正義、叡智、真理という気高い特質の力で愛想の良い存在になることなど決してなかった、と復唱するかもしれません。こうして、謹厳で不自然な徳のために払わざるをえなくなる犠牲をあらかじめ警告されているので、美を確保するために計画的に道徳を無視して、彼女達はすべての注意力を自分の容姿に向けることを公認されるでしょう。実際、どこかの理性的な年配女性が偶然にこの教説に出くわして、あなたは無神論を避けつつも、イスラム教の教義を避けることはなかったのですね、とほのめかすかもしれません。[編79]でもあなたは、私達の美の観念を理性から独立させた自然なるものに責任を転嫁して、容

〔編76〕実際バークによるプライス批判は、ウルストンクラフトがバークに浴びせたような個人攻撃の類には落ちていない。

〔訳43〕ウルストンクラフトの原文は *A Philosophical Enquiry* ではなく *Enquiry* になっている。

〔編77〕『崇高と美の観念の起源についての哲学的探究』*A Philosophical Enquiry into the Origin of our Ideas of the Sublime and Beautiful*, 1757, part III, sec. ix（*WS* I 270＝『崇高』120）および part III, sec. xvi（*WS* I 275＝『崇高』127）.

〔編78〕『ハムレット』*Hamlet*, act III, scene i, ll. 146–48.「お前たちははね回り、よろよろ歩き、回らぬ舌で喋り、神の創造物に渾名をつけ、気まぐれなあまり無知をさらけ出す。」バーク『崇高と美』Burke, *Sublime and Beautiful*, part III, sec. ix（*WS* I 270＝『崇高』120）参照。「彼女達は舌足らずの話し方や、よろめいた歩き方や、弱い振りや、病気の振りまでする。」

易に責任から逃れることができるでしょう。しかも、もし徳に世俗的有用性以外の何らかの基礎があるとしても、あなたはご自分が、少なくとも人類の半分は魂《ソウル》をもっていないとはっきりと証明したことを思い出す必要はないでしょう。またさらには、自然は女性を**小さく、滑らかで、繊細で、麗しい**被造物にすることによって、矛盾とは言わないまでも正反対の感情を生み出す徳を習得するために理性を鍛錬するようには彼女達を決して設計しなかった、とご自分が証明したことを思い出す必要もないでしょう。女性達がかき立てる愛情が一様かつ完全であるためには、道徳的徳が呼び起こす尊敬が愛情に染み込むべきではありません。それは、苦痛が快楽と混じらないように、賞賛が愛の穏やかな親密さを妨害しないようにするためです。女性の世界におけるこのような道徳の緩みは、徳に性別の違いを設けない理性の冷たい議論よりも、遊び人の想像力にとってより魅力的なのは確かです。もし美しき弱さが一女性の体格の中に織り込まれていて、彼女の生涯における主たる事業が（あなたがほのめかしたように）愛を呼び起こすことであり、理性的存在を気高くする属性とこのような動物的完全性との間に自然が永遠の区別を設けたとすれば、現世における彼女の義務と幸福は、より高められた状態へのどんな心構えとも衝突せざるをえません。それゆえ、プラトンとミルトンは、人間愛は神々しい愛へと通じ、同じ愛情の高まりにすぎない、なぜなら、神への愛は最も深い崇敬と混じり合っていて、弱さへの同情ではなく、完全性への愛でなければならないから、と主張した点で大きな間違いをしたことになります。[編80]

　実を言えば、私は女性の魂《ソウル》だけではなく、皆が愛するような気立ての良い男性をも心配しているのです。彼の精神《マインド》の**愛想の良い**弱さは、精神が非物質であることへの強力な反対論であって、それは、美が身体ばか

りか魂の**堅固さ**をも和らげることを証明しているように思われます。〔訳44〕

そうだとすると、あなた自身の推論からすれば、直接的に、尊敬と愛は敵対する原理であるということになります。そしてもし私達が人間をより有徳にしたいのであれば、私達は〔徳を〕弱体化させる美のすべての変種を市民社会《シヴィル・ソサエティ》から追放すべく努力しなければなりません。あなたの議論を少し先に進めると、私達はスパルタ的規則に立ち戻って、人間の徳を禁欲主義と自己否定という厳格な基礎の上に確立しなければならなくなります。〔編81〕なぜなら、理性に基づく原則を植えつけることで心を啓発《シヴィライズ》したり、人間味のあるものにしたりするどんな試みも、たんなる哲学的な夢になってしまうからです。もし洗練《リファインメント》が、偉大な誘惑者である美をより魅惑的にすることで、不可避的に徳への尊敬を弱めるのであれば、そして、もしこのような〔バークに従えば、美によって〕弛緩する諸感情が道徳性の力強い発揮と両立不可能なのであれば、ヨーロッパの太陽は沈んではいません。〔訳45〕〔それどころか、むしろ〕冷めた形而上学者が頭脳を使って〔ヨーロッパの〕心に法を与えようと試みる時、〔ようやく〕夜が明け始めるのです。

〔編79〕イスラム諸国における女性のとても低い地位は、イスラム教が女性に魂はないとしているという、キリスト教徒の間で人口に膾炙した誤解を生んだ。

〔編80〕プラトン『饗宴』Plato, *Symposium*, 178A–185C. ジョン・ミルトン『失楽園』John Milton, *Paradise Lost*, book VIII, ll. 589–92.「愛は／思念を洗練し、心を大きく賢いものとする。／愛は理性という基盤の上に立ち、豊かな判断力をもっている。／また、愛は人が天上の愛を目指して高く昇ってゆこうとするとき、その足掛かりとなる階梯でもある。」〔平井正穂訳『失楽園』筑摩書房、一九七九年、三六二頁。〕

しかし、経験が、徳の中には美があること、つまり必然的に〔徳の〕発揮を含意する命令の中に人を魅惑する力があることを万が一にも証明するとしたら、堕落した官能的な趣味《テイスト》はより雄々しい趣味に取って代わられ、**蕩ける**《メルティング》感情〔訳46〕は理性的な満足に取って代わられることでしょう。美も徳も、同じ程度に人間にとって自然なものかもしれません。分析されるべきはこの両者の道徳における違いであって、その相違点は理性だけが決定できるものです。

このような輝かしい変化は、自由によってのみ生み出されることができます。地位の不平等は、精神の質を損なわせ、精神は従属するか独裁的に支配するかのいずれか、つまり身体に食物を調達することに従事するか、もしくは精神自身に楽しみをもたらすことに従事するかのいずれかになります。こうして、地位の不平等は、徳の発達をなおも妨害するに違いありません。そして、もしこの〔輝かしい変化の〕偉大な一例が無学文盲の粗野な輩の集会〔フランスの国民議会のこと〕によって示され、もし彼らがヨーロッパの、そして「ヨーロッパを越えた地域」の運命をも巻き込むような危機を生み出す可能性があるならば〔原22〕、私達が素朴な理性を尊重し、上流階級の美に対する気難しい尊敬によって、さらには社会構造の何らかの**空白**がもたらす

〔訳44〕魂《ソウル》／精神《マインド》の非物質性は、ロック『人間知性論』第四巻第三章やヒューム『人性論』第四部第五節「精神の非物質性について」などで触れられてきた問題である。バークは『崇高と美の観念の起源についての哲学的探究』において、対象のどのような特徴が私達に美を引き起こすかを論じている。そこでまず対象がもつ「不完全性」が美を喚起することを、女性の話しぶりや身体の動きを例にして挙げている（WS I 270＝『崇高』120）。その後、続く節で、バークは対象を「精神」にまで広げ、「前項に見た事柄は広く精神の諸

性質についても同様に適用される」と述べ、「柔らかい徳」「強い徳」「魂の柔らかい芝生」といった言葉を並べている（*WS* I 271＝『崇高』121）。つまり、「柔らかい」などの物体の諸性質と徳や魂が結びつけられているのである。さらには、第12節「美の真の原因」において、バークは、美とは「人間の精神に感覚の仲介によって機械的《メカニカリィ》に作用する物体《ボディ》のある性質」であると結論づけている（*WS* I 272＝『崇高』123）。ウルストンクラフトはここから、物体＝身体が「精神」に機械的に作用できるのであれば、精神もまた物体＝身体であるということになる、と推論して、バークの議論は「精神が非物質であることへの強力な反対論」だ、と皮肉っているのだと考えられる。加えてウルストンクラフトは、バークに言わせれば、「皆が愛するような気立ての良い男性」は、愛を喚起する原因として「精神《マインド》の愛想の良い弱さ」をもっていることになり、この弱さは「物体《ボディ》の性質」だから「魂ばかりか身体《ボディ》の堅固さも」和らいでしまうことになるので、「とても心配している」と揶揄している。

［編81］スパルタの国家は、その市民達の奉仕に絶対的な要求をし、幼年期からの厳しい訓練によって市民の忠誠を確立しようとした。

〔訳45〕バークは、貴族と聖職者が学問を保護し存続させてきたゆえに、ヨーロッパの習俗と文明があると主張し、しかし、「今後学問は、その自然的保護者と後見人と一緒に泥沼に投げ込まれ、豚の如き群衆の足下に踏みにじられることになるでしょう」と嘆いている（*WS* VIII 130＝『省察』100）。ウルストンクラフトは、「ヨーロッパの太陽」という言葉でバークが称揚する貴族と聖職者の精神と彼らの学問を暗示し、それはまだ沈んでいないが、真の太陽でもないと揶揄している。

〔訳46〕バークは『崇高と美の観念の起源についての哲学的探究』第四編第一九節「愛の身体的原因」（*WS* I 300＝『崇高』162）において、愉悦がもたらす身体的作用として、軟化させる **soften**、弛緩させる **relax**、弱める **enervate**、溶解する **dissolve**、蕩ける **melt** を挙げている。ウルストンクラフトは、本書のいくつかの場所で、これらの言葉を強調して用いて、皮肉っている。

欠陥への恐れによって鈍化されることのない〔理性の〕活気ある行使を崇敬することを、あなたは容認しなければなりません。

（原22）一一頁（WS VIII 60 =『省察』15）。「私には、あたかも私自身が重大危機に、しかもフランスの事件にとどまらず、ヨーロッパ全土、おそらくヨーロッパを越えた地域の大きな危機に陥っているかのように見えるのです。すべての状況を考え合わせると、フランス革命は、これまで世界で起きた最も驚愕すべきことなのです。」

あなたが国民議会について軽蔑的な態度で語った後で、つまり、彼らの議事進行の粗野な無作法――もっとも、あなた自身の徳の定義によれば[編82]、それは徳の純粋さの証明ですが――について詳論した後で、一ダースの優れた人材では、彼らがへりくだって手を結んだ下層民と均衡を保つのに十分ではなかったと主張するのは、不合理とは言わないまでも、少しばかり矛盾していたのではないでしょうか[編83]。我が国の庶民院、はたまた上流社会には、半ダースの錚々たる指導者がいるのでしょうか。それでも、羊は本能がもつ逸脱しない賢明さで、従順に彼らの歩みを追うのですが。

自由が堅固な基礎をもつためにはどうすべきか。世間をよく知ることによって、冷静な人々は次のような結論におのずと至るでしょう。すなわち、そのためには、人間の心の弱さと「富の惑わし[編84]」を知ったうえで、根本的に公平無私であるか、もしくは真に賢明な人が十分な数見出されうるならば、**貧しい**人々か哲学者達によってその基礎が据えられなければならない、という結論です。官能的な先入観が理性に取って代わられることや、現在の感情が視野の広い見方に取って代わられることは、当然のように期待できるのでしょうか。否です。専制政治の要である爵位の廃止が、犠牲にする爵位をもたない人々のなせる業でしかありえなかったというほどに、人間本性は依然としてかなり弱い状態にある、と残念ながら私は思います。国民議会は確かにいくつかの名誉ある例外を含んでいるにせよ、[編85] 理性が彼らを徳のありのままの気高さを尊重するように導いた時も、議会の大多数は、それに懸命に取り組む力強い感情をもってはいませんでした。

弱い精神は常に臆病です。では、へつらったお世辞や、希望や恐れの刺激を受けない生気を欠いた快楽によって生み出された精神の弱さに対して、何が相応でありうるのでしょうか。もし仮に、フランスの国制が

［編82］バーク『省察』一一八頁（*WS* VIII 131－＝『省察』101）。「国民議会の議事進行のすべてには、発想の貧困、粗野な要素や無作法がすでに見られます。」国民議会の保守派議員であるドゥ・メノンヴィル氏 **M. de Ménonville** は、バークの批判に苦情を述べ、『国民議会のある議員への手紙』*Letter to a Member of the National Assembly*, 1791 という釈明を受け取った。『自然社会の擁護』（一七六五年）において、バークは徳を自然性と同一視している。

［編83］バーク『省察』七六―七頁（*WS* VIII 103＝『省察』67）。「五百人の地方の訴訟代理人や無名の補助司祭達からなる政府は、それが四千八百万人によって選ばれたものであっても、二千四百万の人々にとって良いものではありません。またその政府が、権力を得るために自らの信用を裏切った一ダースの優れた人材によって指導されたからといって、より良くなるわけでもありません。」

［編84］『新訳聖書』マタイによる福音書、一三章一二節。

［編85］例えば、ノアイユ子爵ルイ＝マリー Louis-Marie vicomte de Noailles は封建領主権と封建的利権の廃止を提案した。デギュイヨン公爵アルマン＝デジール・ヴィニュロ・ドゥ・プレシ＝リシュリュー Armand-Desire Vignerot du Plessis-Richelieu, duc d'Aiguillon は彼に賛成した。

優雅と美の愛好者によって新しい原型とされるか、あるいはより慎重に修正されたとすれば、当然想定されるのは、想像力が脆弱で短命な建物を建ててしまっただろう、とか、一人の専制君主の権力が百に分割されて、自由のための闘争を誰が支配者になるかという選択にすぎないものにしてしまっただろう、といったことです。そして、これまでこの世に授けられてきたもの以上の徳と幸福を獲得する輝かしい**好機**が今人間本性に与えられたにもかかわらず、この好機は、流星のように一瞬で消える想像力、泡のようなはかない情念の犠牲となってしまったかもしれません。とはいえ、聖職者達は自分達の任務を伴わない聖職禄をおそらく黙って保持し続けたことでしょう。したがって、彼らの地位を貶めた大胆不敵な聖涜行為のために、あなたのインクに怨恨が混じることもなかったことでしょう〔編86〕。貴族達は、同胞の悲惨に対してではないにせよ、長男以外の自分達の息子には同情したことでしょう。荘厳な財産の集積が、迷信の神殿を保護するために、また理性がその差し出がましい光とともにそこに入ることを妨げるために、子孫に移譲されたことでしょう。そして、宗教の壮麗さは、仮に宗教が情念を支配下に置くことができなかったとしても、諸感覚には強い印象を与え続けたことでしょう。

世襲の弱さは、宗教を愛すべき《ラヴリー》ものにするために必要なのでしょうか〔訳47〕。そして、そのゴシック風の〔絢爛たる〕衣装が剥ぎ取られると、宗教の形式は愛を呼び起こす滑らかな繊細さを失ってしまうのでしょうか。あらゆる大いなる原型は、財産という台座の上に置かれなければならないのでしょうか。そして、官能的な衣を着ていない時には、徳には美しき調和が存在しないのでしょうか。

こうした問いにはきりがありません。ただし、それらは同じ結論に至ります。すなわち、単純化して言えば、あなたの政治観と道徳は、宗教と徳の土台を掘り崩して、まやかしの官能美を樹立するであろうということです。この官能美は、自然の感情というまことしやかな決まり文句のもとで、長い間あなたの想像力を貶めてきたのです。

では、財産におけるこの強力な革命とは何なのでしょうか。被害を受けるのは、現在教会領地からの収入を受給している聖職者、つまりあなたがご自分の愛情をより優しいものにするために擬人化した、国制の理念的一部分である聖職者の階層制度だけです。おそらく罪のない手から引ったくられ、正義と敬虔のあらゆる情操を極めて忌まわしく侵犯することで蓄積された財産が分配されることで、後代の人々はこれまでどのように損害を受けたのでしょうか。かつての無知と甚だしい不正の記念碑は、莫大な聖職禄の現在の保持者が怠惰な愉悦に**溶け込める**ようにするために、聖なるままに保存されるべきだったのでしょうか。国家が所有する土地の正当な分配に席を譲ることは、彼らの便宜ではなかったのでしょうか。というのは、彼らはまだ追い出されて路頭に迷っているのではありませんから。人間の生まれながらの平等に当然払われるべき尊

〔編86〕バーク『省察』七二頁（*WS* VIII 100＝『省察』63）。

〔訳47〕バークは、理性に基づいて制定される法だけでは国家の要素としては不十分であり、「習俗と結びついた公的愛情《パブリック・アフェクション》」が必要であると説いた。この愛情は、国家の制度を体現した人格によって喚起される。「私たちに国を愛させるよう仕向けるためには、国は愛すべき《ラヴリー》ものでなければなりません」（*WS* VIII 129＝『省察』99）。ウルストンクラフトは、弱さが愛を呼び起こすというバークの美学論での主張を逆手にとって、貴族達の精神の弱さは、愛を呼び起こすために国家の宗教に必要なわけですね、と皮肉っている。

重は、上記のような修道士の強奪に対する勝利を求めなかったのでしょうか。そうした極悪人達は、ただ古さのゆえに崇敬されるべきだったのでしょうか。そして、彼らの不正な要求は、ただ所有権《プロパティ》という神聖な至高の権威を不可侵のまま保ち、教会がもともとの壮麗さを保持できるようにするために、彼らの観念上の子供である聖職者達に永久に引き継がれるべきだったのでしょうか。莫大な富が狭い水路から方向転換させられて海へと注ぐようになり、海が雲を介して全土に水を供給するようになることによって、莫大な富を受ける資格もない〔教会関係者〕個々人がその富を獲得する機会を失うと、これによって後世の人々は損害を被る可能性があるのでしょうか。その上、高い年収を期待することなく育成された聖職者達は、損害を感じないことでしょう。もしはからずも主教達が個人的な美点ゆえに選ばれることになるとすれば、宗教はこのような一般民衆による〔主教の〕任命によって恩恵を得るかもしれません。

私達が高齢者を崇敬するのと同じ原理によって、自然は私達を自らの社会的《シヴィル》諸制度を崇敬するよう導くと主張する詭弁は、見え透いた謬見ですが、「非常に真実に似ているので、それは急場にも役立つことでしょう。」そして、「私達は、自らの権利や特権を保存する大いなる貯蔵庫として、私達の思弁よりもむしろ自然を、発明よりもむしろ心情を選んできたのです(原23)」とあなたがつけ加える時、その見事な言い回しは同時に理解不能にも思えます。

(原23) 五〇頁(WS VIII 85＝『省察』45)。「自然は個々の人間を彼らの年齢ゆえに、また先祖であるがゆえに、崇敬するよう私達に教えますが、この自然が基づいている原理に従って、私達は、我が国の内政諸制度に対する崇敬を確保するのです。あなた方の国のすべての詭弁家をもってしても、理性的で雄々しい自由を維持するのにふさわしい方法として、私達が辿った道筋以上のものを生み出すことはできません。私達は、自らの権利や特権を保存する大いなる貯蔵庫として、私達の思弁よりもむしろ自然を、発明よりもむしろ心情を選んできたのです。」

でも、まさに教会の目に見える権力と威厳の没落は、あなたの憤怒をかき立てました。〔とはいえ、〕もし教会がそのけばけばしい飾りを略奪されていなかったとすれば、あなたは〔フランスにおける政府の財政危機という〕目下の緊急事態を埋め合わせるために、高齢者〔つまり教会関係者〕から少々搾り取るのを容赦できたでしょう。とはいえ、実際の財産の所有者達〔である一般信者〕は〔免罪符で〕罰を免れるよう圧迫されたかもしれませんが。〔訳48〕あなたは繰り返し私達に語ります。私は教会と、祖国とその法を愛している、なぜならば、それらは愛されるに値するからだ、と。しかし、あなたの口から出ると、この言葉は賛辞ではありません。弱さと甘やかしが、あなたが判別できる唯一の愛と信用の誘因であって、この点で、あなたの愛情すべてを受けるに値するのが、あなたが敬慕している優しい母親であることは否定できません。

あなたの熱情的な異議をすべて防ごうとするのは、しばしば周知の真理によって例示され、辛辣な毒舌によって力強さを増しているあなたのまことしやかな議論すべてを解きほぐすのと同じくらい、無駄な仕事に

〔訳48〕一七八九年八月に、ネッケルは政府が三〇〇〇万リーブルを借款することを提案し、フランス国民議会はその保証として、教会の土地財産を没収し、国有化した。この時、封建的特権であるとして十分の一税も廃止された。教会の土地財産は国民のものである、という意見が出され、聖職者代表の一部も没収に同意した。ただし、この時点では、聖職者は従来の俸禄と同じ年俸を地方議会によって保障されることになっていたので、教会関係者個々人の財産が没収されたわけではなかった。

なるでしょう。それゆえ、私はただその基礎だけを批判します。正義の自然な原理に基づいて、狡猾にも宗教的な目的に適合していると言われ、しかし実際には怠惰な専制君主達を支えるためのものになっている財産を、社会の間にまき散らすことを弁護すべく、私は申し立てをいたします。この社会では、その先祖達がだまされるか強制されるかして不法な譲渡に追い込まれたのです。時の経過は罪を浄化し、復讐とまではいかないにせよ、報復を叫ぶ血を沈黙させるという意見〔つまり時効のこと〕以上に道徳性を覆すような意見はありうるでしょうか。もし、フランスのカトリック教会に帰属する収入が、最も頑迷なプロテスタントであってもそれは理に適うカトリック教会の取り分だと現在認めるであろう収入よりも大きかった場合、すでに時の経過が詐欺的な押収を敬慕すべきものにしたという理由で、一般信者の財産の恣意的な横領を永続させることは、人間の権利を踏みにじることにならなかったのでしょうか。さらには、もし理性が、聖職者達はお互いに、さらには彼らが教化の任を負っている一般の教区民達ともっと対等になることで、より有徳で役立つようになるだろうと提案したとすれば、どこに躊躇う余地があるのでしょうか。もし想像力が、儀式的荘厳さという人目を引く壮麗さにだらだらと留まり続けることを許されていなければ、理性は必ずやそう提案したに違いありません。あなたが最も理に適った革新に対して投げつけた、僭越であるという非難は、私達の状態を改善してきたあらゆる宗教改革に対して、そしてさらには、知性ある存在がもつ卓越性への権利を私達に与える向上可能な能力に対してさえも、少しも真実を曲げることなく、そのまま投げ返されるかもしれません。

私の知るところでは、もっともらしさというものは、それが体裁よく覆い隠している不合理と、それが一見もっともらしい誤りと絡ませている単純な真理を示すことによってのみ、化けの皮を剥すことができます。雄弁は、しばしば勝ち誇った極悪非道を打ち負かしてきました。しかしそれよりも、徳と悪徳を分ける境界線を不確かなものにしてきたことのほうがたぶん多いのです。毒は思慮分別ある人が使う時にのみ、薬となりえます。でも、毒の強力な助けによって成し遂げられた素晴らしい治癒をしばしば見てきたからといって、無知なる人々によって〔毒が〕投与されるべきではありません。

あなたが、私達の心底からの関心をくすぐる意見と混ぜ合わせている多くの分別ある論評や的確な観察は、それらの意見を強固なものにし、それらを賢者にとって手ごわく、浅薄な人間には説得力あるものにするだけの威力を、それらの意見に与えます。あなたの本を六頁ほど読めば、あなたの巧妙さに感心したり、あなたの詭弁に憤慨して鼻であしらったりせずにはいられません。意味のもつれを解きほぐす努力をしているうちに理解は曖昧になり、矛盾の源を辿るうちに記憶が曖昧になるほどにまで、言葉の上に言葉が積み上げられています。これらの多数の矛盾に気づいた後で、あなたがしばしば誠実さを犠牲にしてまでご自分のお気に入りの議論を押し通しているとか、あなたの判断をもち込んで言葉を並べたために、実際に語られたことが伝達されなくなったなどと私が考えたとしても、おそらく仁愛の精神に反していることにはならないはずです。

私が思うに、教会収入の没収という最も手厳しいあなたの咎め立てを惹起した題材を扱った時、あなたがこの種の謬見から逃れることができたとは到底考えられません。〔編87〕人間の権利の擁護者の誰が、大胆にも、現代の聖職者はその前任者達の多くの耐えがたい傲慢と非人間的な残酷さゆえに処罰されるべきだと主張するでしょうか。(原24) 否です。そのような考えが、凝り固まった偏見と闘ってきた人々の脳裏をかすめたことは一度もありません。治る見込みのない病は、強力な治療法を必要としました。不正義には処方箋《プレスクリプション》＝時効に依拠する権利などありません。そして現在の聖職者の人格の特性は、上記の議論においてはどんな重要性ももちません。

（原24）二一〇頁（*WS* VIII 191＝『省察』179）を参照せよ。〔（編注）「パリの大司教は、もっぱら祈りと祝福によってその職務が、また慈善によってその富が民衆に知られていましたが、彼は家を捨て、信者の群れから（まるで飢えた狼からのように）逃亡することを余儀なくされました。というのも、実際に一六世紀には、ロレーヌの枢機卿は反逆者で人殺しだったからです。」〕

あなたは、政策を正義から切り離すのは極めて難しいと思っておいでです。政治の世界では、政策と正義はしょっちゅう恥ずべき抜け目なさによって切り離されてきました。最近の一例に触れましょう。臆病な、あるいは利害に敏い政治家の狭い見解に従えば、極悪非道の奴隷貿易の廃止は、不健全な政策であるばかりか、植民者に地所の購入を勧めた法律（これはずっと悪名高いまま放置されています）の明白な侵害であることになるでしょう。しかし、この言語道断な害悪を廃止することは、正義に、そしてキリスト教は言うまでもなく人間性の共通原理に、合致してはいないのでしょうか。(原25) もし仮に、輝かしいほど大胆にも議会がブリテンの議員達は人間であることを世界に示し、人間性の自然な感情が、臆病さのもつ冷たい用心深さを沈黙させて、ついに私達の本性に着せられた汚名が拭い去られたとすれば、そして、もしすべての人間が生得の権利である自由を享受することが認められて、ついに植民者と黒人奴隷取引業者の罪ゆえに、彼らが悪用してきた恩恵を剥奪する権限を議員達が社会に与えることになったとすれば、あなたが教会収入の没収者に対して向けた議論や罵詈雑言はどれも一つ残らず、極めて妥当に、植民者と黒人奴隷取引業者が我が国の議会に向けて申し立てることができるものです。

〔原25〕二三〇頁（*WS* VIII 205＝『省察』196）。「人間が現存する法によって一定の生活様式に入るように奨励され、合法的な占有においてと同じように、その生活様式において保護されている時――彼らが**自分のすべての観念や習慣**をその様式に適応させるようになった時」等。――「恣意的法令によって、彼らの精神や感情に突然の暴力を加えようとしたり、彼らの状態や境遇を強引に貶めたり、以前は彼らの幸福の尺度（〔訳注〕バークの原文は「幸福と名誉の尺度」だが、ウルストンクラフトの注では「名誉」が欠けている）を形成していたあの特性や慣習に恥辱と汚名の烙印を押したりすることは、立法における不正であると私は確信します。」〔〔編注〕強調はウルストンクラフトのもの。〕

同じ議論がインドにおいても使えるでしょう。自らをその代々の父祖の職業に閉じ込めているカーストを、人間は決して止めるべきではないと証明するために、物事を自然に帰す何らかの試みがなされたとすれば。バラモン階級は、神聖であるとはいえ人間性を貶めるこの偏見を正当化するために、おそらく多くの巧妙な理由を見つけ出すことでしょう。そして、多くの有用な慣習を抑圧的な法と撚り合わせることで、時間がカースト制度を目下のところ非常に便宜に適うようにし、その結果合法的にもした、と述べることを忘れないだろうと想定されます。私達の本性を堕落させてきたほとんどすべての悪徳は、それが社会にとっての

〔編87〕バーク『省察』二〇六―二一七頁（*WS* VIII 188–203＝『省察』175–193）。

何らかの利益を生み出してきたのだと示すことによって、正当化されうるのです。というのは、この〔現世の〕不完全な状態においては、明白な悪を指摘することは、純粋な善と同じくらいに難しいからです。もし彼らが時効の他に審査の手段をもたないとすれば、いったい道徳はどうなるのでしょうか。人間の習俗は目的なく変化することがあります。しかし、理性が最低限度陶冶されているところではどこでも、人間が獣を超え出ているところではどこでも、道徳性は〔理性と〕同じ根拠に依拠しなければなりません。そして人間は、自分の精神と身体の本性を発見すればするほど、よりはっきりと、理性の指令に従って行動することが神の法に従うことであると確信するのです。

名誉の審査は、恣意的で人を惑わせるものかもしれず、言い逃れをして、厳密な調査を免れるかもしれません。しかし、真の道徳性は昼の光を避けようとはしませんし、取調べの試練にもひるみません。この世で起こった幸福な革命の多くは、弱い君主達が自分のうまく扱えない手綱を握っていた時に起こりました。でも、そのような理由で彼らは聖者もしくは神人の列に加えられ、無知の王座に座って注目を引くために前面に立たされるべきなのでしょうか。快楽は何らかの刺激を必要としますが、もし経験によって快楽と苦痛を比較できないとしても、誰も快楽を増すために苦痛を招きはしません。社会の短期的《トランシェント》な見方に立った議論をさらに例を挙げて説明しましょう。そのような議論はあまりに自明に見えるので、例証を作るのがほとんど恥ずかしくなるほどですが。両親の甚だしい思慮のなさのおかげで、どれほどの子供達が〔逆に〕節約や多くの他の徳を教えられてきたでしょうか。それでも〔結果的に〕良い教育であれば、依然としてそれは測り知れないほど大きな恩恵であると認められます。最も優しい母親は、往々にして最も不幸な妻です。個人的な苦悩は精神の謹厳な気高さを生み出し、ここから善が生じますが、だからといって、このことによってその母の苦悩を引き起こしている人物が正当化されうるのでしょうか。正しいか誤りかは、観点や他の偶発的状況に従って判断されうるものです。しかし、その真の本性を見出すためには、探究は表面よりもさらに深く進み、善と悪をごちゃ混ぜにする狭い範囲での結論を超えて進まなければなりません。金持ちで弱い者、多数のお供の一団は、きっとあなたの学説を賞賛するでしょう。そして、声高に権威と既存の社会制度に対するあなたの敬虔な崇敬を褒め称えるでしょう。彼らは考えることよりも享受することが、悪習を正すよりは抑圧を正当化するほうが、より心地良いと感じているのです。**人間の権利**は、歯が浮くような不快感を催させる耳障りな音であって、哲学的でおせっかいな革新についての分をわきまえない探究となります。彼らは、もし貧民が窮乏しているとすれば、貧民を援助するために**慈愛に満ちた**尽力はするでしょうし、恩義も授けるでしょうが、正義を行うことはないでしょう。慈愛は非常に友好的で一見正しい資質です。しかし、権利を恩義と見なすことに対して人々が抱く反感は、恩知らずの唾棄すべき産物として汚名を着せられるのではなく、むしろ生まれつきの気高さの名残として褒め称えられるべきです。貧民は、金持ちを自分達の合法的な餌食と見なします。しかし、私達は過度に厳しく彼らの恩知らずを咎め立てすべきではありません。貧民が施しを受け取る時、彼らは大抵その瞬間は感謝します。でも、古い習癖がすぐに戻ってきます。狡猾さは常に力の代わりとなってきたのです。

この世界が神の精神の中で熟考された時、身体的な悪《イーヴル》も道徳的な悪も予見されただけではなく、摂理の計画の中に入れられてもいたということを、全能の神から最も気高い属性を剥奪することなく、誰も疑うことはできません。しかし、善人の人生の務めは、暗闇から光を分かち、自身が避けがたい困窮を甘受していてもなお幸福を普及させることであるべきです。そして、あらゆる出来事の偉大な制定者によって定められた多くの避けがたい悲惨があるという確信によって、彼の努力が弱まるべきでもありません。可能なものの範囲は、神だけが識別できるのです。神の正義は将来の状態への信仰によって擁護されることができるでしょうが、しかし、そのためには、想像上の社会全体ではなく個人にとって災難《イーヴル》は善を引き出しているのだ、ともっぱら信じなければなりません。全体の幸福は、それを構成する各部分の幸福から生じるものでなければなりません。さもなければ、正義の本質は、偽りの大いなる〔神の〕計画のために犠牲にされます。そして、〔その計画によると、全生涯のうちの〕小さい一部の安楽を妨げることは、一被造物の生涯全体のためには良いことかもしれない、とされます。もし死によって〔最後の審判、つまりバークが言う「正義の最終的均衡〔訳49〕」がなされて、災難の〕つけが精算されるならば、ある個人が共同体の善のために被っている災難は〔来世も含めて考えれば〕部分的だ、という議論がまかり通ってしまうのです。しかし、個人が生涯の一段階で別の段階をより完全にするために被っている部分的な災難は、まったく正義に適っています。すべての〔被造物の〕父だけが、彼の子供達の教育を規定できるのです。その生涯の全体あるいは一部分の間、ある個人の幸福が一〇人あるいは一万人の他の人間存在の福祉を促進するために犠牲にされると想定するのは不信心です。でも、その人自体を向上させ気高くし、より完全な幸福を獲得できるようにするために、生涯の一部分の幸福もしくは動物的な享楽が犠牲にされると想定することは、神の善性と叡智のいずれをも傷つけることにはなりません。

災難だからという理由で災難を選ぶ人はいない、ということは自信をもって主張されるでしょう。人はそれを幸福、つまり自分が追い求めている善だと誤解してしまうだけなのです。そして、このような誤解を修正しようとする欲望が、啓蒙された知性の高貴な大志であり、哲学が鼓舞する諸感情の衝動です。不幸な人々を彼らの運命に甘んじて従わせようとする努力は、近視眼的な慈愛の、つまり人道精神《ヒューマニティ》という一時的な願望の優しい努力です。しかし、誤りを根絶して人間の幸福を増大させるべく骨折ることは、男らしく神々しい愛情です。この見解はもっと先へと進めることができるでしょう。並外れた感受性をもち、その素早い情動が、いかに密接に目と心が結びついているかを示す人達は、最も力強いセンセーションをすぐに忘れます。反省の対象となるに十分なほど長い間脳裏に留まらないので、次に生じるセンセーションは、もちろん以前のものを消失させます。しかしながら、記憶は〔並外れた感受性という〕生まれつきの美点を示すこれらの証拠を大切に秘蔵します。そして、どんな有徳な行為へも駆り立てられない人は、依然として、自分自身を重要なものだと考え、自分の諸感情を自慢するのです。なぜでしょうか。なぜなら、難儀の光景、あるいは人の心を打つ物語は、血の巡りを速め、文字どおり語るなら、心臓を、同情的な情動で鼓動させるからです。私達は、機械的で本能的なセンセーションを、理性が深化させ、**人間性**《ヒューマニティ》の感情と正しく名づけている情動と混同しないよう用心すべきなのです。この〔人間性の感情という〕言葉は、徳の積極的な発揮を、感受性の漠然とした熱弁から区別するものです。

〔訳49〕本書一一五―一一八頁を参照。

国民議会が人間の権利を承認した時、その宣言は、人間の心の琴線に触れるように作られました。また、聖職者の没落は、衝動に従う弟子〔バークのこと〕を煽り立てるべく目論まれました。あら捜しをしようと待ち構えていたら、あなたの詮索好きな目にはあらが見えたわけです。異なる先入観をもっていたら、また別の確信を生み出したかもしれません。

私達が自分の好みの意見を支持している本を読む時は、実に熱心にその教説を吸収し、以前に受け入れた教説を例示するイメージが自分の心《マインド》に穏やかに映し出されるに任せます。私達は無精にも結論を鵜呑みにしますが、私達の精神《スピリット》は、様々な題材を活気づけ、修正します。しかし反対に、私達が、意見が合わない熟練した作家の作品を熟読する時、精神はなんと注意深く謬見を検知することでしょうか。この疑い深い冷静さは、自然な雄弁――心《マインド》が反感をもっている場合は、これを熱弁とか仰々しい言葉！と呼びますが――の流れが私達を夢中にさせるのをしばしば妨げます。私達は決して激高させられないようにし、その書き手と論争した後で、自分の意見をいっそう確信します。おそらく、理性からと同じくらいに、反駁の精神《スピリット》からそうするのです。活発な想像力は、当人が支持している意見によって、誤謬へと欺かれる危険に常に晒されています。想像力はこの〔支持している〕意見をほとんど擬人化するほどに、より効果的に知性を酔わせるのです。真理は〔想像力の〕追求の熱気の中に取り残され、常に極端に向かう傾向をもちます。この結果、物事はどっちつかずの様相を帯びているにもかかわらず、きっぱりと善か悪のいずれかに見なされてしまうのです。

一部の有名な作家達は、機知《ウィット》と判断力《ジャッジメント》は両立不能で〔編88〕、それらは基本的に〔地水火風のような〕一種の元素的対立関係にあって、互いに破壊し合う正反対の性質であるかのように推測してきました。多くの機知ある人々は、それが誤解であることを証明しようと努めてきました。この問題の双方の側から、機知に富んだ人と形而上学者によって多くの証拠が提出されることでしょう。しかし、経験から考えると、どうも私には、機知と判断力は互いに弱め合い、理解の顕著な速さと観念の関連づけの巧妙さは、おのずと探究の深化を妨げるように思われます。機知はしばしば幸運な当たり、つまり瞬時のインスピレーションの結果です。私達はどこから機知がやって来るのか知りませんし、機知は風に吹かれて好きなところに飛んでいきます。反対に、判断力の働きは冷静で用心深いものです。そして、冷静と慎重は熱狂の大いなる敵です。もし機知が極めて繊細な精神《スピリット》に属するものなので他の言語に翻訳されるとほとんど消え失せてしまうとすれば、なぜ〔この精神の〕熱、つまり程よい釣り合いに調整する作用《テンプレチャー》が機知に対して影響力をもつことがありえないのでしょうか。このような見解は、精神の下位にある特性〔機械的で本能的なセンセーション〕を見くびっているように思われるかもしれません。しかし、これは軽率な見解ではありません。私は、私が頻繁に導き出してきた結論、すなわち、理性の陶冶は空想を抑え込むという結論への前置きとして、それに言及しているのです。天の恵みは〔理性と空想の〕双方にあります。私達は、もし何らかの程度の卓越性に到達したいと考え、骨折り損で人生を台無しにしたくはないと望むのならば、〔理性と空想のいずれかを〕選択しなければなりません。もし私達が自分達の知識や幸福を理性的な土台の上に築き上げるつもりであるなら、私達は**可能な**も

〔編88〕編注49と編注91を参照せよ。

のを見分けて、流れに逆らわないよう学ばなければなりません。そして、もし私達が想像上の悲しみや実質のない恐怖から身を守ろうと用心するのなら、私達は多くの魅惑的な幻想を放棄しなければなりません。というのは、狂喜や恍惚が誤りから生じることを発見し損なうような識別力は、浅薄であるに違いないからです。識別力が常に浅薄かどうかは、今すぐには論じられません。今は以下のように述べるに留めておきましょう。真理が美の女神達〔訳50〕によって盛装させられることはめったになく、もし真理が人を魅了するとすれば、それはただ、釣り合いと簡潔さについての落ち着いた観想に源をもつ謹厳冷静な満足を呼び起こすことによってのみである、と。しかし、確かに人によっては、その本性ゆえに他の人よりも多くの空想を抱くことがあるとしても、それぞれの個人の中では、空想が知性のために材料を管理したり混合したりするようになる怒涛の時期と、こうした材料が判断力によって使われるようになる、より厳粛な時期とがあります。例えば、私は、スターンを好みの作家として語る一**老**人について、その知性よりも心《ハート》を高く評価したいと思います。〔編89〕〔訳51〕物事にはすべてふさわしい時と季節があります。道徳学者達が若者の浮かれた気分を老齢のまじめさと混同するようであれば、彼らは間違っているように思えます。というのは、老齢の徳は、それらがかなり厳格に見える場合、より堂々として見えるだけではなく、より自然にも見えるからです。人生の全盛期に自分の想像力を抑えるべく判断力を行使しなかった人は、その衰退期に、子供じみた感情の餌食になることがあまりに多いものです。老齢は尊敬を要求し、若者は愛を要求します。この秩序が乱される場合、情動は純粋ではありません。大厄年〔63歳か81歳〕の男性に対して愛が尊敬の代わりとなったら、一般的に言って、それはほとんど軽蔑に近いものになります。判断力は崇高で、機知は美しいのです。〔編90〕そして、あなた自身の理論に従えば、それらは互いの力を弱め合うことなしには共存できません[編91]。あなたの際限のない『省察』での機知の優勢は、大いに判断力を締め出しているようだ、とせっかちな読者は気づくことになるはずです。

しかし、あなたのもっともらしい議論と機知に富んだ例証すべてにおいて、貧民に対するあなたの軽蔑が常に顕著であるように思われ、この軽蔑は私の憤慨を呼び起こします。以下の一節は、最も専制的な精神《スピリット》を暗示し、しかも最もわざとらしい感情を露呈しているゆえに、とりわけ私に衝撃を与えました。「良き秩

〔訳50〕ここの「美の女神達 the Graces」はバークの以下の一節を受けている。「およそ政治家は皆、美の女神達に犠牲を捧げなければならず、理性と従順さを結びつけなければなりません」（WS VIII 291＝『省察』311）。なお美の女神達は、通常、ギリシア神話では、輝き（アグライア Aglaia）、喜び（エウプロシュネー Euphrosyne）、花盛り（タレイア Thaleia）の三美神を意味する。

〔編89〕極めて人気の高い『スターンの美――彼のすべての哀れな物語と、感受性に満ちた心のために選んだ最も優れた人生観察』*The Beauties of Sterne: including all his Pathetic Tales, and most distinguished Observations on Life selected for the Heart of Sensibility*, 1782 の出版は、ローレンス・スターン Lawrence Sterne の名を感受性とほとんど同義語にした。

〔訳51〕スターンの著作『センティメンタル・ジャーニー』*A Sentimental Journey*, 1768 は、編注89で示されている著作と並んで、情操に訴える文学（感傷小説《センティメンタル・ノヴェル》と呼ばれるジャンルがその中心）の典型とされている。ウルストンクラフトは、流行りのこの種の文学によって醸成される「感受性」に極めて批判的であり、老人になってもスターンが好きだという人間は、知性をあまり育んでいないとほのめかしている。

序が、すべての良き物事の基礎です。媚びへつらうことなく稼得できるためには、人民は扱いやすく従順でなければなりません。行政官は崇敬を、法は権威をもたなければなりません。人民集団が、自分達の精神から自然的服従の諸原理が人為的に根絶させられたと気づくことになってはなりません。彼らは、自分達が享受しえない類の所有権《プロパティ》を尊重しなければなりません。**彼らは、労働によって獲得されうるものを獲得するために労働しなければなりません。そして彼らが、よくあるように、その成果が努力と不釣り合いであると気づいた時には、彼らは永遠の正義の最終的均衡の中に自分達の慰めがあることを教えられなければなりません。**こうした慰めを彼らから奪う者は誰でも、彼らの勤勉をそぎ、あらゆる保全とあらゆる稼得の根底に一

［編90］イマヌエル・カント『判断力批判』Immanuel Kant, *Critik der Urteilskraft*, 1790, Teil I, Abschnitt I, Buch ii.（『判断力批判』第一部第一篇「美的判断力の分析論」第二章「崇高なものの分析論」第五三節では機知に言及されているが、それは雄弁術の要素としての否定的なものであり、この本文の「美」に明示的に対応してはいない。表現の類似性から見て、ウルストンクラフトが参照していると思われるのは、カントの『美と崇高の感情に関する観察』*Beobachtungen über das Gefühl des Schönen und Erhabenen*, 1764 第二章冒頭の「悟性は崇高で、機知は美しい」という一文である。ただし、一七九二年出版の『女性の権利の擁護』の第二部に組み入れる予定で書かれた原稿「ヒント」*Hints* の第二八項では「カント氏は、知性（悟性）は崇高であり、想像力は美しいと述べたことがある」（*The Works of Mary Wollstonecraft*, vol. 5, p. 275）、白井堯子訳『女性の権利の擁護』未来社、一九八〇年、三六七頁）と記しており、これもまた後半部分がカントの原文とは異なっている。『美と崇高の感情に関する観察』では判断力 Urteilskraft という概念はまだ登場していないのに、ウルストンクラフトが「判断力は崇高である」と述べているので、編者は『判断力批判』

も参照していると見なしたのであろう。しかし、『判断力批判』では判断力と機知は対の関係ではない。また、ここで「判断力」と訳出しているのは judgment であって、出版年が同じ一七九〇年であることから考えても、彼女が Urteilskraft に対応させて judgment を用いている可能性は低い。この場合、ここでのウルストンクラフトの判断力と機知の概念が参照しているもう一つの文献として、ロックの『人間知性論』第二巻第一一章「識別その他の心的作用について」が考えられる。そこでは、判断力 judgment は心の中の諸観念を識別し分離する機能として、一方、機知は迅速に類似する諸観念を集めて隠喩などを作る機能として、捉えられている。さらに、機知は快適な心象や華やかな空想をもたらす「直ちに現れる美しさ」なのであって、それは真理の合理的規則には完全に合致しないものに依拠していると考察されている。「機知は、観念を寄せ集めて、少しでも類似や相同を見出すことのできる観念を機敏かつ多様に並べ合わせ、これによって快い心象や快適な幻想を空想の中に作り上げることにその本質がある。これに対して、判断力はその対極にあり、わずかな違いでも見出しうる観念を互いに入念に分離し、これによって、類似やあるものを別のものと取り違える近似によって欺かれることを避けることにその本質がある」（大槻春彦訳『人間知性論（一）』岩波文庫、一九七二年、二二三頁）。なお、編注71が参照を指示している箇所でも、ロックは雄弁術の本質的要素である機知と空想について批判的に言及している。」

［編91］バーク『崇高と美の観念の起源についての哲学的探究』（第二版、一七五九年）「趣味についての序論」*A Philosophical Enquiry into the Origin of our Ideas of the Sublime and Beautiful*, 2nd edit., 1759, 'Introduction on Taste', p. 18.（*WS* I 202＝『崇高』23）「機知と判断力の完璧な合致は、世界で最も稀な出来事の一つである。」機知を想像力によるものとした（p. 16）後で、バークは次のように宣言する（p. 35）。（*WS* I 207–8＝『崇高』31）「判断力が用いられるのは主に、想像力の行く手に躓きの石を投げ込み、想像力の魅惑する場面を掻き乱し、そうして私達を理性という不快なくびきに縛りつける時である。」

撃を加えるのです。これを行う者は、貧しく哀れな人々の残酷な抑圧者であり、無慈悲な敵です。同時に、彼はその邪悪な思弁によって、成功した勤勉の成果と、財産の蓄積とを（おお！　そこが問題のところなのだ。）[編92]怠け者、失望者、失敗者の略奪に晒すのです。[原26]」

（原26）三五一頁（*WS* VIII 290＝『省察』309）。〔（編注）強調はウルストンクラフトのもの。〕

これは、謙虚さと天の意志への服従というもっともらしい形式をとった、見下げ果てた無慈悲な詭弁です。閣下、慰めを貧民から剥奪して来世であなたが無償でそれを彼らに与えなくても、現世で彼らをより幸せにすることは**可能**です。彼らは、現在享受しているよりも多くの安楽に与る権利をもっています。金持ちが排他的な快楽を享受する権利をもっているかどうかの探求をここで待たずとも、金持ちの快楽を侵害することなく、もっと多くの安楽が貧民にもたらされうるのです。私は何を言っているのでしょう、侵害するなんて！　とんでもない。もし仮に金持ちと貧民の間に交流が樹立されたとしたら、それはこの黄泉の国、つまりこの道徳原理の厳しい修練所で唯一掴み取ることができる真の快楽を与えることになるでしょう。

貧困の苦しみに、しばしば実に嫌なものがあることは、私も知るところです。想像力はこれに顔を背け、もっと魅力的な虚構の桃源郷《アルカディア》[編93]で自分の力を発揮すべく後ずさりし始めます。金持ちは家を建て、技芸と趣味はその家に最高度の洗練を与えます。その庭は植栽され、その地の気温は木陰の隠れ処を求めるよりむしろ、木々が放散する危険な湿気を避けることを植栽家に余儀なくさせるかもしれませんが、木々は成長して植栽家の空想を活気づけます。人間の幸福に貢献することが、あらゆる愉楽の中で最も崇高であるにもかかわらず、人間以外、地所にあるものすべてが大事に育てられます。でも、もし仮に、目を楽しませる**対象**としての大々的な遊園地やオベリスク、神殿、優雅な田舎家〔訳52〕の代わりに、心《ハート》が自然に背かず鼓動するのを許されるとすれば、地所のあちこちに立派な農園が散在するようになり、多くの人が満足げに微笑むことでしょう。強欲な所領管理人の金銭欲にくらんだ手に晒されるのではなく、貧民の幸福を守ること、そして額に汗して仲間を凌ぐ地位を得た人間を強奪から守ることを自身の義務と喜びとする人間によって、慈父のように気遣われて、貧民達は見守られるようになることでしょう。

私は、人が人生の坂道を登りながら、こうした恵みを手にしている姿を、あるいは精神《スピリッツ》が衰えて、疲れた心がそれらの恵みの中に喜びを見出せなくなった時には、慰めを手にしている光景を思わず想像しそうになります。貧民が救済もしくは改善されるのは、施しをまき散らすことによってではありません。彼らに、その生活状況を改善する徳の習慣を身につけさせるよう配慮された雇用をもたらすのは、いたわりを育む太陽、つまり叡智です。愛は愛の成果でしかありません。恩着せがましさや権威は、あなたが賞賛する従順を生み出すことでしょう。しかし、同胞が眼前で蔑まれ、人に渋い顔をされて震えているのを見ていることができる人は、血の通った人間の心をすでに失っています。他人に渋い顔をする人も、その胸を満たしている

〔編92〕『ハムレット』*Hamlet*, act III, scene i, l. 65.〔（ ）内はウルストンクラフトのもの。〕

〔編93〕古典古代の神話によれば、牧歌的な田舎風の安らぎのあるペロポネソス地方。

〔訳52〕自然の美から遠ざかって幾何学的均斉の美を人間が庭園の中に移し入れたことをバークは批判し、イングランドでは自然の美を反映した庭園が探究されたことを評価している。「かくして彼らは庭園の樹木を柱石、ピラミッド、オベリスクに変えた」（*WS* I 263＝『崇高』110）。

のは同じ生命の流れなのですから、その優越感は〔相手も自分も〕同じ脆弱《インファーミティーズ》さをもっているという意識によって抑制されるべきなのです。

もし人間がもっと**啓蒙され**ていれば、何らかの有益な滴がこの乾いた土地に新たな活力を与えるために振りまかれるかもしれません。微笑みと奨励金が、清潔と勤勉と競争心を助長するかもしれません。エデンの園よりも魅力的な庭が目に留まり、喜びの泉はあらゆるところでせせらぎを奏でるでしょう。聖職者は信者達の群れを導き、羊飼いは彼が日々世話をしている羊を愛することでしょう。学校はそのまともな姿を現し、放任され自由に遊んでいる騒がしい連中〔生徒達〕は、自分達の活発な精神《スピリット》の一部を、彼らの精神を啓き彼らに人間の喜びを味わわせようと願っている〔教師の〕心に委ねます。家庭内での安楽と、夫、兄弟、父の和やかな《シヴィライジング》関係が、労働を緩和し、生活を満足できるものにすることでしょう。

ある専制的な国から、〔編94〕あまり絵画のように風光明媚《ピクチュアレスク》ではないけれどよく耕されたイングランドの一画にかつて戻った時、私は貧民の菜園に目を留めて大いに歓喜しました。質素な杭垣とそこに絡みつくスイカズラは、簡素で無教養な趣味であっても最大限の素朴な工夫を伴っていて、目を癒してくれる光景でした。その時まで私は、荘厳な宮殿から疫病を発生させるようなあばら家までを憤慨しつつ歩き回って、それらのひどい対照を熟考して人間の運命を嘆き、文明化のなせる業を呪っていたのです。

なぜ広大な地所は小さな農地に分割されることができないのでしょう。小さな農地の住居は、私達の国土をきっと優美にするでしょうに。なぜ広大な森林がいまだに無為に仰々しく、そして東洋的な雄大さをまとったまったくの無精さとともに、広がっているのでしょうか。人が仕事を必要としている時に、なぜ褐色の未開墾地が旅人の目に留まるのでしょうか。しかし、**議会制定法**なしには、金持ちの財産を増加させるために入会地を囲い込むことはできません。[編95] なぜ勤勉な農民が荒地を自分の農地として無断で手に入れることは許されないのでしょうか。私は次のような光景を見たことがあります。子を孕んだ牝牛が小屋の近くで草を食み、元気な家禽が、都会の不健全や悪弊とはまったく違う清々しい空気を吸った丸ぽちゃの赤ん坊に餌をもらっていました。支配はこれらの光景をすべて台無しにしてしまいます。徳は対等な者達の間でのみ栄えることができます。服従が自分の現世の利益を促進するからという理由で同胞に服従する人間と、天に宝を積むのが自分の義務である[編96]という理由だけで施しをする人間は、まったく同じ水準にあります。というのは、両人とも彼らの生活習慣によって根本的に堕落しているからです。

誇らしげに台頭し、その人口と商業を自慢するこの大都市において、どれほどの困窮が、悪疫を発生させそうなその街角に潜んでいるのでしょうか。詐欺を助長したり、怒った渋い顔で貧民の不平を押し潰したりするのを嫌う人に対して、怠惰な乞食があちこちで執拗に懇願しているというのに。貿易や流行の変動に

［編94］ポルトガルのこと。ウルストンクラフトはファニー・ブラッド Fanny Blood の死後、一七八五―六年に訪問した。

［編95］一七〇〇年にはイングランドの半分の土地は、開放耕地制によって耕作された入会地であった。一八三〇年までには、大規模農場経営の実現可能性を高めた耕作方法の発展によって、ほとんどすべての農地が囲い込まれた。

［編96］『新訳聖書』マタイによる福音書、六章二〇節。「富は、天に積みなさい。そこでは、虫が食うことも、錆びつくこともなく、また、盗人が忍び込むことも盗み出すこともない。」

よって、何人の職工が雇用を失うのでしょうか。避けることのできない不運のせいで、彼らはその性格が損なわれ、後には実直に働くことを嫌悪させる怠惰へと導かれます。あなたが敬虔さを装って咎め立てたどんな財産の侵害よりも巨大なこのような災難に留意するまなざしは、どこにあるのでしょうか。これらは救済策のない災難なのでしょうか。そして、人間の心は貧民を**あの**世に引き渡し、あの世が与えうる恩恵を彼らに受け取らせることで満足するのでしょうか。もし仮に社会がもっと拡大された計画に基づいて管理調整されているとすれば、もし人が人の友であることに満足し、主人という卑屈な呼称で人間的な共感を覆ってしまおうとしないとすれば、もし人が趣味と優雅の理想郷から目を転じて、自分が住んでいるこの世界に、それが受け取れる限りの美を与えようと努め、さらには人間本性が享受できる限りの幸福を広く普及させようと常に注意しているとすれば、人間の権利を尊重し、そうすることが真の幸福であり気高さであると社会を納得させ説得しようとする人間は、貧民の残酷な**抑圧者**ではなく、近視眼的な哲学者でもありません。彼は神を畏れ、同胞を愛します。人間のすべての義務をご覧なさい！〔それらの義務とは〕異なって行動する市民は、小賢しい詭弁家です。

　文明化された生活を見渡し、奢侈がもたらす一連の見てくれの良さにもかかわらず、金持ちがもつ洗練された悪徳、彼らの不誠実さ、自然な愛情の欠如を、幻惑されない目で眺めた結果、私は耐えがたくなって貧民のほうを向き、富や権力で堕落していない人を探し求めました。しかし、哀れなるかな！私は何を見たのでしょう。本人が虐げた獣よりごくわずかに優るにすぎない人間、衰弱した精神《スピリット》、疲労困憊した身体、そして、金持ちの模範例が不器用に模倣されて生み出されたすべての甚だしい悪徳でした。羨望は〔金持ちと貧民を〕分け隔てる壁を作り、この壁は貧民に憎悪を抱かせました。とはいえ貧民は、自分のほうで道を譲って人間の貧困のおぞましい光景を避けようとした上位の人間に対しては頭を下げたのですが。

このようなうち続く貧困に比べれば、たった一日行われた暴動[原27]など、何だったのでしょうか。私達の世界の外観を損なうとてつもない山ほどの悲痛を前にして、そのような暴動の悲しみが小さくなり頭を隠すままにさせせましょう！　人が人を食い物にするのです。あなたはゴシック様式の大建築物を飾った使われていないタペストリーと、太った司祭を礼拝へと呼び出す月並みな鐘を惜しんで嘆きます。奴隷制度が跋扈し、病んだ心が人間の住処からはるか離れた孤独な荒野での死へと引きこもる時に、あなたは名前だけの空虚な見世物を惜しんで嘆きます。侮辱された貴族のためにあなたが感じた心痛、人間の弱さが創設した偶像から華麗な衣が引き剥がされた時にあなたの心をずたずたに引き裂いた苦悶は、憂鬱な省察の長々としたため息と並ぶに値するものだったのでしょうか。困窮と悪徳が、今こうして私達が歩く道に出没し、どの明るい展望の上にもちらつくように見えるというのに。なぜ私達の空想は、墓場の彼方の地獄のぞっとする眺め[訳53]によって脅かされなければならないのでしょうか[編97]。地獄はあちこちに忍び寄ります。鞭は奴隷の裸の脇腹に鳴り響

〔編97〕バーク『省察』一一四―一一五頁（*WS* VIII 128–129＝『省察』98–99）、一一七頁（*WS* VIII 129＝『省察』100）、一七〇頁（*WS* VIII 163–4＝『省察』144）、二〇二―二一七頁（*WS* VIII 185–203＝『省察』171–193）。

〔訳53〕原注9で指示されている『省察』の一節を参照。バークは国王夫妻をパリに連行した女性達を「地獄の鬼女達」と言っている（*WS* VIII 122＝『省察』92）。また、「今フランスで煮えたぎっている地獄の蒸留釜」という表現もある（*WS* VIII 142＝『省察』115）。

きます。そしてもはや不断の労働から不味い糧を稼ぐことができなくなった悲惨な境遇の病人は、こっそり用水路に近づいて、この世に長い就寝の挨拶をするのです。あるいは、どこかの人目を引く病院に捨て置かれ、金目当ての看護人の笑いに囲まれながら息を引き取ります。

（原27）一〇月六日。

このような貧困は涙以上のものを要求します。あなたの修辞的な美辞麗句と子供じみた感受性に対して軽蔑心がこみ上げてくるのを感じるのですが、それを抑えるために、ここでちょっと中断して、気を落ち着かせます。

－－－－－－－－－－－

私が急いで書いた応答を振り返り、あなたの『省察』にざっと目を通してみて、私は、まだあなたの手の込んだ作品の中のいくつかの言語道断な文章の箇所――私が最初にじっくり熟読した時に、批判するための印をつけた箇所です――に言及していないことに気づきました。そして、今わかったのは、あなた自身の言葉を引用して、私が見つけた数多くの矛盾を互いに対立させて提示することなしには、あなたの詭弁を率直に論破するのはほとんど不可能だということです。これは効果的な反駁になるでしょうが、そのような退屈な骨折り仕事をすれば、本書を読んでくれるのは、ひどい誤りを見つけるのに私の援助をほとんど必要としない辛抱強い読者だけになってしまうという恐れがあります。最も正しく説得力ある例証がしばしば捻じ曲げられて、**あなたが時折**ひそかに軽蔑してきたに違いない見解、もしくは少なくとも発見したに違いない見解を粉飾していることを示すのは、退屈な作業になることでしょう。また、あなたが限定をつけずに主張したことには最大限の限定が必要であると示すことも、同様に退屈な作業です。誇張されたいくつかの話題は、浅薄に考察されたようです。おそらく判断力の深さは、あなたの精神の主要な特徴と両立不可能なのでしょう。あなたの理性は、しばしばあなたの想像力のカモになってしまったようです。でも、あなたが厳格な真理から逸れていると理性が囁いた時、あなたは時折怒って理性に黙っているようにと命じなかったでしょうか。あるいは、理性が良心という畏怖すべき形態を帯びて、虚栄心の気まぐれをただ冷笑していた時、理性は、あなたが報復の石をもち上げる前に、あなたにご自身の間違いを思い出すようにと厳粛に命じなかったのでしょうか。あなたが燦然とした文章の奔流を溢れ出させた時、理性は時々手を振って、あなたにそれらの文章を一筋につなぎ合わせるよう懇願し、心からの熱狂的な雄弁は、確信に至るように急き立てられる読者の目をくらませるよりむしろ琴線に触れるよう考慮されるものだ、とあなたにはっきりと伝えなかったのでしょうか。理性は、浅い煌めく流れで水を飲まない賢人の言葉を見越して、あなたに次のように伝えませんでしたか。賢人達は、あなたにその一面を見せたにすぎない見解を、あなたが誠実さという気高さをもっていつ支持したのか、あるいは、時代遅れの虚栄心であなたがご自身の創作物をいつ歪めたのかを見抜いてしまうだろう、と。でも、私は自制しましょう。

私は前に、我が国の代議員選出方法を非難しました。それは、議員を真に選挙民に対して責任を果たすように、つまり選挙民に帰属するようにしない限り、その選出方法は人民と候補者両方の道徳を堕落させる、ということを確信してのことでした。しかしあなたは、他のいくつかの矛盾に加えて、国民議会を、〔選挙民への〕屈従という責任原理に基づく権力行使を予定しているという理由で非難しながら、その後、国民議会議員達が〔選挙民に対して〕責任を負うようになっていないという理由で侮辱しています。〔編98〕〔訳54〕フランス人が採用した方法がその目的により良く適うのかどうか、代議制の前触れ以上のものになるのかどうかは、時間だけにしか示すことができません。理論的には、より見込みがありそうに見えます。〔編99〕

　イングランド国制に対するあなたの真の、もしくは作り物の愛情は、ある弱い性格の人々の動物的な愛情に似ているように私には思われます。弱い性格の人々は、自分の身内を盲目的に惰性で優しく愛することを義務だと考えています。このような優しさは、もし彼らの愛情が理性的な基盤に基づいて築かれていたなら直すのを手助けするかもしれない誤りを、**見ようとしない**のです。彼らは、自分達が今なぜ愛するのか知っていることを愛し、とことん最後まで愛するつもりです。

　法の全能を疑うこと、あるいは、もし教会の中に偽善者を誘引するものが少なくなれば宗教はより純粋になるであろうと想定することは、絶対的な冒瀆でしょうか。以前あなたは私達の〔国民性に備わった〕生得の平明さ《プレインネス》を讃えていましたが、〔訳55〕我が国の習俗はフランス人から取り入れられたと私達に語っています。(原28)もし仮にそうであれば、私達はそろそろ依存から脱するべき時です。イングランド人が、自分達自身の水源から水を引くべき時です。というのは、もし習俗が道徳の粉飾された代用品でないとすれば、私達はただ理性の陶冶だけを行わなければならないのであって、任意の原型が必要だと感じるべきではないからです。自然で事足りるでしょう。いや、失念しました。あなたの学説によれば、自然も理性も、すべて権威に席を譲ることになっています。そして、シェイクスピアが逆上した哀れな登場人物に叫ばせたように、神々は、人間が蝿を殺すように戯れに私達を殺すように思われます。〔編100〕

〔原28〕一一八頁（*WS* VIII 131＝『省察』101–102）。「あの偉大で礼節に適った原則や習俗の痕跡はかなり残っていますが、それらを私達がイングランドであなた方から学んだのか、あなた方が我が国から学んだのか、定かではありません。しかし、それはあなた方に最も良く痕跡を辿ることができると私は思います。私には、あなた方は**私達の祖先**であるように思われます。フランスはこれまで常に多少なりとも、イングランドの習俗に影響を与

〔編98〕バーク『省察』二五四頁（*WS* VIII 220＝『省察』218）以下。

〔訳54〕バークは『省察』の前半部の国民議会の構成を論じた部分（*WS* VIII 92＝『省察』53）で「指導者達は、彼らに従う人々の無知に屈従しなければならないし、後者は彼らの指導者達の目論見に従わなければならない」と選挙民と議員の結びつきを批判している。ところが後半の立法部の構造と選出方法について論じた部分では、選挙民と議員が「いかなる種類の相互交流ももたない」（*WS* VIII 222＝『省察』220）点や、「最終的な代表者と最初の選挙民の間につながりがほとんどというよりまったくない」ゆえに「国民議会にいく代表者は、人民によって選ばれたのでもなく、彼らに対して責任を負うのでもない」（*WS* VIII 235＝『省察』237）というように、被選挙民が選挙民に責任を負わない点を批判している。

〔編99〕投票権は「能動的」な男性市民に与えられた。つまり、少なくとも三日間の労働に匹敵する税金を払った者である。二つのレベルの代表権があり、第一のレベルで選挙民の資格をもつためには、候補者は少なくとも一〇リーブルの税金を払わなくてはならなかった。国の代議士になるにはかなりの税金を払い、土地を所有しなくてはならなかった。これは、「人間と市民の権利宣言」*La Declaration des droits de l'homme et du citoyen*, 1789 に描かれた男性の普通選挙権とはほど遠いものであった。

〔訳55〕編注60を参照。

〔編100〕『リア王』*King Lear*, act IV, scene i, ll.36–37.「私達は神々にとって、気まぐれな少年達にとっての蠅のようなものだ。神々は戯れに私達を殺す。」

えてきました。そしてあなたの国の泉が枯れたり汚染されたりすれば、流れは長く続かないでしょうし、我が国でも、おそらくどんな国でも清冽には流れないでしょう。私の考えるところでは、このことのゆえに、フランスでなされていることに対して、ヨーロッパ全体が極めて緊密な関心を寄せるのです。」

私の大雑把な論評を締めくくる前に、まさに当然のこととして、多くの現代の哲学者の**誠実さ**に関するあなたの見解に私も同調することを認めます。[編101] 地位と富裕に対する敬慕を明言する点で、あなたが一貫性を保っておられることは賞賛に値します。しかし、私はしばしば、人間の生得の権利を最も熱心に語る**啓蒙された**一部の哲学者が、多くの高潔な所感《センティメンツ》を自分達の会話を引き立てるために借用しているにもかかわらず、それらの所感が彼らの行動には何の影響も与えていないのに気づいて憤慨してきたことを認めなければなりません。彼らは地位に頭を下げ、財産の安全保障に注意深いのです。なぜなら徳は、この偶然借用された衣装なしには、彼らの目にはめったに非常に尊敬に値するものに見えないからです。そして、人を同輩以上に高める立派な名前がない場合、彼らはその人物の真の気高さを見分ける非常に鋭い見識をもち合わせてもいません。しかし、公然の敵意も空虚な賞賛も、永続的な基礎に依拠し神の不変の属性に立ち戻って基準を求めるという諸原則のもつ本来的な価値を損なわせることはありません。

［編101］『省察』九三―五頁（WS VIII 113-4＝『省察』80-82）。バークは共和主義の思想家を偽善的だと非難している。

娘達の教育について

――より重要な人生の義務を果たすうえでの女性の振る舞いについての省察とともに

序

本書で、私は女子教育に関するいくつかの重要な事柄を指摘しようと努めてきた。確かに、すでに数多くの論文が著されてきたが、それでもなお言うべき多くのことが残されているように私には思われた。自分の試みに対する謝罪を記すことで、紙幅を膨らませるようなことはしないでおこう。実のところ私は、この省察があまりにも厳粛すぎると思う人もいるのではないかと恐れている。しかし、気取った調子を避けながら、この省察を厳粛ではないように書くことはできなかった。それでも、本書は派手好きの人々にとっては退屈かもしれないが、中にはそう思わない人もいるかもしれない。もしも、一人の同胞にとって役に立つことがわかり、悲しみによって重く感じられる時間をいくらかでも紛らすようなことがあれば、私は本書の執筆が無駄に終わることがなかったと思うことにしよう。

育児室

自分の子供達の世話をすることは、あらゆる理性的な生き物の義務であると私は思っているので、獣において本能がもつのと同じくらいに強力な影響力を、人間の振る舞いに対して理性と義務がともに握っていないのを見るのは残念なことである。怠惰、そして目の前の道楽に耽る以外のあらゆる物事を考えもなしに軽んじる態度によって、一瞬気まぐれに優しくなる多くの母親達は、自分達の子供をないがしろにするようになってしまった。彼女達は心地の良い一時的な感情に従うばかりで、義務の道を心地良いものにするために私達に植えつけられたあの本能を、理性が陶冶し、制御すべきである――本能は、もし制御されなければ野放しになって手をつけられなくなり、絶えず支配権を獲得しようとしている情念、つまり虚栄心と自己愛を強めてしまうのだから――とは決して考えてもみない。

留意すべき第一のことは、健全な体質の基礎を築くことである。母親は（もしそのことを止めさせる非常に重大な理由がないのであれば）、子供に母乳を与えるべきである。母親の母乳は子供にふさわしい栄養であり、当面の間は完全にそれで足りる。きちんとした方法がとられれば、授乳は骨の折れる仕事とはほど遠いものになるだろう。無知な乳母に世話をされるしかない子供達は、不適切な食事で胃に過重な負担をかけられ、やがて胃酸過多になり、気分を大変悪くする。幼い時には特に注意して、身体的な痛みから子供達を守ってやるべきである。子供達の精神は、その時点では、身体的な痛みを和らげるような楽しみを何も生み出すことができないのだから。子供の人生の最初の数年は、しばしば怠慢や無知を通じて惨めなものとなる。子供達の身体の不調は、その大部分が胃と腸に起こり、そうした不調は概して、食事の質と量から生じるのである。

子供への授乳はまた、優しさという最も温かな光を灯すものでもある。一人では何もできない無力な子供の状態は、ある愛情を生み出す。それは、母性愛と呼んで然るべきものだろう。私は、ある母親がこの〔授乳という〕務めを果たしているのを目にした時、そのことを感じたことがあり、母の優しさは本能から生じるのと同じように、日々の習慣からも生まれるという意見をもっている。私が確信しているのは、養子に対して、親としての愛情を感じるようになることはありうるということである。したがって、母親がこの子供への務めを果たし、自分の子供に対する理性的な愛情を、自分自身の中に生み出せるようにすることが必要である。

子供達は極めて早い時期に、自分達の周辺の人々の作法《マナーズ》に影響される。もし完全に乳母の世話に任されていないのであれば、良い育ちの子供を見分けるのは簡単なことである。乳母達はもちろん無知で、子供を少しの間でも静かにさせておくために、あらゆる些細な気まぐれにつきあってしまう。すると間もなく、子供は強情を張るようになり、あらゆることに対してどうしても満たされたいと思うようになる。〔乳母の〕通常の対応の仕方は、〔子供の〕矯正されないままの気質の命令にただ従って、時には機嫌をとって求めに応じるが、また別の時には子供の機嫌に逆らう、といったものになる。この対応の仕方を、幼児は想像以上に早い段階で見つけ出し、尊敬を欠いた愛情を増長させる。振る舞いの一貫性は、〔愛情と尊敬の〕両方を生み出すための唯一のうまくいく方法である。決められたあらゆる規則を断固として守る姿勢は、子供達に満足感を与え、母親や乳母の手間を省く。一度でも何かに打ち克ったことがなければ、子供達はそう簡単には戦おうとしないのだから、もし他の誰かが彼らを無分別に甘やかすことがなければ、確実に子供達は、自分をきちんと扱ってくれる人間を愛し、尊敬するだろう。私はかつて、ある思慮分別のある父親がこう言うのを聞いたことがある。「私は自分の子供を、馬を扱う時と同じように扱う。最初に自分が主人であることを納得させ、それから友人であることを確信させるのだ。」しかしそれでも、厳格な行動様式は決してとられるべきではない。その逆に、私が言いたいのは、一人の人間の幸福が完全に他者に依存するという状態は、子供時代だけのことであり、不必要な束縛によってこのような時期を苦々しいものにするのは、残酷だということである。愛情を得るためには、愛情が示されなければならないし、その愛情の小さな証明が常に与えられるべきである。愛情の証明が不十分なものに見えなければ、その証明は若い精神の奥深くに沈潜し、その最も愛すべき気質を引き出すことだろう。荒れ狂う情念は鎮められて、ついに理性が発達し始めるかもしれない。

育児室でもまた、子供達は話すことを教えられる。彼らはそこで、〔乳母の〕戯言《たわごと》を聞くだけでなく、嫌悪感を生じさせずにいないほど愚かに、気取った口調でその戯言が言いふらされるのを聞く。その上、この口調は子供が最初に真似るもので、子供の純粋ではしゃいだ様子によって、その口調は心地良いものではないにせよ、許容されてしまう。しかしその後、この口調は簡単には克服することができなくなる。いやそれどころか、多くの女性達は常に、この育児室の可愛らしいペチャクチャしたお喋りをやめることがなく、また物思わしげな態度をとることを学んだ時には、舌足らずに話すことを忘れないのである。

子供達は、まさに揺りかごにいる時から、復讐と嘘を教えられる。子供達が落っこちたり、何かに頭をぶつけたりしたら、静かにさせるために、子供達はこの負傷に対してやり返すよう言いつけられ、子供達の小さな手はそうするために、ぐっと差し出される。子供達が泣いたり、手のやける状態になったりすると、猫か犬のように折檻されるか、あるいは子供達をさらっていくようにと、いたずらっ子を食べる熊の妖怪《バグベアー》が呼び出されるが、子供達を怖がらせるのも最初のうちにすぎない。というのは、子供達は、乳母によるこのような恐ろしい脅迫が何の意味ももたないことをやがて突き止めてしまうからである。実際、子供達は大変よくこのようなだましを見破るので、私は、辛うじて話ができるかできないかというくらいの小さな子供が、自分の人形や猫に対して、同じ手口を使うのを見たことがある。

このように、精神がしつけに従うようになる時に子供が手にした最初の実例が、子供達を真実とは逆の実践へと導いてしまう場合、いかにして真実の教えを伝えることができるのだろうか。

道徳的なしつけ

「たんに人間であるというだけの存在には、子供に適切な教育を与えることができない」と主張されてきた。[編1] 私はこの著者と完全に意見が一致する。しかし、完全性が到達できないものであり、予期せぬ出来事

[編1] ルソー『エミール』Rousseau, *Emilius and Sophia*, trans. W. Kenrich, 1762, vol. I, p. 33.「人間を形作ることができるには、その父親であるか、あるいは人間以上の存在、つまり自分自身を凌ぐ存在であるかのいずれかでなければならない。……自分自身をうまく教育してこなかった者によって、いかに子供がうまく教育されることがありうるだろうか。しかし、そのようなたぐい稀な人間はどこに見つけられるのだろうか。告白すると、私にはわからない。」〔今野一雄訳『エミール（上）』岩波文庫、一九六二年、四七頁。〕

がこれからも人間の行動を司るとはいえ、それでもなお、私達の行動を取り締まる何らかの規則を定め、私達の弱さが許す限りの変わらぬ態度でそれを堅持することは、私達の義務である。ロック氏の体系[編2]に従うことができるためには（そしてこのことは、教育に関するほぼすべての論文について言えるかもしれない）、両親は自分達自身の情念を抑制していなければならないが、これはどのような程度であれ、あまり頻繁に見られるものではない。

結婚という状態は、非常にしばしば不和の状態となる。両親ともに理性的であるということが常に起こるわけではなく、最も弱い者〔子供〕は、自分のほしいままにひどい悪さをする。

それではどのようにして、子供達の弱い精神が陶冶されるべきなのだろうか。ママは、子供達が自分のことを最大限に愛してくれることをしきりに望んでいるだけなのだが、おそらくは、彼女自身の精神にあれほど多くの雑草を繁茂させた種を、骨を折ってまいている。あるいは、いまだにより頻繁に起こるのは、子供達が最初は玩具のように弄ばれるが、それからその気質が無分別な甘やかしによって損なわれてしまうと、厄介で手に負えなくなり、大半は召使いの手に委ねられる、ということである。したがって、子供達が最初に吸収する観念は、下品で卑俗なものとなる。子供達は、その階級の人々の知恵である狡猾さを教えられ、真実を愛するという徳の基礎は、やがて彼らの精神からかき消されてしまう。私の見るところ、真実の原則が生得的だというのは、十分に証明された事実だと思う。理性を働かせることなく、私達は多くの真実を認める。私達は真実の力を感じるのであり、技巧に富んだ詭弁は、徳に至る本能的な防御として自然が私達に植えつけた諸感情を鈍らせることしかできない。偽りと狡猾さはやがて、子供達の前にあるあらゆる他の良い気質を蹴散らしてしまい、その精神からあの美しい純真さを奪い取ってしまう。その美しい純真さは、大事にしてもしすぎることは決してありえない。

実際、子供に無垢のままでいさせること、あるいはより正しく言えば、子供に無垢以外になるよう教えないことは、極めて重大なことであり、そうするために私達は、悪い例が辿る道から彼らを遠ざけなければならない。術策はほとんど常に召使いによって実践され、彼らが非難を免れるために用いているのを見るのと同じ方法を、子供達は取り入れるだろう。そして、狡猾さは偽りとあまりにも深く結びついているので、狡猾さは間違いなく偽りを呼び込むだろう。あるいは、もし真実に注目することが教え込まれていたとすれば、やましいという思いが生じるかもしれないので、その非難の声を沈黙させるために、何らかの愚かな逃げ口上が見出されるだろう。

術策のまた別の原因や根源は、無思慮な矯正である。粗相や軽はずみないたずらはあまりにも頻繁に罰せられるので、もし子供達がこうしたことを隠すことができるなら、彼らは折檻を避けるためにそうするだろう。したがって、子供達の活動を制限するのは良いとしても、真実の冒涜、動物や目下の者への残忍な仕打ち、あるいは悪を導くこうした種類の愚行のような十分にはっきりした原因がない限り、彼らを矯正しては

[編2] ジョン・ロック『教育に関する考察』John Locke, *Some Thoughts Concerning Education*, 1693は、抽象的な規則というより、良い親の実例に基づいた尊敬と不名誉のしつけによって、若い時期に良い習慣を形成することの重要性を唱えていた。

ならない。

子供達は会話に加わることを許されるべきだが、子供達をゆっくりと向上に導くような主題を見つけるのには、大変な洞察力が必要である。動物は子供達の注意力を捉える最初の対象であり、動物についての短い物語は、娯楽だけでなく同時に教育をも与えるものとなり、気質を形成し、心の善なる性向を養ううえで最良の効果をもたらすだろうと私は思う。このような傾向をもつ短い本は数多く存在する。特に私が思い起こすのは、『一匹のねずみの漫遊』である。[編3] 私はここで、韻の踏まれた散文体の賛美歌集の本に言及しないわけにはいかない。この本は、他の多くの子供達にふさわしい教訓書を出版した、創意溢れる著者が書いたものである。[編4] 私が想像するに、この本に収められた賛美歌は、心を宗教的な情操と愛情で満たし、もしこのような表現を用いて差し支えなければ、神の存在を様々な感覚で知覚できるものにするのに貢献するだろう。しかし知性は、胃と同じように負担をかけられるべきではない。知的な向上は身体の成長および形成と同じように、漸進的なものでなければならない。とはいえ精神は、その「壊れやすい住処」がいつのまにか、より理性的な住民達に合うように形を変えている間、休耕状態になければならないという理由はない。偶発的にごたまぜの種がまかれると、その種は小麦とともに芽を出し、[編5] 根こそぎにされはしないのだから、精神が休耕状態になることはない。

子供が疑問を発する時はいつでも、道理に適った答えが与えられるべきである。子供の小さな情念は、引き込まれて没頭した状態になるべきである。子供達は往々にして物語を好むものであり、ちょうど良い物語は、子供達に娯楽を与えている時でさえ、彼らを向上させるだろう。このような物語の代わりに、子供達の頭はありそうもない物語と、見えない存在についての迷信絡みの説明でいっぱいになっており、それらは子供達の精神に奇妙な偏見とくだらない恐怖をまき散らしている。

育児室では気取った喋り方が定着し、下品な言葉使いが身につくが、子供達はそれらを可能ならば決して耳にすべきではない。手際良く、正しく思考を表現できることは人生において大変重要なことであり、もし子供達が特にこの点で決して道を踏み外すことがなければ、多くの困難を回避することができるだろう。

台所や、子供達が召使い達だけと過ごす他のあらゆる場所での騒ぎもまた、応接間の上品な慎みを煩わしいものにする。活発な女の子はやがてお転婆娘になり、男性の召使い達がいれば、彼らは子供達と連れ立って散歩に出かけ、たびたびこのお嬢さんに少し無遠慮な振る舞いをするだろう。そうした関わりは、この女の子の態度を出すぎたものにし、彼女は生意気になる。目上の人々との会話に慣れる中で女の子が身につけるであろう、あのいかにもふさわしい慎ましさは、完全に消え去ってしまう。白状しなければならないが、

[編3] ドロシー・キルナー『一匹のねずみの人生と漫遊』Dorothy Kilner, *The Life and Perambulations of a Mouse*, 1783.

[編4] アナ・レティシア・バーボールド（エイキン）『子供のための讃美歌集、『子供のためのレッスン』の著者による』Anna Laetitia Barbauld（Aikin）, *Hymns in Prose for Children, By the author of Lessons for Children*, 1781.

[編5]『新訳聖書』マタイによる福音書、一三章二四〜二六節「天の国は次のようにたとえられる。ある人が良い種を畑にまいた。人々が眠っている間に、敵が来て、麦の中に毒麦をまいて行った。芽が出て、実ってみると、毒麦も現れた。」

私はある可愛らしい若い女性が、周囲を見回して遠慮して、喋るよりも耳を澄ましているのを見るととても魅了される。大変優れた知性をもたなくとも、一人の女の子がこのような作法を身につけることはできる。もしそれができるなら、このような内気さによって、その女の子は厄介者になることがない。

子供が誤った印象を受け取らないように守ってやることは、親の義務である。偏見について言えば、私達が最初に受け取る観念は、この名前をつけられて然るべきである。というのも、自分の意見について迷い始めなければ、私達が自分達の理性を働かせて偏見について検討することはないからである。その後、もしその偏見が受け入れられるならば、それを私達自身のものと呼んでよいだろう。

その後、子供達が守るようしむけられるべき最初のことは、真実を厳格に信奉すること、目上の存在にきちんと従うこと、目下の者に対して威張らないことである。これらは主要な事柄であるが、他にも、それらと比べれば些細なことだけれども重要な事柄が多くある。子供がお辞儀や作り顔をして精いっぱいになっている様子を見るのは気持ちの良いことではないが、彼らを不作法になるがままにさせておく必要はない。子供達は何かに関心を傾けているべきであり、彼らの好奇心をかき立てるような寓話や物語が選び出されてよい。自然の美に対する審美眼《テイスト》は、ごく早い時期に養われるべきである。植物や動物の世界に関する多くのことが、楽しませるような方法で説明されるだろうし、これこそが、誰でも手が届く愉楽の無垢な源泉となる。

とりわけ、自分の観念を連合させるように子供達を教育してみるとよい。子供が、ある点では似ているが別の点では異なった様々な事柄を比較することを学ぶのは、想像されうる以上にずっと役立つことである。

私は子供達が思考することを教えられるようにと願っている。実際、思考とは厳しい実践であり、精神ないし身体の鍛錬は、愉楽への見込みがなければ、最初に着手されないだろう。私は子供達に長い省察をさせたいとは思っていない。というのは、そのような省察は経験から生じなければ、大抵は馬鹿げたことになるからである。

表面的なたしなみ

この項目のもとには、ただたんに人を魅力的にするだけのあらゆるたしなみや、精神を向上させることのない中途半端なたしなみが列挙されるかもしれない。「どんな種類のものであれ、少しだけ身につけた知識は危険なもの」であり、[編6] 人を好ましい存在にするどころではなく、それとはまったく逆の効果をもたらす。

両親は往々にして何らかの重要な仕事に携わっており、その仕事を彼ら自身が、子供達の教育という骨の折れる務めをないがしろにしていることへの言い訳にしている。そのため、子供達は学校に送り出され、そ

[編6] アレグザンダー・ポープ『批評論』Alexander Pope, *An Essay on Criticism*, 1711, p. 14「少しだけ身につけた知識は危険なものである。」

の学費はとても低額なので、子供の担任の仕事を引き受ける人物は、何とか自分が面倒を見られる範囲を超える数の子供達を預からざるをえず、もちろん、機械的な部分の教育しか行えない。私は、教えられた順序どおりに物事を繰り返すことができる子供達を知っていたが、その子供達は常道から逸れると、まったく当惑してしまった。知性が鍛えられていなければ、記憶力はほとんど何の目的にも用いられないだろう。

女の子達は音楽、絵画、地理学をいくらかでも学んでいるが、彼女達には自分達の注意力を喚起し、その注意力によって精神を働かせるのに十分なほどの知識があるわけではない。彼女達は、自分達の知人の前で数曲でも演奏し、自分の部屋に飾るための絵画（その半分は教師に仕上げてもらったもの）を一～二点でも描くことができれば、自分が生涯にわたって芸術家になるのだと思い込んでしまう。重要なのは、たいしたことのない風景画や、同類の何かを仕上げることができるといったことではない。それらは良く言っても取るに足らないものでしかなく、それらに贈られる馬鹿馬鹿しく見境のない褒め言葉は、虚栄心しか生み出さない。しかし、このような〔達成された程度の〕視点から考えると実際には重要ではないことでも、女の子が芸術を愛好し、傑作を求めた時には最重要のものとなる。人間をいくらかでも感覚から独立した存在にさせる傾向があるものは、それがどのようなものであれ、徳の支えとなる。楽しい活動は、最初は精神を捉えるに違いない。それから、道徳的な義務への注意力が信仰心を導くにつれて、どのような重みのものであれ、一つの主題を吟味する人は別の主題にも向き合い、新しい観念が精神の中に飛び込んでくるだろう。様々な能力が鍛えられ、眠った状態で放置されることがないので、性格には多様性が生まれるだろう。

もし過度に重点が置かれなければ、踊りと優雅な作法は、人を大変楽しませるものである。これらを習得することは、感覚を魅了し、心にも一脈通じるものであるが、しっかりとした良い特質に支えられていなければ、その影響はわずかなものとなる。

若さゆえの陽気で思慮に欠いた状態は、あらゆる若者を当面の間は感じの良い存在にする。しかし、若者としての年月が過ぎ去り、快活さに代わって分別が置き換わらないと、若さゆえの愚かさが度を超えて作用してしまい、ちょうど良い時期に人々を楽しませていた物事が、時期外れになると人々をうんざりさせる、と彼らは決して考えない。皺のある顔から年齢がわかる女性が、十代の女の子の振る舞いを真似しているのを見るのは、大変馬鹿げたことである。

女性が大抵好むくだらない会話に言及しても、本節の主題に無関係ではないだろう。一般的に、女性は嘲笑する傾向がある。女性は作法に最大の強調点を置くので、最も品格のある性格を備えた人々であっても、作法を欠いていれば、非難を逃れられないだろう。嘲笑は、ある人々にしてみれば、誇るべき真理の試金石であった。もしそうならば、私達女性は素晴らしく向上して然るべきだが、しかし、女性は自分達自身がそれをまったく知覚しなくなるまで、この〔嘲笑によって真理を吟味する〕能力を使うことがしばしばある、と私には思われてならない。嘲笑の恰好の的になるのは、無知ではなくうわべの装い《アフェクテーション》だが、一部の気立ての良い人々であれば、うわべの装いでさえ容赦するだろう。私達は決して、品行を正すつもりもないのに苦痛を与えるべきではない。

表面的なたしなみは、もしそれを習得することで、そのたしなみをもつ人が満足しきることがなく、より重要なたしなみを身につけることができるのであれば、軽蔑されるべきものではない。

わざとらしい作法

わざとらしい作法と表面的なたしなみは、まったく同じものだと思われるかもしれない。しかし、前者ははるかに広い領域に及び、大いに異なるものだと私は考える。一方はうわべの装いから生まれるもので、他方はたんなる判断の誤りにすぎないように思われる。

精神の中で働く感情は、しばしば表情と作法の中にはっきりと表れる。これらの感情は、それが感受性と徳から生まれている時には、言葉で表現できないくらいに人を楽しませるものとなる。しかし、表情を生き生きと活気づけ、素晴らしいものにする徳を修養することよりも容易なのが、表情の特徴を真似することである。

どれほど多くの人々が、白く塗り込められた墓のように〔訳1〕、外見だけに注意を配っていることか！　それでも、もし私達があまりにも熱心に世間の賞賛を得ようと望むなら、私達は往々にして自分自身を賞賛できなくなるに違いない。

謙虚さから生まれる作法のあの慎ましい柔らかさは、なんと人を魅了することか！　そして、うわべの装いの模倣は、なんと人の気分を害することか！　あらゆる人々にとって私達を礼儀正しいものにするあの温和な物腰、そして私達に誰かの気分を害するのを疎ませ、あらゆる存在を楽しませようと骨折らせるその慈愛の精神を、時として上流気取りの人々は模倣する。しかし、その模倣とはなんとぎこちないことか！　最も心温かい尊敬の告白が、あらゆる場面で売り渡される。どんな区別もなされることなく、功績からのみ生まれる尊敬の念が、あらゆることに無駄に注がれているように見える。いやそれどころか、心に何の感情も灯っていないのに感情が模倣され、少なくとも言葉が借用される。礼儀正しさはあらゆる人に捧げられるべきだが、尊敬や賞賛は、それが感じられない時には決して表現されるべきではない。

謙虚さが表情に最も好ましい特徴を与えるように、誠実さからは、とても魅力溢れる自然な作法が生まれる。ありのままの自分を見せている女性は、決して気取っていると思われることがない。彼女は、役を演じようとはしていない。彼女の努力は、欠点を隠すのではなく直すことにあり、その顔にはもちろん、精神に対する配慮だけが与えてくれる美しさがある。愚かでもなく悪意にも満ちていない人で、本当に醜い人物を私はただの一人も知らない。また、私は最も美しい顔立ちの人が、情念と悪徳によって醜くなったのを見たことがある。確かに整った顔立ちは、最初は感銘を与えるものだが、永続的な印象をもたらす顔の表情の変化を引き起こすのは、しっかりとした揺るぎのない精神なのである。

感情は、装われると滑稽なものであり、実際に感じられた時でさえ、露わにされるべきではない。感情は偽りないものであれば表に滲み出るだろうが、人に気づかれるよう前面に押し出されると、虚栄心が悲哀と

〔訳1〕『新約聖書』マタイによる福音書、二三章二七節。「律法学者たちとファリサイ派の人々、あなたたち偽善者は不幸だ。白く塗った墓に似ているからだ。外側は美しく見えるが、内側は死者の骨やあらゆる汚れで満ちている。」

競り合っていることや、所作の可愛らしさがわざとらしいものであることが明らかとなる。作法が精神から生じるようにせよ。そして、心の真の情動の見せかけがなくなるようにせよ。

たんにお飾りにすぎないものは、やがて顧みられなくなり、内面的な支えがなければ、顧みられない状態はほとんど耐えられないものとなる。

この不確かな世界の中で、掘り崩されない何らかの支柱をもつことは、最大限に重要なことである。そして、この支柱こそが、作法に大いなる威厳を与え、慰めや満足を得るために人間が他人の賞賛だけに依存しているわけではないことを示してくれるのである。

衣装

多くの有能な書き手達が、私達女性に固有な弱点についてくどくどと語ってきだ。私達は一様に、衣装における両極端を避けるよう強く求められ、清潔さを保つ必要性が主張されてきた。「なぜなら身体の清らかさから、精神はそれに見合う助けを受け取るからである。〔訳2〕」

女の子は、飛び抜けてあまりにも多くの時間を衣装のために割いている。衣装は表面的なたしなみ〔に含まれるもの〕だが、私は衣装についてだけ考えることにした。身体は精神を隠し、また身体そのものも衣装の布地によって覆い隠される。私がとても見たくないと思うのは、人の目を引いて注意力を削ぐような、ギラギラした絵画の額縁である。衣装は、その人物の美しさを引き立てるべきであって、その人物と競い合うべきではない。それは高価なものではなく、簡素かつ優雅で、その人に似合ったものであるのがよい。また、風変わりなものは避けられ、滑稽なファッションは顧みられないのがよい。衣装の美しさとは、（こう述べると驚かれるだろうか）それが不自然な突出物によって人間の体形を歪めたり隠したりしないで、どのみち人目を引かないという点にある。もし装飾があまりにも考え抜かれたものだと、良い衣装を身につけているという意識が顔に表れ、このさもしい優越感《プライド》は確実に、その顔にあまり崇高さを与えることがない。「人の口からは、心に溢れていることが出てくるものである。」〔編7〕どれほど多くの会話を衣装が提供するとしても、その会話は確実に、人を大いに向上させるものでも楽しませるものでもありえない。

衣装は嫉妬心と、取るに足らない優位性をめぐる闘争心を湧き起こすが、それによって、一人の女性が男性に対して非常に尊敬に値する存在になるということはない。

〔編7〕『新訳聖書』マタイによる福音書、一二章三四節「蝮の子らよ、あなた達は悪い人間であるのに、どうして良いことが言えようか。人の口からは、心に溢れていることが出てくるのである。」ルカによる福音書、六章四五節〔「人の口は、心から溢れ出ることを語るのである。」〕

〔訳2〕ジェイムズ・トムスン『四季』James Thomson, *The Seasons*, 1730, Summer, p. 113.（林瑛二訳『ジェームズ・トムスン詩集』慶應義塾大学出版会、二〇〇二年、一九三頁。）「戦勝を重ねて、諸国を征服した／ローマの男子は、／若いうちに、真っ先に、泳ぎや船漕ぎを学んだ。／身体の清らかさから、精神は知らぬ間に／それに見合う助けを受け取るものだ。」

金銭を獲得するために技巧が用いられ、多くの金銭が浪費されているが、それはもし慈善目的で貯金されれば、多くの貧しい家族の苦悩を軽減し、そうした悲しい世界に入る女の子の心を和らげることができるかもしれない。

衣装という項目の中には、美顔化粧水、化粧品、オリュンポスの滴、東洋の香草、花の水、ニノンの顔を明るくさせた加齢に挑戦する顔料といった部類全体が含められるだろう。[編8] これらの数多くのエキスを含んだ商品は、あまりにも馬鹿馬鹿しいやり方で広告宣伝されているので、これらが素早く売れているということは、その売り上げに協力している女性達の知性についての大変厳しい反省となる。私が想像するに、化粧水や香草はそれほど有害ではないだろうが、同じことが顔料《ペイント》についても言えるかどうかはわからない。白粉は確実に健康を大変損なうもので、自然に見えるように作られることは決してありえない。[編9] あの赤色の顔料もまた、顔の表情の色とは異なっており、そこには慎みや愛情、あるいは精神のあらゆる他の感情が生み出すことのできるあの美しい輝きが決して見られない。それは「精神の輝く顔」ではない。「精神がよくわかるから、身体が魅力的になるわけではなく[訳3]」、まったくその反対に、もし身体に魅了されてある男性が、このように〔顔料で〕偽装した女性と結婚すれば、その男性は妻の本当の容姿に満足するという幸運には恵まれないかもしれない。化粧をした顔は、訪問者には気に入られるかもしれないが、家庭内の人々をうんざりさせるだろう。こうして、あまりにも作為的な容姿の持ち主を、真実が律するはずがないという一つの明白な推論が引き出される。頬紅で両目を生き生きとさせるというまやかしの生気は、最も洗練された種類に属するものではないし、けだるい視線を引きつけるようにして自ら装った女性の姿は、その女性の精神が清らかなものであるという実に有益な意見を、私達に抱かせることがない。

ごまかしの中でも、化粧粉《パウダー》について述べるのを忘れていた。化粧粉がこれほど世間一般に使われているというのは、残念なことである。顔の造作の中でいちばん美しい光彩が偽装され、その光彩が表情に与えるであろう影が完全に失われる。あらゆる人物の髪の色は、一般的に肌の色に似合ったものであり、肌の色を引き立たせるよう考えられたものである。ならば、赤や青や黄色の化粧粉〔編10〕を使う人々は、何という不条理に陥っていることか！　そしてそのことは、何という誤った審美眼を示していることか！

香油〔編11〕の量は、しばしば嫌悪感を与えるものである。私達はホッテントット達〔編12〕を笑いながら、いくつかの事柄では、彼らの慣習を取り入れているのである。

衣装の簡素さと気取りのない作法は、ともに手を携えるべきである。それらは尊敬を要求し、たとえ恋愛

〔編8〕ニノンとは、フランスのサロンの女主人、アンヌ・ランクロ Anne Lenclos（一六二〇—一七〇五）の愛称であった。

〔編9〕白粉とは、肌を白くするための化粧品で、通常は鉛が含まれていた。

〔訳3〕エドワード・ヤング『普遍的情念たる名声愛』Edward Young, *Love of Fame, the Universal Passion*, 1728, p. 130. ヤングは女性の顔の光り輝く美しさを讃えて、「魂《ソウル》がよくわかるから、身体が魅力的になる」と謳っている。

〔編10〕顔用または髪用の化粧粉。

〔編11〕芳香性の軟膏。

〔編12〕すす、脂、粉状にした灌木の葉で作られた軟膏を身体の表面に塗ることは、ホッテントット〔アフリカ南西部に住むコイ族〕の慣習であった。

が問題にならない時でも、審美眼のある人々によって賞賛されるであろう。

芸術

音楽と絵画、そして多くの他の独創性ある芸術は、今や偉大な完全性の域に達し、最も理性的で洗練された愉楽をもたらしている。

一人の若者が、それらの芸術に対する審美眼をもっているかどうかを見極めるのはたやすい。もし審美眼があれば、それを眠った状態にさせておいてはいけない。それは天人が情け深くも授けてくださったもので、偉大な神の恵みなのだが、しかしあらゆる他の天恵と同じように、誤用されるかもしれない。とはいえ、本来備わった価値が、こうした誤用によって軽減されることはない。もしも万が一、この点で自然から十分なものを与えられていない人々がいるとすれば、彼らに対して沈黙し、自分の感じていない恍惚を装わないよう——それ以上に馬鹿げたことはありえないのだから——説得せよ。

音楽では、演奏技術よりも表現のほうを私は好む。何も技巧がほどこされていない旋律の単純な調べを聞くと、心配事に悩まされている時の私の精神はしばしば癒やされる。また、私はヘンデルのいくつかの楽曲の崇高なハーモニーによって、とても深い悲しみの淵から立ち上がったことがある。[編13] 私はこの嘆きと不安に満ちたちっぽけな状況から引き上げられて、すべてを惜しみなく与えてくださる神についての思いに耽ったものだ。

自分の音楽を興味深いものにするためには、感覚《センス》、趣味《テイスト》、感受性をもっていなくてはならない。指が素早く踊るような動きは、驚異を呼び覚ますかもしれないが、歓喜をもたらすものではない。

絵画について言えば、自然の美しさを観察し、それらを感心して眺めることさえないような人は、絵画に本当に魅了されることはありえない。

情念のもたらす効果を辿り、それが顔の表情に与える外見を観察するのが好きな人であれば、喜んでカンバスに描かれた人物を見て、その心の中に入り込むだろう。しかし、自然という本を彼らが読んだことがなければ、その賞賛は子供じみたものとなる。

空想の〔物語〕作品は、もしその女の子が生き生きした空想力をもっていれば、多くの娯楽をもたらすものである。しかし、もしその女の子が他の人々に空想の最大の部分を語らせて、物語を作ったと褒められたいと思っているだけであれば、勧めてはならない。

文章を書くことは、芸術と名づけられるかもしれない。それはとても役に立つ芸術であると私は確信している。特に文体は注目に値する。若者達は、感情を言葉に置き換え、高尚ではない思想にもったいぶった言葉使いをまとわせる。これを直すには勤勉と時間が必要であり、しばしばそれが功を奏する。子供達は文通

〔編13〕ゲオルグ・フリードリヒ・ヘンデル George Frederick Handel（一六八五―一七五九）。ヘンデルの音楽は一七八〇年代でも大変な人気を保っていた。

や、彼らに自分の感情を書き留めさせるために選ばれた方法への手引きを受け、それから、読んだことのある物語を自分自身の言葉で語るよう導かれるべきである。良い文章を書くことは、私達の現世での利益に関して言えば、人生で大変重要なことであり、また、それにより人は自分自身の思考を整え、消化することを学ぶので、精神にとってはなおいっそう重要な意味をもつ。その上、文章を書くことは、理性的かつ優雅な会話をするための唯一の真の基盤を形成する。

読書や、すでに言及してきたような芸術は、時間を満たし、若者が放蕩に耽って自分を見失ってしまうのを防ぐ。放蕩は精神の気力を奪い、しばしば不適切な人間関係を引き寄せてしまう。習慣が定まり、性格がある程度まで形成されれば、せわしない実社会への参入は、危険どころか有用なものとなる。賞賛よりも向上が追求されたなら、知識がいつの間にか身につき、審美眼が肥えるだろう。というのも、自分自身のことでいっぱいの人々は、めったに観察を行わないからである。

読書

人間の精神は常に何かに取りかかっていなければならないというのは、旧くから言われているが、非常に真実を突いた所見である。読書、あるいはどのようなものであれ芸術に対する趣味は、人生の大変早い時期に陶冶されるべきである。物事をよく考える人々は、精神がそれ自体の中に何らかの糧をもつこと、仕事や娯楽のために精神が完全に感覚に依存してしまわないことが、どれほど重要なのかを語ることができる。もし不幸にも精神が完全に感覚に依存してしまえば、精神は感覚を満足させるために、卑しさ、またしばしば悪徳に屈しなければならない。最も賢明かつ善良な人々でさえ、あまりにも感覚の影響下に置かれているため、理性と徳が拘束力を与えようとしない時には、感覚に打ち克とうとする努力が人生の戦いの中で大きな部分を占めることになる。そうだとすれば、すべてが感覚であるような人、また束の間の対象で終わるような目論見でいっぱいの人々には、どのような支えがあるのだろうか。

人々が知性を深める糧を探していて、たんに語句を覚えるためだけに、あるいは有名な作家の言葉を引用しようという考えをもって、理解しても感じてもいない所感を受け売りするためだけに本を読むようなことをしなければ、読書は最も理性に適った時間の過ごし方となる。明敏な本は、それを読んで「自然が愚か者になるよう運命づけた、知ったかぶりの伊達男になる」人もいるけれども、精神を広げ、心を向上させるものである。[編14]

人間の情念や、人生に起こる様々な出来事について誤った説明をするような著作は、判断力が形成されるか、あるいは少なくとも鍛えられる前に読むべきではない。そのような誤った説明は、若い女性達のうわべの装いを生み出した一つの大きな原因である。感受性が描き出されて賞賛され、感受性の効果が自然とは大

[編14] ポープ『批評論』Alexander Pope, *An Essay on Criticism*, 1711, p. 4.「学派の迷路に迷い込む者もいれば、自然が愚か者になるよう運命づけた、知ったかぶりの伊達男になる者もいる。」

変異なる方法で表現されるので、それを真似る者は自分自身をとても愚かしい存在にするに違いない。間違った審美眼が身につき、精神を絶えず興奮した状態に保つことができれば目的を達成する表面的な見世物の後では、賢明な本は気の抜けた無味乾燥なものに見えてくる。情事《ギャラントリ》は、小説家にとって唯一の興味深い対象となる。その結果、読書はしばしば相互に作用して、そのような小説家の女性愛読者達をくだらない存在にするだろう。

私は抽象化された厳粛そうなタイプの本を推薦するつもりはない。私達の言語で書かれた本で、教育と娯楽が組み合わさった本は数多く存在する。『冒険者』[編15]は、そのような種類の作品である。私がこの本の名前を挙げるのは、それが美しい寓意と感動的な物語から成るからであって、似たような本は、容易に選ぶことができるだろう。理性は、空想の輝きによって華やかに光る時、最も強く琴線に触れる。散り散りになっていた感情に注意が向けられるかもしれない。そして、そうした感情がゆっくりと噛み締められ、精神が働くように準備されると、自分で本を選んでよいかもしれない。その時、あらゆることは教育になるのだから。

私は、あらゆる人々に、自分で何某かの作家に対する意見を形成してもらいたい。慎み深さがあれば自制して、その意見を述べられないかもしれないが。多くの人々は、審美眼があるという評判を得たいと躍起になっているために、その能力について議論の余地がない作家達を賞賛しているにすぎない。私は、ミルトンの壮大さ、ポープの優雅さと調和、そしてシェイクスピアの独創的で学ばずして得られた天才について耳にすることにうんざりしている。このような通り一遍の意見を述べるのは、自然について何も知らず、これらの作家達の精神《スピリット》の中に入り込むことも、彼らを理解することもできない人々なのである。

華麗な文体は大抵、無知な人々には素晴らしい著述だと間違って認識されている。何の意味もないが「雷のようにとどろく響きの言葉」[編16]を含むような多くの文章、また他の、甘くて音楽的な語尾で終わること以外、何も推薦すべきものがない文章が賞賛されている。

神学の本は、若者向けには考えられていない。宗教が最も良く教えられるのは、実例によってである。聖書は特別な尊敬の念をもって読まれるべきであり、若者はこれほど神聖な本によって読書の仕方を教えられるべきではない。最も高尚な満足の源であるべきこの聖書の読書を、彼らが骨折り仕事と見なすことがないようにせよ。

精神を然るべき修練過程の中に置き、その後、精神がしたいようにさせることを私が勧めていると思われるかもしれない。固定した規則を設けることはできないので、精神は知性の本性と強さに依存せざるをえない。その精神を観察する人々こそが、どのような種類の教養形成がその精神を向上させることができるのかを最も良く識別できる。〔とはいえ〕教師は精神を陶冶しうるし、その真の力を見出しうるが、精神を創造しないし、創造しえない。

若者達の活発な心は、知的な愉しみを伴うことなく、いつの間にか時間を過ごしてしまうことがあるのか

[編15]『冒険者』*The Adventurer*, 1752–54は、サミュエル・ジョンソンSamuel Johnsonが主な寄稿者となっていた定期刊行物である。

[編16] オリヴァー・ゴールドスミス『寒村』Oliver Goldsmith, *The Deserted Village*, 1770, p. 12.「学術的な長い言葉、雷のようにとどろく響きの言葉は／それを見つめながら周囲をさまよっていた田舎者を魅了した。」

もしれないが、そうした状況の真新しさが色褪せれば、知的な愉しみの欠如が感じ取られ、他の何もこの空白を埋めることはできないだろう。精神は肉体の中に閉じ込められ、官能性へと深く沈んでいくに違いない。というのも、精神は肉体のために「どのように食べて飲もうか、どのような服を着ようか」を与えるよりほかなくなるからである。[編17]

あらゆる種類の洗練《リファインメント》は、私達の不安と悲しみの種を増やすと非難されてきた。それでも、確かに逆の効果もまた、それらの洗練から生まれている。趣味と思考は、財産によらない多くの愉楽の源泉となっている。

精神を何かに取りかからせていることは、家庭内の義務を疎かにしていることの十分な言い訳にはならないのであって、私はそれらが両立不可能だとは考えられない。女性は、一人の分別ある男性の仲間や友人になるよう自分自身をうまく調整しながら、それでも彼の家族の面倒をいかに見るのかを知っていることだろう。

寄宿学校

もし母親に余暇と優れた分別があり、二人以上の娘がいれば、その母親は、自分自身で娘達を最も良く教育できるだろうと思われる。しかし、時として多くの家族内部の理由によって、娘達を家庭と離れたところに送り出す必要が生じるため、寄宿学校に白羽の矢が立てられる。あらゆる学校では作法にあまりにも注意が向けられているが、物事の性質上、それが別の形をとることはありえないというのが、私の意見だと白状しなければならない。というのも、寄宿学校の評価はそのことに依拠しており、ほとんどの人々がそれらの作法を評価できるからである。気質がないがしろにされて、すべての生徒に同じ授業が教えられ、中には理解する能力がまるでない事柄についての浅薄な知識しか得られない生徒もいる。徹底的に習得される事柄はほとんどないが、しかしそれでいて、多くの愚かさと、その中でも衣装に対する節度のない偏愛が身につくのである。

女性に妻や母としての重要な義務を果たすよう準備させることは、確かに人生の早い時期では視野に入れられるべき目的である。しかし、多くの人々が考えつくのはたしなみであって、それらと圧倒的な力をもつ美しさが世の人々の心を掴む。そして、美しさを保つことは、それが失われる段階になるまで考慮されることがないため、たしなみが最も重要だと見なされる。良識ある女教師は、自分が受けもつことを余儀なくされている多数の生徒達の知力に注意を払うことはできない。彼女は何年にもわたって、身を立てようと努力してきたかもしれず、幸運の女神が微笑む時には、老後の準備をする機会を失う選択などはしない。したがって、女教師はこの目的のために資産を蓄えようと考えて、自分の学校を拡大し続ける。家庭的な事柄

[編17]『新訳聖書』マタイによる福音書、六章三一節
「だから「何を食べようか」「何を飲もうか」「何を着ようか」と言って、思い悩むな。」

は、おそらく彼女達の仕事の一部にはなりえないだろうし、きちんとした会話も頻繁には始まりえないだろう。不適切な本がこっそり紹介され、遊び時間には、一人か二人の不道徳な子供の悪い例が多くの子供達に伝染する。子供達の感謝の念と優しさは、母親の愛情によって喚起されるようなやり方では引き出されない。穏やかな性格の女の子が多くの苦難に晒されるが、それは優しい親であれば、守ってやることができたものである。礼儀正しさについて論争するつもりはないけれども、徳は、もし母親が自分の時間と思考をこの〔教育という〕役割のためにあてるなら、家庭の中で最も良く身につく。しかし、もし母親がそうできなければ、娘達は学校に送られるべきである。というのも、自分の子供達の面倒をうまく見ておらず、また豊かな財産をもってもいない人々は、子供達をしばしば召使いと一緒に放置するに違いなく、そのような状況では、子供達がなおいっそうひどい不道徳に晒される危険があるからである。

気質

気質《テンパー》の形成は常に考えられるべき事柄であり、親や教師が取り組む最初の仕事とならなければならない。なぜなら控えめに言っても、人生の不幸の半分は、気難しい性格、あるいは暴君のように威張り散らす気質から生じているからである。生まれつき優しい性格の人、あるいは宗教によって実に天国にいるような性格になった人々は、平穏のために道を譲っているのだが、それでもなお、こうして道を譲ることは、彼らの家庭内の安らぎを掘り崩し、愛情の流れを止めてしまう。彼らは忍耐のために努力することになり、努力はなおいっそうの痛みを伴う。

私達の気質の管理は、まったくもって私達の全生涯にわたる仕事である。しかし、もし私達が早くから正しい道を歩まされていれば、疑いなくその気質は私達にとって大変助けになるだろう。ところが実際は、理性が何らかの力を獲得すると、理性はがらくたの山を取り除くか、さもなければ、おそらくすべてのもてる力を使って愚かさと情念の過ちを根絶するよりむしろそれらを正当化するか、このいずれかになってしまうのである。

気質の管理に対する絶え間ない注意は、温和さと謙遜を生み出し、それは「人に見てもらう」ためになされるのではないので、[編18]あらゆる場面で実践される。この柔和な精神は、優れた分別と決然とした気性から生まれるのであって、怠惰や臆病といった、しばしば気立ての良さと間違って受け取られる精神の弱さと混同されるべきではない。確信をもたずに両親や夫に服従する女性は、同じように理性に従うことなく、自分の召使いに対して暴君のように振る舞うだろう。奴隷の恐怖と暴虐は、手を携えるからである。実際、憤りは人類の最良の人々によって時折感じられるかもしれないし、感じられるだろうが、それでも謙遜はやがてそ

[編18]『新訳聖書』マタイによる福音書、六章五節「祈る時にも、あなた方は偽善者のようであってはならない。偽善者達は、人に見てもらおうと、会堂や大通りの角に立って祈りたがる。はっきり言っておく。彼らはすでに報いを受けている。」

の憤りに打ち克ち、侮辱と軽蔑を憐憫に変換し、そして常に自己を侮辱から守っているせっかちな優越感を放逐するだろう。このせっかちな優越感は極めて些細な場面で火がつき、より優れた存在、あるいは平等な存在さえも認めようとしない。そのような気質によく結びつくのが、ぎこちない恥じらいであり、これは無知から生まれ、はにかみとしばしば名づけられているが、私から見ると、そのような区別立てには値しないと思う。真の謙遜は生まれつきのものではなく、あらゆる他の良い性質と同じように、陶冶されなければならない。失敗した振る舞いや、誤った意見についての内省は、特にこれらの失敗や誤りが痛みの原因となっている時には、真の謙遜を精神の奥深くへと沈ませる。私達は自分の愚かさでひどい目に遭った時、その愚かさを覚えているものである。

人々は厳しく他人を非難し、他人の側に常に間違いがあると言うにもかかわらず、自分自身の心の中を見つめたり、自分自身の気質について考えたりする人はほとんどいない。矯正の必要なく、そして当然のことながら注意を向ける必要もない気質は世界の中に存在しない、と目下のところ私には思われてならない。機嫌《ヒューモア》が良いと言われる人々は、よく浮ついていて怠惰で感受性が鈍い。しかし、彼らの社交仲間は、争わない人物に対して腹を立てるようにはまず見えないし、無礼な言動を一笑に付すので、彼らはただたんに不愛想ではないだけなのに、自分達が人を楽しませる存在なのだと思い込む。激しやすい気質の人は、あまりにも簡単に苛立ってしまう。一方は拍車を必要とし、他方は手綱を必要とする。精神の健康は、身体のそれと同様、一般的には克己心への忍耐強い服従と、快くはない行動によって獲得されなければならない。

もし神の存在が繰り返し教えられ、思案されて、ついに習慣的な崇敬の念が精神の中に確立されれば、それは、怒りの爆発や片意地な冷笑的態度――何ら憐れみを求めることなく、私達の平穏を腐食して私達を惨めにするもの――を食い止めてくれるだろう。

全能の神の叡智は、一つの原因が多くの効果を生み出すように物事を秩序立ててきた。私達が他者の精神を見つめ、彼らの気質がどんなものかを検証しているうち、私達は知らぬ間に自分自身の精神の誤りを正している。そして、私達が同胞に対してなすあらゆる慈愛の行為は、自分達自身に対する最も本質的な奉仕となる。積極的な徳は、私達をより高尚な人々とつきあうのにふさわしいものにする。私達の博愛精神《フィランスロピー》は、私達に創造主を愛する能力があるという証拠なのだと私達は教えられる。実際、私には、この神への愛ないし仁愛《チャリティ》は、もともと魂に刻印され、新たにされるはずの神の輝かしい像が心に留める主要な特徴であるように思われる。高められたものの見方は、自分達自身や他者に対して私達を苦痛の種にしている、くだらない心配や多くのちっぽけな弱さを超えて、精神を引き上げてくれるだろう。私達の気質は次第に向上し、「被造物がその支配下に服すよう創られてしまった」[編19] 虚栄心が、支配権をもつことはない。

しかし、私は本題から逸れてしまった。思慮分別のある親でなければ、気質というこの重要な問題に関して、子供を監督することはできない。実例が最も良く教訓を補強するだろう。

しかし、偽善者達を生み出さないよう注意せよ。くすぶった炎は、抑えられていたことに対して、いっそ

[編19]『新訳聖書』ローマ人への手紙、八章二〇節「被造物は虚栄心に服しているが、それは、自分の意志によるものではなく、服従させた方の意志によるものであり、そこには同時に希望もある。」

うの激しさで燃え上がるだろう。あなた自身ですべてをしようと思わないように。経験によって、子供はあなたを支えることができるようになるに違いない。あなたができるのは、ただ基礎を作り上げたり、悪い性癖が生活習慣の中に入り込まないよう防いだりすることだけなのである。

上流の教育を受け、財産なく見捨てられた女性の不幸な状況

私はこれまで、両親から生活に必要なものを与えられるであろう女性達についてのみ語ってきた。しかし、良い教育、あるいは少なくとも上流の教育を受けてきた多くの女性達が財産なく見捨てられており、完全に淑やかさ《デリカシー》を欠いているわけでないにせよ、彼女達は独身のままでいることが多いに違いない。

生活費を稼ぐための方法はわずかであり、大変屈辱的なものである。おそらく、裕福な年配のいとこか何かの慎ましい話し相手役《コンパニオン》になるか、もっとひどい場合には、耐えがたいほど暴虐なため、見返りに財産をもらうことが期待できてさえ、親類の誰も同居に耐えられないような赤の他人と一緒に暮らすかのいずれかだろう。そのような〔見捨てられた〕女性が過ごさなければならない苦悶に満ちた多くの時間を、それぞれ挙げていけばきりがない。召使いよりも上に位置するが、召使いからはスパイと見なされ、より上の地位にある人々と会話をすれば、自分自身の劣等性を常に気づかされる。もし卑屈なお世辞を述べるところにまで身を落とさなければ、お気に入りになる好機はない。そして、もし訪問者の誰かが彼女の存在に気づいて、し

ばらくの間、自分の従属的な状態を忘れることができたとしても、彼女はその状態を必ず思い知らされることになる。

不親切を痛いほどに感じるため、彼女はあらゆることに敏感で、おそらく別の方向に向けられていたはずの多くの当てこすりが、彼女のもとに届いてしまう。彼女は孤立し、平等と信頼から閉め出され、解雇されないよう明るい顔を装って人に不安を隠していることで、その身体は蝕まれる。他の人間の気まぐれに左右される存在になることは、確かにこのような逆境では必然ではあるものの、私達がたじろがざるをえない大変つらい救済策である。

学校の教師は、下働き以上の仕事をこなしている上級召使いのようなものにすぎない。

上流の若い女性達の家庭教師《ガヴァネス》は、同じように不愉快なものである。十中八九、理性的な母親と出会うことはない。そして、もし母親が理性的な人でなければ、その母親は自分が無知ではないことを証明するために、絶えず家庭教師の欠点を見つけだそうとし、もし生徒達に向上が見られなければ不機嫌になるけれども、もし向上させようとして適切な方法がとられれば、怒りだすだろう。子供達は家庭教師を無礼な態度、またしばしば尊大な態度で扱う。その間、人生は滑るように過ぎ去り、気力もそれに従う。「そして若い快適な年月が過ぎ去れば［訳4］」、彼女達には生活していくための支えが何もなくなる。あるいは何らかの特別な場面では、わずかな額の手当が彼女達のために用意されるかもしれないが、このようなことは大いなる慈善行為と見なされている。

残されたわずかな商売は、今や次第に男性の手に移りつつあり［編20］、それらは確かにあまり品格ある《リスペクタブル》ものではない。

上流社会に憧れる人物にとっては、庶民と交際することも、かつて上流と見なされていた時に対等であった人々とへりくだって交わることも難しい。その場合、彼女にはなんと歓迎されざるつらい知識――つまり、世間は利己的で堕落しているという見解――が注ぎ込まれることか！　というのは、習得される他のあらゆる知識は、一時的な不都合を生じさせるかもしれないが、ことごとく愉楽の源泉となるのだから。彼女が直面する軽蔑とは、なんと辛辣なものだろうか！　若い精神が愛と友情を求めて周囲を眺めるけれども、愛と友情は貧困から飛び立ってしまう。貧しければ、それらを期待してはならないのだ！　期待などするとその精神は卑しさの中へと沈みこみ、自らを新たな状態に順応させるか、さもなくば敢えて不幸であろうするに違いない。それでも私は、深く内省する人であればどんな人でも、このような不幸を逃れるために自らが獲得した経験と向上を手放そうとはしないだろうし、逆にそうした経験と向上は、私達がその直接的な必要に迫られていない時には、ありがたいことに、人生の中で最も厳選された恩恵の中に分類されると思う。

感受性に満ちた精神は、なんと熱心に私心のない友情を探し求め、善良で純粋な人との出会いに思い焦がれていることか。運命が微笑むと、彼らはこの魅力的な幻想を抱き締めるが、それが本物なのだと夢見たりはしない。描かれた雲は突然消え去り、場面は変化し、心の中にはなんとずきずきと痛む空虚さが残されることか！　その空虚さは、ただ宗教だけが埋めることのできるものである。だが、この内的な安らぎを求める人がなんと少ないことか！

美しさはあるが情操のない女性は、誘惑の危険に大いに晒されており、もしいくらかの情操をもっていても、痛ましい屈辱から自らを守ることはできない。かつて親しくしていた男性達と他人行儀な関係を保ち続けることは、大変不愉快なことである。それでも、もし彼女が信頼を置けば、十中八九、彼女は騙される。自分よりも地位が低い女性と真剣に結婚しようとする男性はほとんどいない。もし、身分の違いについては何も考えずに自分を愛してくれる女性のあどけない優しさを利用せずにいるほど、男性に十分な名誉心があったとすれば、その男性は、彼女が自身の依存状況と比較したうえで、喜ばしいものに見える幸せ〔その男性との結婚〕に期待をかけるようになるまでは、彼女に〔身分の違いを〕悟らせることはないだろう。失望は過酷で、心は容易には完全に癒やされない傷を受ける。というのも、失われた善きものは、その真の価値に基づいて評価されてはいないからである。空想はその絵を描き出し、悲しみはそれを培う糧を喜んで生み出すのだから。

もし私がこれまで書いてきたことが、目下考えもなしに贅沢に耽り続け、自分の娘達が**上流らしく上品《ジェンティール》に教育される**かどうかだけを心配している親達に読まれるようなことがあるとすれば、その親達には、自分の娘達がどのような悲しみに晒されるかを考えてほしいものだ。私はこの絵に色をつけすぎてはいないのだか

〔編20〕これは、プリシラ・ウェイクフィールド Priscilla Wakefield やメアリ・アン・ラドクリフ Mary Ann Radcliffe といった、当時の他の女性著述家達が絶えず取り上げた主題であった。

〔訳4〕ジェイムズ・トムスン『様々な時に詠んだ詩』James Thomson, *Poems on Several Occasions*, 1750, p. 16.「来る日も来る日もため息をつき、／魂が飛び去るのを願いに願うよう私達に命じよ／若い快適な年月が過ぎ去るまで」。

ら。

私は親達にむけて、娘達を守ってあまりに多くの不幸に遭遇させないようにするよう警告しているが、それでも、もし若い女性が不幸の中に落ち込んでしまった場合、その女性は不満を抱くべきではない。自分の人生の未成年期を超えた先を眺める人々には、最終的には、あらゆるものから善が生まれてくるに違いない。その場合、善き道義心の慰めが私達の唯一の安定した支えとなる。私達の人生の主な務めとは、有徳になるよう学ぶことである。そして、不滅の至福にむけて私達を鍛え上げてくださる神は、どのような試練が私達を鍛えるのに貢献するのかを最も良くご存じである。そして、私達の服従と向上によって、私達は自分自身にとって、また神にとって、尊敬すべきものになるだろう。神の承認は、人生そのものよりも高い価値をもつ。確かに、苦しい試練は苦悶を生み出し、私達は、その効果が最も有益だと得心していても、苦い〔薬の〕杯を飲むのを避けたいと望むだろう。その場合、全能の神とは、私達を鍛え、諭し、私達自身が傷つきそうな時に私達を甘やかさない、情け深い親なのだ。神は憐れみ深い同情《コンパッション》そのものであり、矯正という目的に応える時には、治すという目的以外に決して傷つけることがない。

愛

私は愛ほどに、論理的考察の余地をほとんど残さない主題はないと思う。また、一方か他方にあまりに傾きすぎているように見えないような規則を定めることもできないと思う。ほかならぬこの主題では、かなりの程度まで状況が振る舞いを決めるものであるに違いないが、しかし、自分自身が当事者である事柄について、誰が審判を下しうるのだろうか。おそらくこの問題について考え始める前に、人々は情念を媒介としてものを見ており、情念の指示するところが、理性の指示するところとしばしば取り違えられている。私達は、毎日観察する機会のある愚かな〔男女の〕組み合わせを、この〔取り違えという〕方法で説明するよりほかない。というのも、この点では、最も賢明な男女でさえ間違いを犯すからである。他の人に取って代わろうとする努力や、偶然ある人物との交際へと限定されることなど、様々な原因から愛着が呼び起こされるだろう。多くの人々は、ただ退屈な時間を楽しい方法で埋めたり、他人の胸中に嫉妬を起こさせたりするつもりだっただけなのに、自分自身が〔色恋沙汰の〕決闘の中に巻き込まれてしまったことに気づくのである。

私達自身の情念が私達を盲目にしやすい場合に、ある一つの主題について書くことは難しい仕事である。自らの感情に急かされて、私達はこうした事柄を、自分達の偏った経験だけが生み出すものであるのに、〔誰にでもあてはまる〕一般的格率として片づける傾向にある。情念の直接的影響のもとで人がいかに行動するべきかを述べるのは容易なことではないが、それでも、虚栄心のみによって駆り立てられ、虚栄心を満たすためにどっちつかずの行動で周囲を欺く人々は、確かに弁解の余地がないだろう。遊び人の男性達は、女性の場合と同じくらいかなり多く存在するが、彼らは社会にとって、はるかに〔女性の場合〕より有害な厄介者である。彼らの行動範囲はより広く、また彼らは世間の非難にあまり晒されていないからである。押し殺された溜息、うつむきがちな視線、そして他の多くのそれらに匹敵する小さな手管が、誠実で無邪気な女性に耐えがたい痛みを与えるかもしれないが、彼女はこの〔痛みを与える〕傷に対して憤慨することも不満を述べることもできない。私はこの種の軽薄な行動は、移り気よりもはるかに申し訳が立たないものだと思う。なぜそうなのかはあまりにも明らかなので、指摘する必要はない。

分別があって省察する人々は、おおかた激しい不断の情念をもちやすく、この情念の餌食になりやすい。彼らはまた、目の前の快楽のために、振り返ってみると混乱と後悔でいっぱいになりそうな方法で行動することにも耐えられない。自分の理性が承認しない人物を愛するという意識から生じざるをえないものは、おそらく繊細な精神が受け入れる余地のある最大級の苦悩である――罪悪感をもたらすかどうかは別の問題であるとしても。このことは、しばしば起こる事例であると私は確信している。情念が根こそぎにされなければならず、さもなければ、しきりになされる酌量と弁解が精神を傷つけ、徳の尊重を弱めるだろう。敬重の念に支えられていない愛は、やがて消滅するか、堕落に至るに違いない。というのも、それとは反対に、価値ある人物が対象となる場合には、愛は向上にむけた最大の誘因となり、作法や気質に対して最高の効果をもたらすからである。私達はいつでも自分達の精神の中に、一人の人物を愛することに対する理性的な根拠を定めようとするべきである。そうすれば、私達は嫌悪や怒りを感じる時、その根拠を思い出すことができるかもしれない。それから、私達は堪忍することを習い性にすべきで、そうすれば、家庭内の平穏を阻む多くの小さな諍いは避けられるだろう。もしある女性が分別と善良さを備えた男性に対して愛着を感じているとすれば、彼が彼女の望みうるすべてではないかもしれないが、その女性はさほど不幸であるはずがない。

私は、愛が抑えられず、打ち克つことができないものだとは少しも考えていない。「もしか弱き女性達が道に迷ったならば」、責められるべきは彼女達であって、星ではない。[編21] 確固たる努力は、ほぼ常に困難に打ち克つだろう。私の知っている一人の女性は、人生の大変早い時期にある感じの良い男性に対して強い愛着を感じたが、それでも彼女は彼の欠点に気がついた。つまり、彼の〔道徳〕原則が定まっていなかったのだ。もし彼が放蕩に走ったら、彼女は心の中のあらゆる慈愛に満ちた感情を抑えることを余儀なくされただろう。彼女は感化の力を発揮して彼を向上させようとしたが、何年それを試みても無駄だった。〔彼を向上させることは〕不可能だと確信して、貧困とそれに伴う問題に直面せざるをえなかったにもかかわらず、彼女は彼と結婚しないことを決意した。

小説家達の間では、愛が一度しか感じられないものだということが、あまりにも広く知られた格言になっている。しかし私には、何であれとにかく印象を感じることができ、また物事の区別をつけることができる心は、最初のものに価値がないとわかった時には、新たな対象へと目を向けていくように見える。善性の尊重が精神の中で第一の位置を占め、志操の不変性に完全性という観念が付加されていない時には、その〔新たな対象を愛する〕ことが実践可能であると私は確信している。多くの女性達は優雅な様子で哀れを誘い、自己賞賛と、自分自身の卓越した洗練に対する省察でいっぱいになっている時に、自分が恋人の喪失を嘆き悲

[編21] マシュー・プライア「ハンス・カーヴェル」Matthew Prior, 'Hans Carvel, imitated', *Poems on Several Occasions*, 1709, p. 109.「もしか弱い女性達が道に迷ったならば、／それは彼女達が悪いのではなく、星のせいなのだ。」

しんでいるのだと想像している。痛みに満ちた感情は、女主人公《ヒロイン》らしく見られたいという私達の欲望を満たすために、その自然の流れ以上に引き延ばされ、こうして私達は他人だけでなく自分達のことも欺くことになる。何らかの突然の運命の巡り合わせによって愛する人が奪われてしまうと、私達はこの不幸をすぐには乗り越えることがないかもしれない。しかし、道に迷ってしまったのは自分自身の情念によってであり、その絵にどぎつい色を与えていたのは自分自身の想像力であると気づくと、私達は時がその絵を心の外へと運び去るだろうとおそらく確信するだろう。というのも、私達は往々にして自己嫌悪なしには自分達の愚行について考えられず、上記のような〔自己賞賛の〕省察はただちに払いのけられてしまうからである。習慣と義務は相互に協力して作用するだろうし、宗教は、理性が空しく格闘してきた相手を打ち負かすかもしれない。とはいえ、洗練と空想的情感《ロマンス》はしばしば混同されていて、感受性はこの種の移り気を引き起こすのに、それとは逆の効果をもつと想定されている。

プラトニックな愛着ほど、精神の安らぎを破壊する傾向をもちうるものはない。その愛着は誤った洗練のもとで生じ、大抵の場合、罪悪感ではないにせよ悲しみへと帰着する。両極端はしばしば合流するもので、過度に推し進められた徳が、時として反対の悪徳へと至ることもあるだろう。私は、男女の間の友情といったものが存在しないとほのめかそうとしているわけではなく、むしろそれとは反対のことを確信している。私が述べようとしているのはただ、もしある女性の心の中に特定の相手がいないとして、その女性は、心地良い妄想に耽って、自分が尊敬し他の誰よりも好きな男性との間に結ばれる友情で心が満たされるだろう、などと想像するべきではないということである。心はとても当てにならないもので、もしその心の最初の情動を抑制しておかなければ、私達はその後、心が不可能なことを求めて嘆き悲しむのを防ぐことはできないだろう。もし一般的な形式での男女の結びつき〔結婚〕に至るうえで何らかの乗り越えられない障害物があるのなら、この〔妄想の〕危険な優しさを退けることを試みよ。さもなければ、その優しさはあなたの安寧を掘り崩し、あなたを騙して多くの過ちをもたらすだろう。自分達を人間より上位の存在に引き上げようとするのは、愚かなことである。私達は自分達の情念をすっかり根絶やしにすることはできないし、そうすることが必要なわけでもない。とはいえ、自分達がそれと意識する前に躓いてしまわないように、あまりにも断崖に近いところでさまよわないことが、時として賢明かもしれない。私達はかなり思慮深い場合でも、多くの苦痛や悲しみを避けることはできない。そうであれば、私達の純真さを危険に晒すこともなく、後悔へと導くこともない太陽の煌めきを享受することが、叡智の役割である。愛は人生のあらゆる展望を金色に輝かせ、必ずしも常に無感動《アパシー》に至ることを排除できないものの、多くの心配事を些細なことのように見せてくれる。大聖堂主任司祭スウィフトは世間を憎み、ある特定の人々しか愛さなかったし、しかも自負心《プライド》においては彼らと張り合っていた。人類共通の必要や欲求に動じない高みに昇ろうとする愚かな願いは、彼を非凡だがあまり尊敬に値しない存在にした。彼はある愛すべき女性を自分の気まぐれの犠牲にし、そしてもし彼が自分自身と同じくらいに誰かを一人でも愛していたとすれば、彼の会話によって楽しみ向上したであろう人々を、自分の仲間に入らないようにした。〔編22〕普遍的な慈愛《ベネヴォレンス》愛とは第一の義務であり、私達はいかなる情念も、私達がこの慈愛を実践するのを妨げるほどにまで自分達の思考を奪うことがないよう注意すべきである。世俗的な快楽が理性の拘束を受けないか、あるいはあまりに理性に依存しすぎている場合、どんなに恍惚をもたらす夢を見ても、その快楽が精神を満たすことはないだろうし、精神の支えになることもないだろう。激しく動揺した情念は静まり、失望の疼きさえも感じられなくなるだろう。しかし、よこしまな者にとって、決して死なない毛虫がいる。罪の意識である。一方、諦めから生まれるあの静かな満足感は名状しがたいものであり、至福へと至るまっすぐだが茨に満ちた道を歩み続けようとする人々が、ある程度到達できるものである。この満足感こそ悲しみを浄化し、徳の特性を高貴にするだろう。

結婚生活

早婚は、私の考えでは向上を停止させるものである。もし私達がただ「栄養を摂り、繁殖し、朽ちる」ためだけに生まれてきたのだとすれば〔編23〕、創造の目的が遂げられるのが早ければ早いほど、より良いだろう。しかしこの場合、女性には魂をもつことが許されているので、その魂に注意が向けられるべきである。若い時に女性は、一般的に言って結婚するために男性を楽しませようと努力し、この努力は女性のすべての力を呼び起こす。もしこの女性がある程度の教育を受けていたとしても、ただ基礎だけが据えられた状態である。なぜなら、精神はすぐには成熟に達することがなく、何らかの生活習慣が定着する前に、精神が家庭内の務め《ケア》によって奪われるべきではないからである。情念はまた、判断力に対してあまりにも大きな影響を及ぼすので、判断力が女性をこの〔結婚という〕最も重要な事柄へと方向づけるのを許してしまう。多くの女性は二〇歳になる前に男性と結婚するが、その男性は、結婚が何年か後のことであれば、彼女達が断るであろう相手であると私は確信している。非常によく見られるように、教育がないがしろにされている場合でも、精神は、もし省察のための時間的余裕と、熟考すべき経験があれば、自らを向上させるものである。しかし女性達が、自分が不幸な結婚をしていると考えたり気づいたりする時間をもつ前に行動することを強いられる場合、そのような向上はいかにして起こりうるのだろうか。いやそれどころか、もし万が一、彼女達がとても幸運なことに良い夫を得たとしても、彼女達は夫に然るべき価値を置かないだろう。夫は、小説の中で描かれた恋人達よりもずっと劣っていると判断されるだろうし、〔彼女達が見つけた夫の〕欠陥は人間本性一般に根差したものなのに、彼女達は知識のなさによって、夫となった男性にしばしば嫌悪感をもってしまう。精神が多少の能力をすでに獲得している場合であれば、その女性は間違いなく自分の行動に対して、若い

〔編22〕ジョナサン・スウィフト Jonathan Swift（一六六七―一七四五）は、アイルランド出身の風刺作家で聖パトリック大聖堂の主任司祭であったが、その反社会的な振る舞いで知られていた。噂によれば、彼はエスター・ジョンソン Esther Johnson、別名ステラと結婚したが、彼女の社会的地位を恥じて秘密裏に結婚し、彼女と二人きりになったことはまったくなかったと常に主張した。オーラリ伯爵ジョン・ボイルの『ジョナサン・スウィフト博士の生涯と著作についての所見』John Boyle, Earl of Orrery, *Remarks on the Life and Writings of Dr. Jonathan Swift*, 1752 によれば、彼女はこの奇妙な関係によって完全に打ちのめされたという。

〔編23〕アレグザンダー・ポープ『人間論』Pope, *An Essay on Man*, 1733, epistle II, p. 8.

女性に期待されうるもの以上の注意を払うだろう。もし彼女が真剣に思考するなら、節操ある男性を伴侶に選ぶだろう。おそらく若い人々はこのことを十分に留意しなかったり、そうする必要性がわからなかったりする。感情豊かな女性は、子供達の道徳が父親との会話によって損なわれないように、子供達を父親の相手をすることから遠ざけておくのを余儀なくされると、大変心を痛めるに違いない。その上、教育という骨の折れる仕事全体が彼女にのしかかり、そのような場合、教育はあまり実践できない。人生がとても多くの魅力をもつように見え、人生の快楽が当てにならないものであるとは思われていない時、子供達の教育に対する注意は煩わしいものとなるに違いない。多くの人々は、家族の長という地位につく時には寄宿学校から戻ってきたばかりだが、家族を営むのに彼らがどれくらい適しているのかという問題は、賢明な人々に判断を委ねることにする。自分達が子供の状態からわずかに抜け出たかどうかという時に、彼らは子供の知性を向上させることができるのだろうか。

作法の高潔さと適切な慎みもまた、しばしば欠如している。過剰ななれなれしさに付随して常に生じるものは、軽蔑である。女性は往々にして結婚する前には上品ぶっており、結婚した後になって、自分が無邪気に見境のない愛情《フォンドネス》を押しつけてよいと考え、その深情けでこの可哀想な男性〔夫〕を圧倒する。彼女達は、自分には夫の愛情に対する法的権利があると考え、相手を楽しませようとする努力を怠るようになる。優れた分別から生まれる、何千もの名状しがたい気遣い《ディーセンシー》があり、また心が堕落していなければ、心から流れ出て心に届くであろう好意の飾らぬ証しがある。私は日頃から、女性にとっては愛撫を自ら与えるのではなく、それを受け取るだけで十分だと思ってきた。女性は、深情け《フォンドネス》と優しさ《テンダーネス》を区別すべきである。後者は人生における最も甘い強壮剤だが、あらゆる他の強壮剤と同じく、病気で落ち込んだり、悲しみに囚われたりした時に気持ちを浮き立たせるといった、特別な場面のためにとっておかれるべきである。感受性は、最良の指導をするだろう。感覚の繊細さ《デリカシー》の中には、決して指摘したり描写したりできないものがあるが、それらは心の奥深くに沈んで、苦悩の時間を辛抱できるものにしてくれる。

女性は、あらゆる些細な冷淡さに対してあまりに早まって憤ってはいけないけれども、意図的な侮辱を容易には忘れないくらいのまっとうな誇り《プライド》をもつべきである。私達はいつも同じようにものを感じることはできないし、十分な理由を欠いた気分《テンパー》の変化に万人が晒されている。

理性はしばしば人生の空白を埋めるために呼び出されなければならないが、私達女性のあまりに多くが、自分達の理性を眠った状態にさせている。小さな嘲りと才気に富んだ表現方法が、しばしば納得させる努力なしに相手をやり込め、またいたずらが、それが尊敬を危うくしそうな時でさえ、気を引くために仕掛けられる。

女性は弱き器《ウィーカー・ヴェッセル》と言われており、[編24]この弱さが女性にもたらした悲惨さは幾多にも及ぶ。男性にはいくつかの点で、大変な強みがある。もし男性にそれなりの知性があれば、その知性には陶冶される機会がある。男性は人間の本性をあるがままに見ることを強いられており、自分自身の想像力によって描いた像の中に留まり続けることはない。実社会と戦うことを余儀なくされる存在ほど、その能力を発揮させる者はない

［編24］『新訳聖書』ペトロの手紙一、三章七節「妻を自分よりも弱き器だとわきまえて、尊敬しなさい。」

と私は確信しているが、これは既婚女性の占める領域ではない。女性の行動範囲は広くはなく、もし自分自身の心の中をよく覗き込むことを教えられなければ、彼女の日々の活動と勤めはなんと些末なものであることか！　なんと小さな術策が彼女の精神を独占し、狭めることだろう！「狡猾さが感覚の大きな空白を埋め〔訳5〕」、その心や知性を向上させることのない心配が彼女の注意を引きつける。もちろん、彼女は子供っぽい怒りと愚かな気まぐれの餌食へと成り下がり、それにより、彼女は悪徳というよりむしろ無意味な存在になるのである。

　不自由のない状況に置かれている女性であれば、陶冶された精神が、彼女を心満ちたものにするために必要であり、悲惨な状況に置かれている女性なら、それが彼女の唯一の慰めとなる。分別があって鋭敏でありながら、何らかの奇妙な偶然ないしは間違いによって愚か者や人でなしと一緒になってしまった女性は、もし彼女の視野が現世に限定されていれば、筆舌に尽くしがたいほど悲惨であるに違いない。現世での私達の安らぎと、来世での幸福が知的な向上次第である以上、知的な向上は、さらにまた非常に重要なものとなる。

　宗教の諸原則は、〔心に〕定めておくべきである。定めておけば、他のどこからも助けが得られない苦悩の時間にも、精神が動揺したままになることはない。私達が自分の心からの望みを奪われた時でも、あらゆる物事が私達の善き意志のために働いているという確信さえあれば、まず諦めは生まれないだろう。こうした確信をもたない人々がいかにして満足を得られるのか、私には想像できない。私はむしろ、そのような人々は何らかの世俗的な助けのほうに目を向けていき、害悪ではないにせよ、愚かさの中に身を落とすだろうと思う。というのも、信心深くない女性の場合には、ほんの少しの洗練がその女性を空想的情感《ロマンス》の荒野の中へと導いてしまうからである。いや、さらに言えば、上記の〔宗教的〕確信がなければ真の感受性は存在しないし、おそらく情念に対する他のどんな効果的な抑制策も存在しないのである。

とりとめのない考え

あらゆる種類の家庭内の事柄や家族の世話は、当然女性の領域であるため、女性が自分の義務を果たすことができるようになるには、様々な分野について学ぶべきである。ちょっとした医学の知識ほど家族の中で役立つものはなく、その知識が十分にあれば、家族の面倒を見る女主人は賢明な看護師となる。賢明な医師に付き添ってもらっていた多くの人々は、看護師がいなくて困り果ててきた。というのも、判断力を欠いた優しさは、時として益よりも害のほうが大きいからである。

無知な人々は、医学の施術には何かとても神秘的なものがあると想像する。彼らは薬がまじないの魔力のように働くのだろうと期待して、疾患の進行具合や危険性については何も知らない。患者に栄養価の低い食

〔訳5〕ポープ『批評論』Alexander Pope, *An Essay on Criticism*, 1711, p. 14.「機知が働かないときには、優越感が私達の防御の前に歩み出て、／感覚の大きな空白のすべてを埋める。」ウルストンクラフトはここで「優越感」を「狡猾さ」に置き換えている。

べ物を与えることは残酷なことのように見え、あらゆる種類の養生法はないがしろにされ、高熱にうなされているにもかかわらず、炎症を起こす食べ物を与えないようにという指導を彼らは信じることもできない。「（彼らが言うには）栄養もなく、どうやって人は回復できるのでしょうか。」

精神も同時に鎮められるべきであり、実際、精神が衰弱した時はいつでも、まずは鎮静させることのほうが、理性を働かせることよりも良い。緩んだ神経は、言葉によって引き締められるものではない。心配事に悩まされていたり、悲しみで押しつぶされそうになっていたりする時には、精神が一瞬で穏やかな状態になって、理性の声に耳を澄ますことなどありえない。

聖パウロは言う。「およそ鍛錬というものは、当座は喜びに溢れたものではなく、悲しみ多きものと思われるのですが、後になるとそれで鍛え上げられた人々に、義という平和に満ちた果実を結ばせるのです。〔訳6〕」この使徒の言葉、そして聖書の多くの他の部分から明らかなのは、苦痛は私達に真の叡智を教えるうえで欠かせないということであり、またこの確信があるにもかかわらず、人間は、たとえそれを飲むことで自分の心の浄化が促されることが確かなのだとしても、苦い薬を飲むのを避けようとするということである。私達をお創りになった神は、何が私達の究極的な善へとつながるのかをご存じであるに違いない。しかしそれでも、そのような善へとつながることすべては悲しみ多きことであり、愛する者を奪われると心は苦悶に打ち震えるだろうし、また神のご意志が自分自身の意志とまるで異なる時には、神のご意志への黙従を躊躇《ためら》いがちに言うことなど到底できない。そうなると、人間の弱さのために適当な手加減がなされるべきであり、また不幸な者は非難の対象というより、むしろ同情の対象と見なされるべきである。しかし、それとは非常に異なるやり方で、慰めの助言が一般的に流布している。なぜなら、傷口に油やワインを注いで癒す代わりに、その助言は不運な人に対し、自分が不幸であるばかりか弱いということを確信させる傾向があるからである。私がよく想像するのは、悲しみと諦めは両立不可能なものではないということ、そして宗教は、何らかの失望を愉楽に変えることはできないとはいえ、私達がその失望のもとで苦悩する間でさえ、私達が恨んで嘆かないよう導いてくれるということである。もし仮に私達の感情と理性が常に一致していたら、現世での私達の道程は、正確には闘争と名づけられないだろうし、信仰はもはや徳にはならないだろう。私達が現に存在するものよりも見られざるものを好むことこそが、私達が約束を受け継ぐ存在であることを証明するのである。

現世の受難は何をもはるかに凌ぐ永遠の栄光を生み出すであろうといういと高き方〔神〕の聖なる言葉を、私達は揺るぎのない確信をもって信頼する。それでもなお、そのような受難は苦痛であると言ってよく、一時的とはいえ依然として悲しみ多きものであるに違いない。

希望をもたずに悲しみに暮れる者と、天国を見上げる者との間の違いは、両者とも同じくらいに意気消沈しているかもしれないのだから、一方が他方よりも感じ方が優るということではない。そうではなく、後者は、試練から生まれるはずの平和に満ちた果実のことを考えていて、それゆえに忍耐強く試練を甘受しているということなのだ。

〔訳6〕『新訳聖書』ヘブライ人への手紙、一二章一一節。

ほとんど説教に入りそうになってしまったが、これについて謝罪するつもりはない。私達を情け深く、かつ確たる意志をもった存在にすることに貢献してくれるものは、それが何であれ、極めて大きな重要性をもつ。もし病室の中に閉じ込められていたら、〔情け深さと意志の堅さという〕この両方の性質は不可欠なものとなる。人生の不幸は様々であり、友人が死に見舞われる時に、あらゆる恐怖の中でその死を看取ることが、私達の大部分にとっての宿命なのかもしれない。しかしその時でさえ、私達は友情を発揮して、旅立ちゆく魂を励ますよう試みなければならない。

失望から生じる恩恵

おおかたの女性、そして男性もまた、まったく何の人格の特性《キャラクター》ももっていない。〔訳7〕正しい見解と有徳な情念は、偶然その姿を現すが、私達がそれらの見解や情念の特質が引き起こす愛と賞賛に身を委ねているうちに、それらはまったく異なる代物となる。習慣を形作り、諸原則を消えないように心の中に定めておくのは省察であって、それがなければ、精神は突風の度にあちこちを漂流する難破船のようなものである。私達が重きを置く情念は、やがてそれ以外のすべてのものと競い合うようになるだろう。その場合、この省察という方法で私達の善なる性向を強め、どんな偶発的な衝動にも左右されないような人格の特性をかなりの程度まで確立することは、私達の手の内にかかっている。真実について確信をもちながら、それでいてその真実に従って感じたり行動したりしないことは、よく見られる事柄である。現在の快楽は、その前にあるすべてを衝動的に駆り立てて、逆境は幸いにも、私達に思考を強いるためにもたらされる。

この逆境という学校で、私達は徳だけでなく、知識をも身につける。それでも私達は自身の困難な運命を嘆き、自身の失望をぐずぐずと引きずって、私達自身の気まぐれな精神と定見のない心には、このような矯正がどうしても必要であるとは決して考えない。薬は、健康な人には与えられないのである。

よく知られた評言に、私達の本当の願いは私達に願いをもたらさない、という言葉がある。この言葉は、私達が遭遇しうる最大の失望とは、私達の最も見果てぬ願いが満たされることである、という格言として解釈されうると私はしばしば考えてきた。しかし、真実とは時として心地の良いものではなく、私達は真実から目を背け、幻想に溺れる。そして、もし救いを求めて修業中の身でなければ、[訳8] 私達はきっと〔真実を覆い隠す〕雲霧を消散させるどころか、むしろその雲霧を厚くしたほうがよいと思ってしまうはずなのである。

道徳的な美しさを目にすることに喜びを感じる人々がおり、自分達を傷つけることなど決してありえない犯罪や愚かさ〔でもそれ〕を見るのを余儀なくされると、彼らの魂は具合が悪くなる。どれだけおびただし

〔訳7〕アレグザンダー・ポープ「ある貴婦人への手紙」

二」Alexander Pope, 'Epistle II to a Lady,' *The Works of Alexander Pope*, vol. II, 1735, 'Ethic Epistles, the Second Book', p. 13. ポープは「おおかたの女性はまったく何の人格の特性ももっていない」と述べているが、ここ

でウルストンクラフトは「そして男性もまた」という言葉をつけ加えている。

〔訳8〕キリスト教ではしばしば、現世は来世の救いのための修業期間であると考えられていた。

い悲しみが、このような胸のもとへと届くことだろう！　彼らは、まったくもって人間たる被造物《ヒューマン・クリーチャーズ》と呼ばれるにふさわしい。あらゆる側面から、彼らは自分達の死すべき同胞に触れ、その触れ合いに心を震わせる。共通の人間性は、私達の持ち場に伴う重要な義務を指し示しているが、感受性〔省察によって強められる、ある種の本能〕は、苦痛か快楽をもたらす数え切れない些細な事柄を悟らせることしかできない。

　慈愛に満ちた精神は、しばしばそれが同情している対象以上に苦しみ、他の人が不都合な目に遭わないようにするために、自らその不都合を引き受けるだろう。この精神は完全性を崇拝すべく形作られているようであり、この完全性に適うことを切望しているが、〔他の人の〕欠点については情状酌量する。あらゆる善の創り主は、常にご自身を怒ること遅い神〔編25〕と呼んでいる。そして、堪忍を実践する人は、最もよく神に似ている。愛と同情《コンパッション》は、魂の中で最も喜びに満ちた感情であり、生きとし生けるものすべてに対してそれらの感情を働かせることは、慈愛に満ちた心の願いである。忘恩や利己心との闘いは、表現できないほど嫌な気持ちになるものであり、自分の弱さについて私達が抱く感覚は、有益とはいえ心地の良いものではない。こうして弱さの感覚は私達とともにあり、私達は、幸福を探し求めている時に、苦悩の種と出会うことになる。そして、もし時として私達が優しさや、何であれそうした人好きのする情念に身を委ねて快楽を味わえば、精神は通常の状態を超えて緊張し、無感動へと陥ってしまう。それでもなお、私達は幸福になるべく創られたのだ！　しかし私達の情念は、それが理性の統治下に置かれるまで、そしてその理性が啓蒙され向上させられるまで、私達自身の至福にそれほど貢献することはないだろう。この条件が満たされた時、嘆息は止み、すべての涙は、その現存が喜びに満ち溢れている神によって拭われるだろう。

優しさをもつ人物は、いつでも特定の愛着を抱き、絶えず失望を感じなければならないはめになる。それでもなお、彼らは、人間的な脆さにもかかわらず、愛着をもたずにはいられない。というのも、精神は、もし希望か恐怖のいずれかによって揺れ動く状態のうちに保たれなければ、前に述べたとおりの恐ろしい状態〔無感動〕に陥ってしまうからである。

私は、現世に失望した人が来世に目を向けることが、物笑いの種になるのをよく耳にしてきた。この世からあの世への移行ほど、自然なものはありえない。そして、この世では物事が意に満ちたないと気づくことによって、私達は自分達が向かおうとしているより良い国〔天国〕について考えざるをえなくなるだろうというのが、神のご計画だと私には思われる。

召使い達の扱いについて

召使い達の管理は、女性が生活上携わる仕事の中で大きな部分を占めるものであり、その女性自身の気質は、召使い達に対する彼女の態度のとり方に大いに左右される。

〔編25〕『旧約聖書』出エジプト記、三四章六節「主は彼の前を通り過ぎて宣言された。「主、主、憐れみ深く、恵みに富む神。怒ること遅く、慈しみとまことに満ちた神。」」

召使いは一般的に、無知で狡猾である。もし彼らを適切に扱い、絶えず堪忍を実践しようとするなら、彼らの人格の特性をよく考えなければならない。私達が子供達に対して用いるのと同じ方法が、彼らに対してもとられてよい。いつでも同じ基準で行動し、決して正当な理由もなく落ち度を見つけてはいけない。もし落ち度があれば、明確な態度をとり、しかし怒ってはならない。些細なことにあまり煩わされすぎない精神があれば、いちいち小さな家庭内の災難によって平静を失うことはないだろうし、ものを考える人であれば、省察や教育の欠如から生まれる欠点を、何の躊躇もなく情状酌量することができる。私は、家族全体の安寧がほんの些細な不運な事故によって掻き乱されるのを見てきたし、また、まったく想定外であった何らかの過ちについて、その過ちから生じた結果を無用にも厳しく叱ることに何時間も費やされるのを見てきた。判断の誤りや事故は、あまり厳しく咎められるべきではない。経験を生かすことこそが叡智の証明であって、取り返しのつかない災難を嘆くことではない。

慈愛に満ちた人であれば、自分を取り巻く人々が気持ち良く過ごしているのを見たいと思うに違いないし、またそうした快適さを生み出す原因となる存在であろうとするに違いない。教育によって生まれる大きな違いは、平等という道における親しい関係を妨げるだろうが、それでも、もし自分達の関心や人柄に対して使用人達が愛着を感じるべきだと望むなら、親切な態度が示されなければならないと私は考える。快い笑顔で仕えてもらい、途方に暮れた時に助言を求められ、困った時に友人や恩人として尊敬されることは、なんと心地良いことか。確かに、私達はしばしば恩知らずな態度に出くわすが、そのことでがっかりするべきではない。天国から降り注ぐ爽快な雨は、正しい者だけでなく、その恵みを受けるに値しない者の土地をも豊かにする。私達は、病気の時には彼らを看護してやるべきであり、そうすれば、そうした状況での私達のより優れた判断によって、往々にして彼らの痛みは軽減されることだろう。

とりわけ、彼らは私達に良い実例を提供してくれる。召使いのための宗教儀式には、注意を向けるべきである。彼らはいつでも、迷信に近いくらいにそれらの儀式を崇敬しているか、さもなければ無視しているのだから。私達は最も身分の低い同胞の信仰に対して衝撃を与えるべきではなく、それどころか、彼らの偏見を大目に見てやるべきである。なぜなら、彼らの宗教的観念はあまりにも偏見に満ちているので、その宗教的観念と偏見は容易に切り離されないし、また、私達は毒麦を引き抜こうとして、一緒に麦をも根こそぎにしてしまうかもしれないからである。[編26]

台所で気まぐれと不機嫌に身を委ねている女性は、夫が自分の家庭に戻ってきても、眉間に寄せている皺を容易にはなくすことができない。それどころか、夫は怒りに満ちた皺を見るだけでなく、受け売りの言い争いを聞かされるかもしれない。私は、妻がそのような争いについてまくし立てているのを聞くと、どんな男性も胸を痛めるだろう、とある紳士が言っているのを聞いたことがある。重要な仕事に就いている男性達は、こういった問題を、実際のところよりもずっと無意味なものだと考える。なぜならどんなことであれ、私達が物事に携わる時の熱意は、その仕事の重要性を増大させるが、私達が物事に深入りしなければ、それ

[編26]『新約聖書』マタイによる福音書、一三章二八～二九節「僕達が、「では、行って抜き集めておきましょうか」と言うと、主人は言った。「いや、毒麦を集める時、麦まで一緒に抜くかもしれない。」」

は重要ではなくなるからである。

召使い達に対する女の子達の振る舞いは、一般的に言って両極端で、あまりになれなれしすぎるか、傲慢すぎるかのどちらかである。実際、なれなれしい無遠慮さが手に負えなくなる時に、一つの抑制策として、一方〔のなれなれしさという行きすぎ〕が、しばしば他方〔の傲慢さという行きすぎ〕を生み出すのである。

私達は、自分達の召使いを賢くしたり善人にしたりすることはできないが、彼らを慎み深く規律正しくなるよう教えることはできるかもしれない。そして秩序は、ある程度の道徳性につながるのである。

日曜日の遵守

七日目を聖なる日に定めるという制度は、二つの目的のために、神意によって賢くも命じられたものである。身体を休めるため、そして精神に声をかけて、現世の生という幻影をあまりに熱心に追求するのを止めさせるためである。この〔現世の生という〕幻影は、残念ながら、しばしば来世の展望を曇らせ、私達の思考を地上に縛りつけてしまう。聖なる日というこの神の定めを尊重することは、国教《ナショナル・レリジョン》にとって極めて重要なことであると私は確信している。庶民は、自分達にとって教会に行くことと宗教的であることは、ほぼ同義語であるといった考えをもっている。彼らは自分達の感覚にまったく没頭しているので、この世界に神がいることをもしこの日が絶えず彼らに思い出させなければ、彼らはすぐにそのことを忘れてしまうだろう。活気ある宗教を支えるためには、何らかの形式が必要であり、それがなければ宗教はやがて衰退し、ついには滅んでしまうだろう。

この日がピューリタンのような几帳面さで守られて、結果的に面倒なものになるか、あるいは、放蕩と無思慮の中で見失われるかのいずれかであるというのは、不幸なことである。どちらの道も、子供達や召使い達の精神にとって、大変有害なものである。子供達や召使い達は、野放図に解放されるべきでも、あまりに厳しく制限されるべきでもないし、またとりわけ自分の親や主人が、一般的に悪いと考えられている物事に耽っているのを見るべきではない。私は十分に確信しているのだが、召使い達はカード遊びについて、どの場所であれ、それが日曜日に行われると自分の精神が傷つき、善悪の境界線が多少なりとも取り払われてしまうと思っている。肉体労働に慣れている召使い達は、適宜制限されず、代わりのものも見つからない場合、働く時と同じくらいに肉体を使う楽しみにはまりこんでしまうだろう。

このような家中の者達に対する注意深い気配りは、多くの人々にとっては大変不愉快なものに思われるかもしれない。しかし、義務の道というものは、一定の時間が過ぎた後で、それが心地良いものであったことがわかるのだろうし、このようにして働かされた情念は、次第に理性の支配のもとに置かれるようになるだろう。私はそれほど厳格になるつもりはなく、〔宗教を観念的に捉える〕思弁家であれば、このような私達の義務の道に現れる障害物がその心に浮かぶことはない。私がさらに知っているのは、行動のまさにその瞬間には、気立ての良い精神の持ち主でさえ、〔安息日を破るという〕一時の衝動にしばしば突き動かされてしまうということであり、また、理性の命令を情念のそれから区別することができるようになるためには、何らかの経験が必要になるということである。この激情の嵐が終わるまで、真実はまず見出されることがないのであり、だから私達は、夢から醒めるようにして目覚め、自分達がしてきたことが何なのかを調べて、そこに愚かさを感じる時には、理性を呼び求め、汝はなぜ眠っているのか、と言うのである。それでも、自分達の情念によって道に迷い、大変苦々しい後悔の後で再び堕落したとしても、人々は嘆くのではなく、なおも正しい道に立ち戻ろうとすべきであり、自分達の助けになるような習慣を養うべきなのである。

私は、この安息日がひどく破られている家庭に、社会的な徳が多く備わっているという話をまったく聞いたことがない。

原則が揺らぐという不運について

もし友情や社交に何らかの慰めを求めるなら、私達は宗教に関する原則を〔心に〕定めている人々と交際しなければならない。というのも、何度も経験を繰り返したせいで確信しているのだが、そのような原則がなければ、最も輝かしい特質は移ろいやすく、頼りにすべきものではなくなるからである。

私にとってしばしば驚くべき事柄であったのは、自分自身が信仰を告白している宗教の教義について詳しく吟味したり、確信を通してキリスト教徒であったりする人々があまりにも少ないということであった。おぼつかない人生の海路で、彼らには拠るべき碇がなく、またそれがどんなものであれ、自分達を導いてくれる不動の海図もない。ならば、いかにして「安息の場所」を見つけるという希望をもつことができるのだろうか。しかし、彼らはそのことについて考えておらず、現世の利益を慎むことなど期待すべくもない。高貴な行動は、高貴な思考とものの見方から生まれるに違いない。この現世に閉じ込められている時、彼らは、地を這うように卑屈になるに違いない。

永遠の幸福の約束については、信仰だけが、私達が自分達の情念と闘うことを可能にし、勝利の機会を与えてくれる。〔神の〕啓示に何の関心も払わず、さらにはおそらく、その啓示に対していかなる確固とした信仰ももたない人々が、多く存在している。慰めの確かな言葉は無視されているが、それなしに人々がどのようにして生きていけるのか、私にはほとんど理解できない。というのも、太陽が自然の表情を新たに生まれ変わらせ、世界から暗闇を追い払うように、このなおも偉大な天恵は、精神に同じ効果をもたらし、あらゆる他の事柄がうまくいかない時でも、精神を啓蒙し、活気づかせてくれるのだから。

私達の弱さを真に感じることは、私達をキリスト教徒――この言葉の最も広い意味で――にするための道である。弱さという重みを抱えて力をなくした精神は、福音の約束の中にしか慰めを見出すことができない。そこで与えられた助けは、謙虚な魂を強めるに違いないし、贖罪について説き明かされてきた事柄は、徳の闘いが終わって信仰が一切の悩みから解放される時まで希望をもって眠りにつくための、理性に根差した基盤を与えてくれる。

現在、若い男性達の間では、理神論者になることが流行している。多くの者達が手にしている不適当な本は、不信という海での漂流へと誘《いざな》うもので、その不信には終わりがない。この地には確信がないのであって、道を踏み外してしまう理性を閉じ込めておくことはできず、果てしのない探求の中で迷子になるのを防ぐための手がかりは一つしかない。理性とは実際、人間に備わった、天国で灯された光であり、完全に依存していない時には信用しても危険はないが、それが自らの理解の範囲の及ばないものを見つけたようなふりをすると、間違いなくその輪郭線を大きく広げすぎて、不合理へと走ってしまう。思索の中には、漫然としたものもあるし、優越感を高めて、探求されないままにおかれるべき主題へと思考を向けてしまうために、有害なものもある。私達は愛と畏敬の念をもって、永遠に存在する至高者！について考えるべきであり、私達を創造した神がどのように実在しなければならないかについて、おこがましくも語るべきではない。人間が一匹の獣へと落ちぶれ、自分の精神を働かせなくなる運命にあるか、さもなければ、思考することによって、しばしば自分自身を卓越した存在だと想像するほどにまで高慢になってしまう運命にあるか、このいずれかであるとは、なんと不幸なことか！　私がここで言及しているのは、深い洞察力をもった思想家達の懐疑ではない。そうではなく、若い男性達が連れ立って、また時には若い女性達を同伴して、自分の卓越した叡智に対して彼女達を驚嘆させようと誇示する幼稚な発想について述べているのだ！　ものを考えることに慣れていない精神の持ち主にとって、嘲るようにして引き出された不信ほど、危険なものはありえない。彼らは、不信を解明するのに十分なほど深く掘り下げて物事を考えることがまるでなく、当然ながら、その不信に固執してしまう。この不信は、もし俗世の恐怖のおかげで彼らが悪の罪をかぶらずにすむならば、彼らの振る舞いに影響を与えることはないかもしれない。だが、それでも彼らの思考は抑制されていないわけで、「そこに命の源があるのだから[編27]」、その思考は念入りに観察されるべきである。正義と悪についての優れた感覚は習得されるべきものであり、そうすれば、大きな悪徳のみならず、あらゆる小さなくだらない行為も避けられるだろうし、真実が心の諸部分を統治し、慈悲心が真実に付き従うことになるだろう。

私は実際、〔心に〕定めた原則をもたずに、世間に入ろうとしている若い女性達に対して大変な同情心を抱いているので、この問題についてもう少し検討するよう説得したいと切に願っている。というのも、陽気で楽しい時期には、彼女達はそれらの原則の必要性を感じないかもしれないが、苦難を抱えた時期には、彼女達は助けを求めてどこに飛び立っていくのだろうか。このような〔原則の〕支えがあったとしても、人生は忍耐を要する骨折り仕事、つまりは闘いである。そして、私達が手にすることができる最高のものは、平穏というわずかな分け前であり、ある種の用心深く守られた静穏なのだが、しかし、それは絶え間ない妨害を受けがちなのである。

「それからおのおのの情念を落ち着かせよ。いかに愛すべきものであっても。
我を信じよ。優しきものは最も厳しきもの。
それが汝のものである限り、汝の超然とした安らぎを守れ。
そして徳に満ちた平和がもたらす喜びの他に、いかなる喜びも求めることなかれ。
それは、運命の嵐に対する挑戦を命じるもの。
高き至福は、より高い状態に向かうためだけにある。」トムスン〔編28〕

〔編27〕『旧約聖書』箴言、四章二三節「何を守るよりも、自分の心を守れ。そこに命の源があるのだから。」

慈愛

この第一の、最も愛すべき徳は、しばしば若者の中に見出されるが、彼らはその後、利己的になっていく。他の人々の狡猾な術策についての知識が、彼らにとって、同じことを実践する際の言い訳となる。そして、若者達はかつて欺かれたことがあったり、自分達の慈善行為《チャリティ》に値しない対象を見つけたことがあったりするので、もし誰かが彼らの感情に訴えることがあったとしても、同情心溢れる情動を、詐欺という恐ろしい言葉がただちに一掃し、良心を沈黙させてしまう。施しは、慈愛の実践の非常に重要な要素ではあるが、私は、慈愛の実践を施しだけに限定するつもりはない。信仰、希望、仁愛《チャリティ》は、この現世を私達が進んでいく途上で、私達が携えておくべきものである。しかし、このうち最初の二つは、死後に私達のもとから去っていくのに対して、もう一つは永遠に変わることなく、私達の胸に宿るものとなる。私達は、天国の煌めきが利己心によって消されるのを許してはならない。もしそれを許してしまえば、魂が身体から解き放たれ、愛の王国にむけて準備を始めるべき時に、私達はいかにしてその煌めきが甦ることを期待することができるのだろうか。堪忍と情操の寛大さは、成熟した徳である。子供達はあらゆることを明確な方法で教えられるべきであり、自身の経験から区別のつけ方や許し方を学ぶのはその後のことにすぎない。したがって、子供達の行動範囲内で生じるのは、慈愛のより下位の部分なのだが、それを黙って眠らせておくべきではない。子供自分の小遣いとして認められたお金の一部を、子供達はこのような方法で使うよう促されるべきであり、それが習慣になるまで、一時的な憐憫の感情は絶えず思い返されるべきである。
私が知っている一人の子供は、まだとても幼い時、ケーキにお金を使ってしまった後で、ある貧しい人に会い、座り込んで泣いてしまった。こうしたことは一度か二度あり、その子はさらに心を痛めて毎回涙を流したが、ついに誘惑に打ち克ち、お金を貯めたのだった。［編29］
私は女の子達にとって、衣類を買うための一定の小遣いをもつことは、とても良い方法だと思う。母親は容易に、それと知られることなく、どのようにそのお金を使っているのかを観察し、適宜指導することができる。このような方法によって、女の子達はお金の価値について学び、やりくりする義務を負うことになる。このことは、考えられうるどんな理論よりも優れた、家計管理の実践的な訓練になるだろう。定額の支払いを受けていることによってもまた、女の子達は、そこから自分自身のお金を寄付しようとするため、言葉の真の意味において慈善の精神をもつことができる。そして、彼女達がちょっとした装飾品を自ら断り、身の回りのことを自分ですることによって、彼女達は慈善の目的にふさわしい金額の合計を増やすことになるかもしれない。
このような種類の活発な原理はまた、怠惰を克服するものにもなるだろう。というのも、私は浪費家であ

［編28］ジェイムズ・トムスン『様々な時に詠んだ詩』「マードック師へ」James Thomson, *Poems on Several Occasions*, 1750, p. 9, 'To the Rev. Mr. Murdoch'.
［編29］ウルストンクラフト『実話集』*Original Stories*, 1788 二四章を参照。

りながら同時にけちな人々を知っているが、その浪費癖は自分達を面倒なことに遭わせないためのもので、他の人々は、彼らが普段けちなのは、収支を見合うようにするためだとしか感じていなかったからである。

女性は、あまりにしばしば自分達の愛と仁愛を自分自身の家族の中に限定しすぎる。彼女達は、自分の精神の中で道徳的責務の優先性を定めておらず、また、義務に対して自分達の感情を譲歩させることもしない。全人類に対する善意が私達の胸に宿るべきであって、私達は、個々人に対する愛によってこの第一の義務に背くことになったり、たまたま贔屓にしている人々の利益を増大させるために、同胞の誰かの利益を犠牲にしたりするべきではない。困窮状態にある老親は、たとえ私達が自分の子供のために財産を蓄えることが妨げられることになったとしても、扶養されるべきである。それどころか、もし仮に、自分の親と子供の両方が困窮状態にある場合でも、〔困窮した親の扶養という〕優先される責務のほうが、まず最初に果たされるべきである。

この〔慈愛という〕項目には、動物の扱いを含めてもよいだろう。動物に対しては、多くの子供達が咎めを受けることなく暴君ぶりを発揮しており、目の前にやってくるあらゆる昆虫を、それらが彼らに何の危害も加えないにもかかわらず、痛めつけたり、理由もなく殺したりすることに娯楽を見出している。もし子供達が昆虫の物語を語り聞かされ、昆虫の福利や働きに関心をもつように手引きを受けたら、子供達は昆虫に対して優しく接するだろうと私は確信している。〔編30〕実際そうであるように、子供達は人間を、創造における唯一重要な存在だと思っている。私はかつて、一人の女の子が気晴らしに蟻を殺すのを、アディソン氏による蟻の物語をその子の理解度に合わせて聞かせてやることで、止めさせたことがある。その後ずっと、その女の子は蟻を踏みつぶさないよう気をつけて、その共同体全体を苦しませることがないようにしていた。[編31] 昆虫や動物の物語は、子供らしい情念を目覚めさせ、人道精神《ヒューマニティー》を働かせる最初のものであり、それから関心は人間へ、そして人間からその創造主へと移っていくことになるだろう。

カード遊び

カード遊びは今や、上流の生活を送る若者や高齢者の間で不動の娯楽、敢えて言うなら彼らの仕事になっている。さんざん化粧に時間を費やして疲れた後で、花盛りの娘達はカード台に着席させられ、あの最も不愉快な情念が呼び起こされる。愛と優美さが華やかに戯れる顔に、強欲さが、白髪と皺を待つことなく滲み出る。精神の向上や、汚れを知らぬ陽気な遊びに使われるべき時間は、こうして打ち捨てられる。そして、もし賭け金が情念を刺激するほど十分な金額でなければ、その時間は退屈なまま過ぎ去り、深刻な悪徳をもたらしかねない生活習慣が身についてしまう。賭博については言うまでもなく、多くの人々は、失っても十

[編30] ウルストンクラフト『実話集』一〜三章を参照。

[編31]『ザ・ガーディアン』*The Guardian*, 10 September, 1713. ジョセフ・アディスン Joseph Addison は、特にその規律正しさと共同精神に注目しながら、蟻の社会に対する自分の観察を叙述している。ウルストンクラフト『若きグランディスン』*Young Grandison*, 1790 書簡三七では、これらの観察がこのような目的のために用いられている。

分大丈夫な限度を超えた額を賭けて遊ぶので、このことによって彼らの気質はひねくれたものとなる。カード遊びとは、怠惰な者と無知な者が人生をやり過ごすため、そして期待と恐れがごたまぜになった激情の嵐によって不活発な魂を覚醒した状態にさせるために、大挙して押しかける万人共通の避難所なのである。

「彼らには知られざるもの、官能的な快楽が飽きるほど満たされ、
物憂い休息がより鋭敏な喜びで埋められる時。
あの知られざる力は魂を炎へと高め、
あらゆる神経を捉え、全身に振動をもたらす〔訳9〕」

そしてもちろん、これは彼らのお気に入りの娯楽である。黙ったまま、くだらない注意力が必要であるらしい。そして人格の特性を引き下げ、せいぜいその性格に不真面目な傾向を与えるしかない小さな術策が、あまりにも頻繁に仕掛けられる。間違いなく、女の子達がカード遊び好きになるのを許すことほど、馬鹿げたことはありえない。若い時には想像力が活発で、新奇さがあらゆる場面に魅力を与える。快楽だけが突出するに等しく、柔軟な精神と温かい感情は容易に悪影響を受けてしまう。女の子達は、これらの気晴らしに事欠かない。こうした気晴らしは、品格があり分別のある人々でさえ、時として必要だと気づくものだが、それは彼らが人生を意に満たないものと捉え、快楽はかすかに見えてきた時には消えてしまうものだと知って、それをあてにできなくなった時のことである。青年時代は活動の時期であり、倦怠の中で失われるべきではない。知識を身につけ、健全な大志が鼓舞されなければならない。情念の引き起こす過ちさえも有益な経験を生み出し、能力を拡大させ、自分自身の心について知るよう教えてくれるかもしれない。最も光り輝

く精神の能力と、最も愛すべき精神の性向が必要としているのは、それらを成熟させ向上させるだけでなく、悪の濫用や悪い実例がもたらす感染の影響から守ってくれもする、教養《カルチャー》と適切な境遇なのである。

劇　場

この場所が与えてくれる娯楽は、一般的に最も理性的なものだと考えられており、現実に、教養を深めた精神にとってはそうである。とはいえ、あまり十分に成熟していない者であれば、劇場でうわべの装いを学ぶかもしれない。私達が賞賛する悲劇の多くは、あまりにも美辞麗句を連ねた雄弁と、情念の誤った表出に溢れすぎている。女主人公は、しばしば一〇年なり二〇年なり嘆き悲しんでいるという設定になっているが、それでもこの減じることのない悲しみによって、彼女の頬が青白い色合いを帯びているわけではない。さらに彼女は、あらゆる観客の胸に最も激しい情念を沸き立たせ、彼女自身の情念は時間とともに弱まることがない。情念の顕著な特徴は容易に写し取られ、その一方で、より繊細な特徴は見落とされる。父親〔のリア王〕が、「あの女性はわしの娘だと思う[編32]」と口にする時のコーディリアのあの驚きは、測り知れないほ

〔訳9〕オリヴァー・ゴールドスミス『旅人、あるいは交友の期待』Oliver Goldsmith, *The Traveller, or a Prospect of Society*, 1764, p. 12.

ど私を感動させてきたが、「涙が自分の罪を洗い落としてくれるまで」その中で暮らそうとする洞窟のことについてカリスタが説明するのを、私は感情に動かされることなく聞くことができた〔編33〕。

主要な登場人物《キャラクター》達は、あまりにもよく人間の本性を凌ぐものに高められるか、それ以下に落とされるように造形されており、このことで多くの誤った結論が引き出されている。演劇の主な効用は、私達に人格《キャラクター》の特性の見分け方を教えることにあるべきである。しかし、もしも善人は善で、悪人は悪だと白黒つけて考えるのならば、私達は大変表面的な観察者になってしまう。敢えて推測してみてよいだろうか。あらゆる人間には何らかの善良さの煌めきがあり、かの怒ること遅く慈悲深い父なる神は、この煌めきを向上させる機会を人間に与えてくださる、と私は考えざるをえない。人間は息をするのを止める前に、誤ってその煌めきを消してしまうかもしれないけれども。

死は、あまりにも軽い方法で扱われている。悲しいことが起きると、かなり性急に死を呼び込もうとするが、そのことから明らかになるのは、人生の主たる目的が十分に考慮されていないことである。罪に対するあの恐ろしい罰と、〔神の意志の表現として演出される〕自然界の天変地異は、あまりにも頻繁に観客に見せつけられている。ごく最近まで私には、舞台の上で死んでいく人を見る勇気さえなかった。いまわの際は、情念の表明のための時間ではないし、そうであることが自然であるとも私は考えない。その時、精神は恐ろしく掻き乱され、現世の取るに足らない悲しみなど考えられもしない。今の時代は感受性の鋭さが自慢げに語られるが、それにもかかわらず、舞台上の死は、タイバーン〔の死刑執行場〕まで犯罪人達についていく群衆に対して、この犯罪人の処刑がもたらすのと同じ効果を、上品な観客達に対して与えているように見える。

最悪の種類の不道徳が繰り返し吹き込まれ、王国や女主人公を失えば、生命〔永遠の運命を決めるべきもの〕が捨てられる。忍耐力と天の意志への服従、そして私達を社会にとって有用なものにする徳は、前景化されて考察の対象になることがない。さらに、それら〔の演劇〕は、無教養な精神を大いに喜ばせる、あの驚くべき運命の転換を引き起こすこともできない。俳優の大立ち回りは拍手喝采を浴びるけれども、シェイクスピアが大変素晴らしく描いてきた、あのほとんど気づかないほど微妙な情念の経過には、十分に注意が払われない。洞察力のある人を満足させるような悲劇はほとんど存在せず、人々の感受性は間違いなく損なわれると私は思う。

幸福な境遇に置かれた若い人々は、架空の苦悩の中へと容易に入っていくのであって、もし彼らの判断力を導いてくれる思慮深い人が一人でもいれば、彼らの心が和らいでいる間に、その判断力は向上させられるかもしれない。それでも私は、彼らの同情心の対象を、愛が引き起こした苦悩に限定するようにさせておこうとは思わない。おそらく、もし彼らが病気と貧困が絡み合った悲惨さを時折見て、国王ではなく物乞いの

〔編32〕『リア王』*King Lear*, act IV, scene vii, ll. 68–70. リア「どうか笑わんでおくれ、わしにはこの女性がどうしても娘のコーディリアのように思えてならぬのだが。」コーディリア「そうです、わたくし、わたくしです。」

〔編33〕ニコラス・ロウ『美女の懺悔』Nicholas Rowe, *The Fair Penitent*, 1703, act IV, scene i.「おそらくあなたは不憫に思い、ため息をつきながら言うでしょう。ついに涙が彼女のしみを洗い落としてくれるまで。」

ために涙を流すことになれば、彼らの感情はより有益な形でかき立てられるのではないだろうか。

喜劇は今や、何年か前にそうだったほどには非難されるべきものではなくなっており、慎み深い人々が下品なことを耳にしても、さほどの衝撃は受けていない。愚行が示され、虚栄があざ笑われると、〔観客にとって〕大変な向上をもたらすものになるかもしれないし、おそらく舞台とは、嘲笑が役に立つ唯一の場なのである。

私が述べてきたことは間違いなく、自分達を見せびらかして時間を無駄に使うためではなく、芝居を見るために出かける人々にのみあてはまる。最もくだらない娯楽でも、思考する精神には教訓を与えるだろうし、最も理性的な娯楽でも、空っぽの精神に対しては効果をもたないだろう。

役者達についての評言は往々にして、大変うんざりするものである。それは流行の話題だが、お粗末な話題である。十分な力量をもった判断者になるためには、際立った能力と本性についての知識が必要とされる。そして、作者の心の中に入り込まない人々は、この主題について自信をもって議論を交わす資格はないのである。

公共の場

この項目に私が挙げるのは、開かれていて誰かれ問わず、人々が多数寄り集まるようなあらゆる場所である。現在では快楽に対する大変な渇望があるようなので、逆境がものを思考するということを本来の位置に呼び戻さない場合には、ほぼ一日全体が〔楽しみ事の〕支度や計画、あるいは実際の放蕩に費やされる。孤独は耐えられないものに見え、家庭内の安らぎは馬鹿げたものに見える。そして、常に娯楽に耽るわけではないかもしれないが、精神は活力をすっかり奪われているので、何かそれに代わるものを見つけるために力を発揮することができない。衣装に対する途方もない偏愛が身につき、多くの上流の女性達が、夜の半分を使ってあの場所からこの場所へと出かけ、自分達の衣装を見せびらかし、ありふれたお世辞を繰り返し、何とかして自分のほうが輝いて見えるようにしようと、知り合い達の羨望の念をかき立てる。そのような場に夢中になっている女性達は、そうするべきであるよりも多くの時間を衣装に費やすに違いなく、より良いことに専心すべき時に、衣装が彼女達の思考を独占してしまうだろう。

申し分のない貴婦人の中に、人間性を高貴にするような情緒の特徴を、私達はなんとわずかにしか認めないことか！　もしその女性にいくらかでも母親としての優しさがあるとしても、それは子供じみた種類のものである。私達はこのような性格の人に近づかないように、用心してもしすぎることはない。このような女性は長年にわたって生きているのに、知性においてはいまだに子供であり、社会にとってあまりにも何の役にも立たないので、彼女の死はほとんど注意を払われないだろう。

放蕩は貧困をもたらすが、その貧困は、外見上の強みによって他の人々の空しい拍手喝采を浴びながら生きてきた者にとっては、じっと耐え忍ぶことができないものである。そのような外見上の強みは、彼女達が最も重要だと想像していたものであり、運命の逆転によってそれらを失うと、もちろん彼女達は誤った羞恥心で苦しむことになる。

若くて純粋無垢な女の子は、賑やかな社交の場に初めて加わると、その場がとても気分を高揚させるものだと知る。もしそうした場所に出席するような類の女性の振る舞いを観察することで、気分の高揚が抑制されないとしたら、彼女は歓喜の中でしばしば我を忘れてしまうだろう。〔とはいえ、〕そのような観察をした場合、なんと不快な一連の省察がその精神の中に生まれることか。その精神は、世界の悪徳と愚かさを早熟にも確信することを余儀なくされるのだ。〔すなわち〕純粋無垢はもう存在せず、したがって、もはやそこは楽園ではない。悪の害毒はあらゆる愉しみを汚染し、うわべの装いは軽蔑されるとはいっても、大変な伝染力をもっている、と。もしこのような省察が生じなければ、〔外見上の強みのための〕途方もない努力の後に続くのは物憂さであり、弱い精神は〔自分の〕想像の産物である苦悩の餌食に成り下がり、その苦悩を払いのけるために、この〔伝染〕病をもたらしたものを、治療法として受け取ることを余儀なくされるのである。

精神をくつろがせる娯楽について言うと、娯楽はそのようなものであるべきなのだが、ただし、リラックスしている時でさえ、私達は習癖を身につけている。観察が習い性になっている精神は、まったく怠惰になることは決してありえず、あらゆる場面で向上の機会を捉えることだろう。私達の探求と愉楽は、互いに同じ傾向をもつべきであり、あらゆる事柄がともに働いて、私達に純潔と幸福の状態にむけた準備をさせることになる。その準備のもとでは、悪徳と愚かさが私達の愉楽を汚染することはないだろうし、私達の能力は拡大して、自らの目的を見誤ることがないだろう。そして、私達はもはや「鏡におぼろに映ったものを見る

のではなく、はっきりと知られているように、はっきり知る」ことになるだろう。[編34]

［編34］『新訳聖書』コリント人への手紙一、一三章一二節「私達は、今は、鏡におぼろに映ったものを見ている。だがその時には、顔と顔とを合わせて見ることになる。私は、今は一部しか知らなくとも、その時には、はっきり知られているように、はっきり知ることになる。」

解説

『人間の権利の擁護』訳者解説

後藤浩子
清水和子

ウルストンクラフトの『人間の権利の擁護』は、エドマンド・バークの『フランス革命の省察』に対する反論として、『省察』の出版直後に刊行された。

著者メアリ・ウルストンクラフト（一七五九―一七九七）は、一八世紀のイギリスで女性の権利を主張した思想家として名の知れた存在である。一七五九年にロンドン郊外のスピタルフィールズに生まれ、父の仕事のために各地を転々として貧乏に耐えた。家業の失敗のために、若くしてバースの老婦人の話し相手《コンパニオン》役になる。その後、親友ファニーを助けるために裁縫をしたり、ファニーや妹のイライザと小規模な学校を開いて、生計を立てる。一七八四年にロンドンのイズリントンに開いた学校は、のちにニューイントン・グリーンに移り、そこでウルストンクラフトは非国教徒のリチャード・プライス牧師の親交を得る。

学校経営のかたわら、一七八七年、『娘達の教育について』（本書に収録）でデビュー。その後アイルランドのキングズバロウ子爵の家庭教師になるが、翌年職を失い、文筆で生計を立てる決心をする。一七八八年、『小説、メアリ』*Mary, a Fiction* をはじめ、つぎつぎと著作を発表。一七九〇年には、本書所収の『人間の権利の擁護』を出版し、一七九二年には、『女性の権利の擁護』*A Vindication of the Rights of Woman* を刊行した。その年、革命の最中にあったフランスのパリに旅し、アメリカ人の探検家で起業家、作家のギルバート・イムレーと出会い、同棲して第一子を出産。一七九四年、『フランス革命の起源と進展についての歴史的および道徳的見解』*Historical and Moral View of the Origin and Progress of the French Revolution* を出版。

一七九五年、ロンドンに戻るが、イムレーとの関係が破綻し、二度の自殺未遂を企てる。翌年、『スウェーデン、ノルウェー、デンマークの短期滞在中に書かれた書簡』*Letters Written during a Short Residence in Sweden, Norway, and Denmark* を刊行し、思想家のウィリアム・ゴドウィンと再会する。一七九七年、ウルストンクラフトとゴドウィンは結婚し、娘のメアリ（後のメアリ・シェリー）が生まれるが、九月、産褥熱のため死去した。

一、出版当時のフランス革命の進展状況

バークの『フランス革命の省察』は、ロッキンガム・ホイッグ派の政治家であった彼が、フランス革命勃発以後の国民議会の政策を批判して、ブリテンの国制こそ見習うべき模範であると国民議会のメンバーに手紙の形で諫言した書である。これが執筆、出版され、その直後にそれに対するウルストンクラフトの批判が書かれた時のフランス革命の進展状況を知ることは、この両者の議論を理解するうえで欠かせない。ここで

念頭に置くべき重要な点は、当時フランスで目指されていたのは立憲王政の確立であって、まだバークもウルストンクラフトも共和政樹立など――バークのレトリックには登場するにせよ――予想だにしていない状況だったということである。

財務総監ネッケルの罷免のニュースに刺激されたパリ民衆が一七八九年七月一四日にバスティーユ牢獄を占領して以降、全国的に「大恐怖」と呼ばれる騒乱が起こった。保守派もこの鎮静化を図る必要に迫られ、八月に入ると憲法制定国民議会では封建的諸特権の廃止が決議され、八月一一日に法令として可決された。この特権には、領主裁判権、狩猟の独占権、賦役などの人格的隷属を伴う領主権の一部などが含まれていた。同時に、復職した財務総監ネッケルから財政逼迫の現状報告と三〇〇〇万リーブルの借款の提案がなされ、この承認の是非が議論された。その中で何らかの担保の必要が指摘された時に、ラコスト侯爵が「教会財産は国民に帰属する」という見解を示し、教会財産を没収し国有化して担保とする手段に初めて言及したのである。彼はさらに、第一身分の特権であった十分の一税の無償廃止を提案した。激しい議論の末、後者の十分の一税の廃止は賛同を得てすぐに法令化された。

八月二六日には「人間および市民の権利の宣言」(「人権宣言」)が採択された。しかし、国王ルイ一六世はこれらの法令をなかなか承認せず、九月にはヴェルサイユに軍を呼び寄せ、当地の国民議会を威嚇する挙に出た。しかし、これに刺激されて一〇月五日から六日にかけてヴェルサイユ行進が起こり、結局国王は民衆に連行される形でパリに移り、八月一一日の法令と人権宣言を承認した。一方、国民議会ではタレイランによって教会財産の国有化が再び提案され、一一月に法令化された。だが、これによって聖職者は財産を没収され、路頭に投げ出されたわけではない。従来の特権に基づく収入源を失った聖職者のために、一七九〇年の七月に聖職者民事基本法が制定された。この法によって、聖職者は再編された八三の行政区である県ごとに選挙で選出され、国家から俸給を得る公務員となった。俸給は、司教は従来よりも減額されたが、司祭は倍増された。しかし、聖職者民事基本法では叙任式の際に課されると規定されていた国民、法、国王への宣誓義務を、一七九〇年の一一月に国民議会が二ケ月以内にあらゆる聖職者に課したことから、聖職者の宣誓拒否が続出した。さらにこの聖職者民事基本法に対しては、任命権を大幅に制限されたローマ教皇が一七九一年四月に反対の立場を公にした。

バークが『フランス革命の省察』を書いたのは、以上のように聖職者民事基本法が制定され、新しい行政区分が敷かれ、旧体制の社団的国家構造の改変が緒に就いたばかりの状況においてであった。まだ憲法の制定以前であり、国王もまだ国民議会に対して決定的な反旗を翻してはいない比較的平穏な時期だったのである。したがって、ウルストンクラフトにしてみれば、封建的諸特権の廃止と人権宣言、そして教会財産の国有化を、ヴェルサイユ行進で王妃が受けた侮辱と同じレベルで議論し、人間の共通の感覚に反するものだと訴えるバークに一種のいかがわしさと義憤を感じたのも無理はない。また、イングランドにおける教区主任牧師の放蕩（本書七三頁）や牧師補の職務の重要性と割に合わない俸給の低さの指摘が彼女の議論の中に出てくるが（本書六八頁）、その背後には、聖職者民事基本法などを見る限り、フランスの教会制度の変革がバークの主張とは反対に正義に適ったものであることを裏付けようとする彼女の意図が垣間見える。

二、人間の権利

『人間の権利の擁護』は、そのタイトルにもかかわらず、人間の権利の理論的根拠を体系的に論述してはいない。同時代の書評もタイトルと内容が一致していないと指摘している。とはいえ、上述したような執筆時の状況を考え合わせると、むしろ、ウルストンクラフトが「人間の権利」で意味しているのは、フランスの「人権宣言」における諸権利なのだと考えられる。人権宣言を否定してブリテン国制のもとでの臣民の権利の正統性と卓越性を主張したバークに対抗して、彼女は人権宣言を「擁護」しているのである。

「国民議会が人間の権利を承認した時、その宣言は、人間の心の琴線に触れるように作られました」（本書一一二頁）とあるように、ウルストンクラフトは人権宣言を念頭に置いて人間の権利を語っているのだが、具体的な引用や参照がないために、本書での権利への言及は、いささか論旨を捉えにくい散漫な印象を与えるものになっている。これを補うために、以下に人権宣言との対応関係を示すことで、彼女が人権宣言をどのように解釈したかを再構成してみたい。

「閣下、あなたに人間の生得の権利という、論争の的になっている権利を簡潔に定義してさしあげましょう。個々人は社会契約とその継続によって他の個々人と結合しているのですが、生得の権利とは、このように結合している他のどの個人の自由とも共存できる範囲での、市民的《シヴィル》かつ宗教的な自由です」（本書八頁）。人権宣言には「社会契約」という言葉はない。しかし、第二条では、政治的結合の目的が、各人が有する、時効によって消滅することのない自然的な諸権利の保全にあり、それら権利とは、自由、所有、安全および圧制への抵抗である、と述べられている。さらに、自由権について、第四条は、自由とは、他人を害しないすべてのことをなしうることにあり、同一の権利の享受を社会の他の構成員にも確保しうる限りで、各人は自然的諸権利を行使できると規定している。ウルストンクラフトの上述の生得の権利の説明には、この第二条と第四条の内容が反映されている。

ところが、ウルストンクラフトは、自由権に言及した直後に、この自由の権利を阻害してきたのは、「財産という悪霊」であったと言明する。「この単純で純粋な意味での自由は、財産《プロパティ》という悪霊が手近に存在し、人間の神聖な権利を侵犯して、正義とは相容れない恐ろしく壮麗な法で身を固めてきたために、私達の美しい地球上にこれまで樹立されてきたさまざまな政府において、まだ一度も具現されたことのない公正な観念である、と私は認識しています」(本書八頁)。冒頭近くでのこのような宣言は、かなり唐突な印象を与え、同時代の批判の的ともなった。しかし、人権宣言と照合してみると、彼女の念頭には第一七条が謳う所有権の不可侵とそれを制約する公の必要の問題があったのであろうことが推測される。興味深いのは、所有権の不可侵はこの宣言を待つまでもなくすでに従来の歴史において実現されてきたことであって、問題はむしろ公の必要つまり正義の観点からそれを制約する政府が一度も現れていないことだ、という彼女の認識である。所有権を自由権と対立するものとして捉え、自由権の保障という正義のために所有権が制約されて然るべきだという見地は、彼女が独自に人権宣言に付け加えたものであり、これは彼女の急進性の証左と言ってよい点である。

さらにウルストンクラフトは、従来「財産」と見なされてきたものは、実は多くの人々の真の所有権の侵害の結果生じたものだ、とさらに一歩踏み込んだ考察を加えている。とはいえ、残念なことに、この個々人の労働から生じる所有権が侵害されてきたことと「財産という悪霊」形成との連関が明示されるように彼女の論述は構成されていないので、ここで補足したい。「おそらく罪のない手から引ったくられ、正義と敬虔のあらゆる情操を極めて忌まわしく侵犯することで蓄積された財産が分配されることで、後代の人々はこれまでどのように損害を受けたのでしょうか」（本書一〇一頁）。つまり、人権宣言の第一三条が保障する、能力に応じた租税の平等な分担と、第一四条が保障する、課税の承認と使途の追跡、そして税の額、算出基礎、取立て方法、納税期間を決定する市民の権利がない状況で、王権と教会が税という名目で人々の所有権を侵害して獲得したものが、現在ある財産なのだ、と彼女は分析している。したがって、その再分配は所有権の侵害ではないし正義に反するものでもない。これは、バークとの論争の起点にあった教会財産没収についての彼女の是認の論拠でもあった。このように、現行の財産が孕む不正と虚偽を指摘したうえで、彼女は真の所有権の不可侵についての解釈を次のように示している。「自然が認め理性が是認する唯一の所有権の保障とは、自分の才能と勤勉によって獲得したものを享受し、その獲得物を自分が選んだ人々に遺贈するという、各人がもつ権利です」（本書四一頁）。

その他、本書にはウルストンクラフトが藪から棒に論題を提示して議論を始め、脈絡が掴めない箇所がいくつかあるが、それらも人権宣言の内容を彼女が暗黙裡に前提し、読み手もそれを踏まえていると想定しているゆえのことだと思われる。まず、狩猟法の話題（本書二五頁）であるが、これは上述のように、一七八九年のフランス革命勃発後まもなく、八月一一日に憲法制定国民議会が制定した封建的諸特権廃止の法令によって、領主権の一部としての狩猟の独占権が廃止されたことに由来している。加えて、人権宣言では第五条で「法律は、社会に有害な行為しか禁止する権利をもたない」と謳われている。自分の耕作地に侵入して作物を食い漁る猟獣を殺すことを耕作者当人に禁止する法は、そのような人間の権利を侵害しているのである。

また、強制徴募の話題（本書二一三頁）は、人権宣言第七条に関わる。そこでは、どんな人も、法律が定めた場合で、かつ、法律が定めた形式によらなければ、訴追され、逮捕され、または拘禁されないこと、また、恣意的な命令を要請し、発令し、執行し、または執行させた者は、処罰されなければならないことが定められている。このような身体の安全を人権宣言は保障している一方で、イングランドでは強制徴募によっていまだに身体の安全が公然と侵害されていることが暗に対比されているのである。また、縁故や買収で軍での地位を周旋してもらうブリテンの慣習への言及（本書二一二頁）は、人権宣言第一二条の、権利の保障に必要な公の武力は、すべての者の利益のために設けられるのであり、それが委託される者の特定の利益のために設けられるのではない、という規定と対比されている。

さらにウルストンクラフトは、この身体の安全の権利の侵害をバークの奴隷制容認にも関係づけている。「バーク氏はどのような原理に立ってアメリカの独立を擁護できたのでしょうか。…あなたは、最も貴重な人間の権利に対するこのような悪名高い侵害の後に生じる致命的な帰結や、そのような侵害が私達の完全無欠の国制のまさに正面にあるいまいましい汚点であることに十分に気づいていらっしゃるはずです」（本書二一〇—二一一頁）。バークは「アメリカとの和解についての演説」（‘Speech on Conciliation with America’, 22 March

1775）において、ブリテン政府が奴隷解放宣言をして、奴隷達をブリテン支持派の影響下に置くことで、北米のバージニア以南の奴隷労働を多用している植民地の人々の高い貴族的精神を挫くべきという提案があるが、このような案には同意できないと明言している（*WS* III 131＝『論集』195）。バークは、その理由として、奴隷達は往々にして主人に愛着を感じており、大胆に自由を与えても必ずしも受け入れられず、また、自由人を奴隷にするのが難しいと同様に、奴隷に自由になるように説得することは難しい、と述べているが、これはすなわち、敢えてブリテン政府側について自らを解放しようとする多くの奴隷がいるとは期待できないから、ということである。この演説の中でバークは、一方で、植民地の住民を、イングランドという出自ゆえの熾烈な自由の精神をもっていると賞賛し、他方で、上記のように、自由になる能力がない人間を想定しているのである。ウルストンクラフトの「どのような原理に立って」という問いは、この点を突いている。

とはいえバークは、政治的な都合ゆえの、文明化なき奴隷の即時解放に反対していたのであって、漸進的解放の実現にはかなり関与していた。ウィリアム・バークとの共著『アメリカにおけるヨーロッパ植民に関する概説』第二巻では、特に西インド諸島の奴隷達が過酷な処遇と労働条件のもとにあり、死亡率も高いと訴えている（*An Account of the European Settlement in America*, 1760, vol. II, pp. 128–29）。一七八〇年には、『黒人保護法概略』*Sketch of the Negro Code* において、（一）アフリカ貿易の船の条件を規定すること、（二）アフリカを文明化するという任務を貿易に課すこと、（三）西インド諸島における奴隷の条件に規制を課すことなどを詳細に述べ、奴隷貿易をより人道的にする方法を探っている。また、バークは、一七八九年にウィリアム・ウィルバーフォースが庶民院に提出した奴隷貿易廃止法案を支持して演説している（'Speech on Abolition of the

African Slave Trade', 1789)。『省察』出版後の一七九一年春以降、フランスでは国民議会にサン・ドマングからの代表者が参加し、その後、人権宣言のもとでの奴隷解放の実現に至った。バークは、再度、一七九一年ウィルバーフォースらと奴隷貿易廃止法案を提出し、翌年には『黒人保護法概略』を内務大臣ヘンリー・ダンダスに送り、文化的教化を通した漸次的解放政策を提案した。「あなたは、…十分に気づいていらっしゃるはずです」というウルストンクラフトの言葉からは、漸次的奴隷解放というバークのスタンスを彼女も認識していることがうかがわれる。

バークが『フランス革命の省察』を著したきっかけの一つが、リチャード・プライスの一七八九年一一月四日の講演における以下の三つの権利の主張であった。すなわち(一)宗教に関する良心の自由の権利、(二)濫用された権力に抵抗する権利、および(三)人民の統治者を選ぶ権利、特に不正のあった時に当事者を変え、人民自ら政府を作る権利である(*A Discourse on the Love of our Country*, 1789 ; reed., New York : Woodstock, 1992, p. 34＝永井義雄訳、四八頁)。プライスは、名誉革命が正当化される根拠となる、ブリテン国制が認めている権利としてそれらを挙げて、名誉革命を祝福したのだが、バークはむしろフランス革命の擁護でありブリテン国制の誤った解釈と捉えた。ウルストンクラフトは、人民は統治者を選ぶ権利をもっているし、それはかの名高い法学者ブラックストーンも認めていることだとして、次のように述べている。「バーク氏が非常に敬服しているブラックストーンは、グレート・ブリテンの王位継承が人民の選択に依拠しているという点、あるいは人民は王位継承を遮る権力をもっているという点で、プライス博士に同意しているように思えます。しかし、この権力はより適切には、権力というより**権利**と名づけうるものです」(本書三二頁)。

ここでの権利は、人権宣言の第六条が保障する市民の立法参加権に対応すると思われる。そこでは、すべての市民は、自ら、またはその代表者によって、一般意志の表明である法律の形成に参与する権利をもち、すべての市民は、法律の前に平等であるから、その能力にしたがって、かつ、その徳行と才能以外の差別なしに、等しく、すべての位階、地位および公職に就くことができる、と規定されている。

この後段部分は、人権宣言第一条が、人は、自由、かつ、権利において平等なものとして生まれ、生存する、と謳う平等権に対応する。「一人の人間の命に課された罰金がほんの数マルクにすぎず、金持ちの所有物が侵害された時──私は私達の本性の堕落を発見して恥じ入りますけれども、例えば一匹の鹿が殺された時──には〔鹿の〕死の代償として死刑が課される時代がありました。私達は、人間の権利をそのような時代の中に探し求めるべきなのでしょうか」（本書一六頁）と彼女はバークに問い、平等を保障したことがないブリテン国制に私達が依拠しなければならない理由などないと主張する。

以上が、人権宣言を軸としたウルストンクラフトの人間の権利の議論の再構成だが、片やバークは、社会の階級は「自然の秩序」であると述べ、それを変えたり倒錯したりする水平主義者はかえって不合理なことをするという。水平にしようと企てるものは、決して平等にはしない。様々な階層のあるすべての社会において、ある特定の階層が最上位になくてはならないと主張する。美容師やろうそく職人がもし支配者になったなら社会は抑圧されると言い、「自然」に対する挑戦をしてはならないと語る（*WS* VIII: 100–01 :『省察』63–64）。

このようなバークの階級観の裏には、理性を鍛錬し担う階級と自然のまま感性的存在であり続ける階級の二分があり、それによってこそより良い調和が生まれるという合理化がある。ウルストンクラフトは、「自己の理性を鍛錬した唯一の人々であった司祭」が賢くも気づいたことは、せいぜい人々に「理性の提案を聞き自力で救済策を講じるよりも、自分の堕落した欲求に溺れたまま赦免のために法外な代償を払うほうがより便宜的である」と悟らせて、教会に莫大な財産を入手して自分の強欲を満たす策略にすぎない（本書七八頁）、とバークの階級観の無意味さを皮肉っている。これはかなり辛みの効いた巧妙な一撃だが、彼女はさらにバークの理性観に分け入って急所を突くことで、その階級観の妥当性を崩壊させようと試みている。一見、バーク個人の精神のあり方や彼の認識論を分析しているような語り口なのだが、本人もバークの「意見の土台を批判」すると言っているように（本書八頁）、これはひらりと飛び上がって頭上から一撃を加え、そのまま胴まで一気に貫くような、一挙に本質を突く見事な戦略なのである。

三、理性

『崇高と美』の序文において、バークは「想像力と情念が問題になる限り、理性はほとんど相談を受けていない。もっとも、気質、端正さ、調和などの要素が問題になる場合には、知性が働く」（WS I 208–9＝『崇高』32）と述べている。彼は理性を想像力を縛る「不快なくびき」とすら定義する。「判断力が用いられるのは主に、想像力の行く手に躓きの石を投げ込み、想像力の魅惑する場面を掻き乱し、そうして私達を理性という不快なくびきに縛りつける時である」(*WS* I 207–8 = 『崇高』31)。上述のように、バークは貴族や聖職者を理性を担うべき階級としたが、彼の中では、理性は箍をはめる役割をもつ、不可欠ではあるが積極的な意味はもたないものにすぎない。

バークは、想像力の飛躍のためには、理性よりもむしろ趣味の洗練が必要だと考える。趣味とは想像力に基づく作品や優美な諸芸術の作品の判断を司るものである。そして、「私達が通常趣味と呼んでいるものを構成している属性」(*WS* I 206 = 『崇高』29)は、感覚の鋭敏さ、すなわち感受性といわれるものである。ウルストンクラフトは、バークが理性を感受性から単純に切り離したことを批判する。「尊敬は愛を冷却すると閣下が私達に教えてくださったことからすれば、あなたの見事な飛躍のすべてはご自身の感受性を甘やかしすぎたことから生じていて、あなたが身体器官のこうした想像上の優位にうぬぼれてあらゆる情動を助長した結果、その頭脳はのぼせあがって、理性の冷静な示唆を蹴散らすまでになっているというのが至極もっともな結論です」(本書七頁)。そして、バークの理性の軽視はバーク自身が蔑視している大衆の側にその身を置かせることになるだろうと示唆する。「仮にあなたがユダヤ人だったとしたら、あなたは「彼〔イエス〕を十字架につけよ、彼を十字架につけよ」という大衆の叫びに加わっていたことでしょう」(本書一八頁)。彼女のこの指摘は、たんにバークの美学的認識論や個人的気質の批判に留まらない。バークにおいて身体器官は社会体にも敷衍されるからである。もし社会体において、情動(大衆)と理性(貴族・聖職者)という構成要素の二分を認めるならば、制御や調和どころか、のぼせあがった大衆の頭脳は理性を蹴散らすことになる。

ウルストンクラフトにとって、理性は個々人の精神の中で育まれ、情動を鎮めるようにならなければならない。彼女は「良心や理性──私の見方からすれば、同義語なのでどちらでもよいのですが」と述べている（本書一二頁）。つまり、理性という潜在態《デュナミス》が、個々の場面において良心という現実態《エネルゲイア》として現れ情動を制御するといった関係であると考えられる。ウルストンクラフトは、理性とは個々人に不可欠な道徳的機能であり、その欠如は狂気と荒廃した無秩序状態に陥ると述べている。「貧困、恥辱、さらには奴隷のような隷属でさえも、有徳な人であれば耐え忍ぶかもしれません。彼はなお歩き回る世界をもっているのですから。しかし、理性の喪失は道徳の世界では途方もない欠陥であるように思われます。これによって、探究することができなくなり、啓蒙されることもなく、卑しめられます」（本書四八頁）。

センセーションと情念が渦巻く心の中で、「最初の直観的な一瞥」で生じた感情が道徳的真理の形式すなわち徳を見分け、正義という公正な割合を見出すはずだと主張するバークに対して、ウルストンクラフトは、心の中の統合された感情こそ、潜在態の理性を活性化する太陽であり、この両者の相互作用があって初めて徳が形成されるのだと主張する。「燃え立つ炎の中で統合された心の感情が…生気を生み出す太陽になります。そして、この太陽が感情を吹き込んで受胎させ活気づけなければ、理性は途方に暮れた活動停止状態に置かれ、決してその唯一の正統な子孫である徳を生み出すことはないでしょう」（本書五八頁）。

以上のように、徳とは理性を働かせて「実際は個人が習得するもの」であって、「無謬の本能の盲目的衝動ではない」とウルストンクラフトは主張するが、この主張の射程は、バークの美学的・道徳的認識論だけではなく、彼の階級社会の是認の論拠にまで及んでいることを見逃してはならない。

四、擬態

正直言って、『人間の権利の擁護』はかなり読みにくい。主軸はバークの議論に対する批判であるが、その先に彼女自身の主張を体系だって展望することがなかなかできない造りになっている上に、文意を極めて解釈しにくいからであろう。メアリの夫のゴドウィンもこの本に一種の雑駁さを認めたようで、経済的逼迫と出版社から急かされたせいもあって、ウルストンクラフトはあまり推敲もせずに「全体が完成する前に」原稿を印刷所に送っていた、と後年本人に代わって弁明している（Godwin, *Memoirs*, 1798 ; reed., New York : Woodstock Books. 1993, pp. 75-6＝白井厚・堯子訳『メアリ・ウルストンクラーフトの思い出――女性解放思想の先駆者』一九七〇年、未来社、七〇―七一頁）。

しかし、何度も読むに、『人間の権利の擁護』は、そのくねくねした蛇状曲線の中に、ある底無しの深みが潜んでいるのではないかという印象を抱くようになる。それはゴドウィンも同時代の書評者達もおそらく気づいていないものであるが、「ペチコートを着たハイエナのような女」というホラス・ウォルポールの揶揄は、漠とした形ではあるが彼女の狙いが読み手に感知されていたことを伝えている。

『人間の権利の擁護』の初版は匿名で出された。当時の政治文化では、雄弁術が非常に重んじられ、その重要なポイントは機知あるレトリックを即興で自由自在に繰り出すことにあった。一方、当然聞き手も、このレトリックを解するためには多重な意味と個々の言葉の関係づけの妙を理解できる幅広い教養をもたなければならず、これらの能力を携えてこそ、公論の場に参加できたのである。ウルストンクラフトは、そのような機知あるレトリックと教養が公論に参画する「男性の筆」の必須要素であることを重々自覚し、過剰なまでにレトリックを駆使し、意味を多重化し、古典への造詣の深さを垣間見せるべく引用や言及を頻繁に行った。それは、編者注で挙げられた文献に明らかであろう。

ウルストンクラフトの多義的な言語使用の例として、「心的留保（mental reservation）」（本書一八頁）を挙げておこう。この言葉は、主に決疑論の中で、正義と正直さが対立する場合の嘘の是非についての議論から生じてきたものである。広義の心的留保とは、幾通りにも解釈できるような曖昧な表現を故意に使うことであり、狭義のそれは、真実の一部は声に出して語るが、他の部分は心の中でのみ語るというものである。イングランドでは、テューダー朝以来のプロテスタントとカトリックの抗争があったので、特にカトリックの中では容認されたが、一六七九年にローマ教皇インノケンティウス一一世がこの心的留保容認論を弾劾した。一八世紀末になって、ユニテリアンのジョセフ・プリーストリ Joseph Priestley やジョージ・クラーク George Clark のパンフレットの中に、「心的留保」が出てくる。非国教徒の審査法廃止運動が活発になった一七八九年に、クラークはジョセフ・ジョンソン Joseph Johnson 書店から『神の単一性の擁護』*A Defence of the Unity of God* を出版した。その中で彼は心的留保に言及し、プリーストリも三位一体説擁護論を論駁した手紙の中でクラークのその心的留保の一節を引用している。そこでは、審査法が要求する就任宣誓の際に、祈祷書が定める内容を字義と文法としては「認めます」と言い、それらの言葉の一般的に共通に理解されている意味については同意せずにすませることが心的留保と表現されている。本書の一八頁の本文では一つの意味の取り方のみを示しておいたが、その文章はreservationを別の意味にとると「ご自身の敬虔な気持ちの一部を隠して公言しない自分を許すことをあなたは精神的に躊躇しているのでしょう」とも読めるものである。バークの親カトリックの心情を仄めかすと同時に、まさに、多義的表現（equivocation）という広義の心的留保の実例を彼女は何気なく示しているのだが、このように瞬時に働く彼女の機知の鋭敏さは驚くべきものがある。

しかし、ウルストンクラフトは、たんに男性の筆に見えるように書こうとしたのではないようだ。『人間の権利の擁護』の文章は、男性のように書こうとして力みすぎ、力余って難解になったという意図せざる結果のレベルを超えているように思われる。むしろ、彼女は意図的に、当時の雄弁術の最高峰であったバークの語り口を過剰に模倣することで、人々が崇めている雄弁術を無意味なもの、馬鹿馬鹿しいものへと転化させること狙っていたのではないだろうか。バークに対して「あなたのような語り方を私ができないわけではないので実際にやってみましたけれども、これがなんだというのでしょう」と高笑いしているウルストンクラフトが想像できる。後述するように、当時の書評も軒並み、その論旨のわかりにくさや多重性による意味の取りにくさを指摘しているが、彼女にすれば、男性諸君、あなた方に理解できますか、と彼らの教養に挑んでいるのだから、そのような指摘はむしろ歓迎すべきものだったであろう。

このウルストンクラフトの試みは、ホミ・バーバの「擬態《ミミクリ》」という概念のもとに捉えてみることもできる。この擬態とは、被植民者が認識可能な他者としての植民者を模倣して植民者のように振舞うが、完全な同一化は果たされず、二重化された主体となることを意味する。実は、バーク自身が他者として自覚されたイングランド人への同一化の努力という典型的な擬態を演じているのであり、したがって、ウルストンクラフトはこの擬態をさらに模倣して笑いものにするという倍化された「ふざけた物真似《ミミクリ》」を仕掛けていることになる。

またクリステヴァ流に読むと、ウルストンクラフトの論理化される前の混沌とした原記号は、バークの記号象徴態を破壊しようとして出現したかのようだ。ル・セミオティック（原記号態）を形成する欲動は激しく変化しながらも枠をはめられている動性のなかで、欲動とその鬱滞から形成される、表現的ではない全体性、すなわちコーラと呼ぶものを分節する（原田邦夫訳『詩的言語の革命　第一部　理論的前提』勁草書房、一九九一年、一五頁）。例えば彼女は、バークに修辞の花々で飾るのをやめて、一緒に理性を働かせましょうという。「ある錆びついた有害な意見をもしあなたの機知が磨き上げ、嘲りという浅い流れを理性の流れに似るほどにまで増水させて、おこがましくもご自身を真理の試金石であると見なさなかったとすれば、私はあなたの矛盾を指摘するために、そのような混乱状態に手を出すことはなかったでしょう」（本書八頁）。しかし、そういう彼女の文章もかなり修辞的である。例えば、バークの意見の土台は批判するが、「その上部構造は放置して、それが重力の中心を見出して傾くに任せ」、「やがて強力な突風がその構造を散り散りに吹き飛ばす」とか、バークの円熟した判断力に欠ける空想が「新たに中国風の建物を作り出」すが、その「空虚な建築物」は「馬鹿げた大建築」である、という描写である（本書八頁）。また、バークの「生得の情操」を、「それは泥と腐敗物が萎えた土壌を肥沃にするときのナイル川の岸辺に群がる昆虫のような、愚劣の群れではないでしょうか」と批判する場面（本書六二頁）もかなり修辞的である。理性を語りながら、理性的でない書き方をするという彼女の矛盾。そこには女性の自我の確立に向けた始動を意味する理想と、かたやセミオティックの次元に留まろうとする破壊力に満ちた現実との矛盾があり、それが孕むエネルギーがこの書を書かせたとも言えよう。ウルストンクラフトは意味を生成する深層を垣間見せることによって、意味生成作用の肉体と結びつく領域であるル・セミオティック（原記号態）を噴出させ、ル・サンボリック（記号象徴態）を破砕し、ある巨大な表象文化の根元を揺さぶっていると言えるだろう。

五、同時代の書評とバーク本人の反応

当時、出版された書評のうち以下の六本が補足資料としてマクドナルド D. L. Macdonald 編の *The Vindications*, Broadview Press, 1997 に転載されている。さらにもう一本、*New Annual Register* 誌の書評のＰＤＦがＷＥＢ上で閲覧可能である。（https://babel.hathitrust.org/cgi/pt?id=nyp.33433082425053&view=1up&seq=567）

Analytical Review, vol. 8（1790）, pp. 416–419.
Critical Review, vol. 70（1790）, pp. 694–696.
English Review, vol. 17（1791）, pp. 56–61.
General Magazine and Impartial Review, vol. 4（1791）, pp. 26–27.
Gentleman's Magazine vol. 61, pt. 1（1791）, pp. 151–154.

Monthly Review New Series, vol. 4（1791）, pp. 95–97.
New Annual Register, vol. 11（1790）, pp. 237.

では、以下に書評の概要を紹介する。引用後の括弧内は、マクドナルド編 *The Vindications* の頁数である。

まずは、ジョセフ・ジョンソンが発行していた『アナリティカル・レビュー』*Analytical Review* 誌である。この雑誌は『人間の権利の擁護』の発行元から出されているので、批判というより内容紹介に近い。筆者が率直に非難している相手であるバークに見られるのと同様の、本来のテーマからの多くの脱線があると指摘されてはいるが、それは「好ましく、興味深い」とされ、「我々は心から彼女の所見の人間愛と正義感に共鳴する」という賛辞が述べられている（p. 418）。ゴドウィンなどが寄稿していた、同時期に出された『ニュー・アニュアル・レジスター』*New Annual Register* 誌でも、「バークと同様に、彼女の著作の主旨からの数多くの逸脱があるが、読者は心地良く知を向上させながら彼女の話の筋を追うことができる」（vol. 11, 1790, p. 237）と好意的に評されている。

しかし、「仲間うち」ではない雑誌の書評は、かなり辛辣であった。匿名で出版された初版に対して、まず最初に『クリティカル・レビュー』*Critical Review* 誌が表題と内容が一致していないと批判した。そこでは、人間の権利についての論述はわずかな部分にすぎず、むしろ内容はバークへの激しい批判とプライスへの温かい賛辞であること、しかも、「著者は自分が書き始めに使った隠喩をその文の最後で忘れている」ほど、活発にまくし立てる言葉使いだ、と評されている（p. 419）。また、筆者を「紳士」と同定したうえで、『人間の権利の擁護』での生得の権利の主張、フランス国民議会の可能性の擁護、そしてイングランドの古来の国制形成過程の解釈という点で「間違いに陥っている」と書評者からの反駁がなされている（p. 420）。プランタジネット朝からテューダー朝までの時代に国制の原則が形成されたという見解は誤りであって、むしろそれらの時代には国制は看過され顧みられていなかったと書評者は指摘し、生得の自由な権利を見出したいのであれば、筆者は法のない太古の（ヨーロッパ中央部に広がっていた）ヘルシニアの森を探すべきだったと皮肉を付け加えている。

著者名が載った第二版以降に出された『イングリッシュ・レビュー』*English Review* 誌は、ウルストンクラフトがその語調の力強さや明快さを誇示するためではなく、道義心から本書を書いたのだろうと評価している。そして、『クリティカル・レビュー』誌とは逆に、『イングリッシュ・レビュー』誌は、イングランドの慣習や現行の制度を我々の権利の根拠とするバークに対して、ウルストンクラフトが、もしそうであれば「それらの源をノルマンの征服者達が自分達の相互の安全を確保し、征服された従属民を永遠の無知と貧困の中に置き続けるために作った法に求めなければならなくなる」と論駁した点を賞賛した。「このことは、自分自身の安全保障の意識、そして他人の幸福への無関心、というより一般の政治参加で何か失いはしないかという恐怖によって、まだ茫然自失していないあらゆる人の心を納得させるに違いないほど活発で強い調子で提示されている」（p. 421）。加えて、長子相続制批判も同様であると肯定的に評価している。ただ、ウルストンクラフトが、バークはアメリカ独立を支持したのにフランス革命を批判するのは一貫性に欠けると批判した点については、前者においてはヒエラルキーが転覆されたわけではなく、変化の度合いが違うので、この批判はあたらないとしている（p. 422）。また、この書評者は文体について、ウルストンクラフトが、バーク同様に、「あまりに頻繁に脇道に逸れ、時には主題とかなりかけ離れる」ことがあると指摘しているが、「このような逸脱は、常に適切ではないとしても、巧妙でよく計算されている」と評価し、「女性が男性的な主題について書くことを企て、ウルストンクラフト嬢が実際にやっているように道理を説く場合には、我々は彼女達の言葉使いがあらゆる女性的な可愛らしさのないものであることを望む」(p. 422) と総じて好意的である。

ところが、『ジェネラル・マガジン・アンド・インパーシャル・レビュー』*General Magazine and Impartial Review* 誌は、ウルストンクラフトの文章を極めて辛辣に批判した。彼女の著作は、「公衆の精神に、多くの不器用なからかいや無益な皮肉を供給する」扇情的な輩を生み出し、それらのジョークは「低級で、淫らで、貧相で、正直言って賢いというより機知に富むこのパンフレットを売る助けにはなったかもしれない」と、この書評は怒りを露わにし、毒を含んだ賛辞を贈っている。「それでも、彼女の雄弁、彼女のからかい、彼女の精神を我々は賞賛する。彼女は普通の言語運用力をもち合わせていない。彼女の攻撃は一般的に彼女の敵対者の正体を暴くか敵対者を笑いものにすべくうまく計算され、かなり成功している」(p. 423)。また、ウルストンクラフトの人間の権利の主張は、人間の不完全性を看過して理性に過大な敬意を払い、結局はアナーキーに至るものだと批判している。

『ジェントルマンズ・マガジン』*Gentleman's Magazine* 誌も同様に、辛口の批判を展開した。特にウルストンクラフトの「財産という悪霊」と富者の告発について、誌面を割いて反論している。「父が自分の財産を浪費するとしても、その子供は不満を述べるどんな権利ももちません」というウルストンクラフトの一節を引いて、これは「新しい教説だが、我々はこれを財産の不平等な分配以上にはるかに危険なものと考えざるをえない」と揶揄している（pp. 424–425）。また、利己心と富者の財産保障の起源が古代のギリシアやローマにあるとしたウルストンクラフトに対して、「ウルストンクラフト夫人、恥を知りなさい！　あなたは、民衆政治があらゆるあさましい情念の奴隷だったのを知らないのか、あらゆるギリシアやローマの歴史がそれを我々に教示していないというのか」と書評者はたたみかけるように論駁している（p. 425）。また、ブリテン国王を侮辱したバークには、フランス国王を侮辱した廉で民衆を批判する資格などないというウルストンクラフトに対して、この書評者は、彼女自身にも王権に対する「子供じみた」不遜で横柄な態度があることを指摘し、さらに「我々の新しい哲学者」と嘲りつつ、彼女の理性信仰を批判している。「なぜこれらの理性の信奉者達は、自分の子供達と、最初に眼前に現れて義援を請う物乞いに、均等に自分の財産を分与することで、財産という悪霊を追い立てる例を示そうとしないのだろうか」（p. 429）。また、この書評者はウルストンクラフトが女性であることをかなり意識して尊大な調子で、「最も優しい母である最も不幸な妻」と「黒人を拷問する貴婦人」、そしてバークの女性論に関する大言壮語から、首尾一貫した女性像はまったく見えず、それは「我々の理解を超えている」と述べ、ウルストンクラフトの女性の現状の描写はまったく辻褄が合わないと論駁している（p. 427）。

『マンスリー・レビュー』*Monthly Review*（New Series）誌の書評も、まず最初に、ウルストンクラフトの叙述のわかりにくさを指摘している。ある特定の問題を議論している際に、余計なあれやこれやのことを思いついてはそれらを書き加えてしまうので、「著者も読者も共に」迷うことになる。これが頻繁に『人間の権利の擁護』では生じているというのである。「彼女は文の中に当面の問題に関係のない発想や多重の言葉を詰め込みすぎている。彼女の主要な主張はしばしば縁遠いつながりや従属関係やほのめかしの中に隠されたままになっていて、時にははっきりさせるというよりむしろぼんやり曖昧にする修辞や比喩を伴っている。すべてがそのような多数の詰め込みの中であまりに混交し区別がつかなくなっているので、一つの個体を区別するのが困難なのである」(p. 429)。このように書評者はウルストンクラフトの文体が明快さを欠いている原因を指摘している。この文体の分析は、書評者自身は否定的な意味を込めているにせよ、上述したような、バークの雄弁術をあざ笑うウルストンクラフトの「ふざけた物真似《ミミクリ》」という新機軸をまさに示しているとも言えるだろう。とはいえ、この書評は、本書の内容については、多くの賢明な所見がある、とかなり好意的である。さらに書評者は、この著作はバークの古来の慣習や先例に対する度を超した崇敬が行き着く不合理な帰結を適切に指摘していると評価し、その語調の激しさはあるにせよ「我々はこの欠点は、非常に才気溢れる著者の心を駆り立て筆を導いている自由と人間性と徳への熱烈な愛によって十分に埋め合わされると考える」という温かい激励の言葉で締めくくっている(p. 430)。

さて、ではバーク自身は、どのように『人間の権利の擁護』に反応したのだろうか。D・オニールは、当時のバークの書簡を引いて、恵贈されたが読んではいなかった、と指摘している(Daniel I. O'Neill, *The Burke-Wollstonecraft Debate*, The Pennsylvania State University Press, 2007, p. 195)。しかし、当時の事情はもっと複雑であり、それを理解するためには、バークが見ている「自国」とウルストンクラフトのそれが決定的に違うことをここで指摘しなければならない。ウルストンクラフトが『人間の権利の擁護』の中で、「我が国」という言葉でイングランドを意味しているバークに対して「自国」(our own country)と言うことで、あなたはイングランド人ではないのにと当てこすっていること(本書一三頁)や、『娘達の教育について』の中でスウィフトに侮蔑的に言及していること(本書一七三頁)からわかるように、イングランドの国制を語る彼女の眼中にはアイルランドは入っていない。ところが、バークにとっては、イングランド国制を受容した国であるにもかかわらず、その国民の四分の三がカトリック処罰法によって参政権や所有権を剥奪されているアイルランドが常に念頭にあった。バークは、審査法によって参政権を制限されている非国教徒プロテスタントがカトリックと連携して「生得の自然権」を根拠に参政権獲得運動を展開することを非常に恐れた。彼には、アイルランドのカトリックがイングランドの国制の尊重と国王への忠誠をアピールすることによって、臣民として保護される権利を主張したほうが、はるかに安全で現実的な策だと思われたからである。しかし、一七九一年二月にはアイルランドのカトリック一般委員会がカトリック解放運動に向けて始動し、翌三月にはトマス・ペインの『人間の権利』が出版された。当時のバークにとっては、カトリック解放運動が自然権を主張する急進的運動に取り込まれるのをいかに防ぐかが焦眉の課題であった。バークはアイルランドのカトリック一般委員会に接近し、息子のリチャードをロンドン代理人として組織に送り込み、直接国王からの恩赦を得る形でのカトリック解放実現に乗り出したのである。ウルストンクラフトへのバークの反応が見られないのは、一つにはこのような差し迫った事情による。あくまでも、バークにとってウルストンクラフトは、カトリックをかどわかす忌まわしい非国教徒プロテスタントの先鋒だった。ウルストンクラフトが放った矢の真の的を彼が見定めた形跡はない。

『人間の権利の擁護』の研究史

梅垣千尋

現在、メアリ・ウルストンクラフトという名前は、必ずと言ってよいほど「女性の権利」という言葉と結びつけて語られる。[1]『女性の権利の擁護』を知ってはいても、その二年前に書かれた『人間の権利の擁護』を知らないという人は、さほど珍しくないかもしれない。この状況は、彼女が生きていた一八世紀末の当時とあまり違いがなさそうである。彼女の死の翌年、夫のウィリアム・ゴドウィンが出版した伝記に『女性の権利の擁護』の作者の思い出』という題名がつけられていたことからも、そのことはよくわかる。[2]

実際、『人間の権利の擁護』は一九世紀から二〇世紀前半にかけて、ほとんど忘れ去られた著作であった。[3] ゴドウィンの赤裸々な伝記の影響でウルストンクラフトの悪評が広がったのち、彼女が長らく知る人ぞ知る存在になっていたことを考えれば無理もない。しかしその後、特に英米で「ウーマン・リブ」と呼ばれる女性解放運動が盛り上がった一九七〇年代頃から、ウルストンクラフトは「フェミニズムの先駆者」として次第にその知名度を高めていく。そして、当初『女性の権利の擁護』に集中しがちだった研究者の関心は、やがて他の著作へと向かい始め、一九九〇年代頃からは『人間の権利の擁護』の本格的な研究も数多く発表されるようになった。

その要因としては、ジャネット・トッドとマリリン・バトラーの編集による『ウルストンクラフト著作集』が一九八九年に刊行され、マイナーな作品を含む彼女の全著作がより容易に読めるようになったという背景もあっただろう(4)。さらに、ウルストンクラフト研究を取り巻く学問分野、つまり思想史、英文学、政治哲学といった各分野の内部で進んでいた方法論や関心の変化もまた、研究者達を『人間の権利の擁護』へと誘《いざな》う要因になったように思われる。以下では、こうした『人間の権利の擁護』の研究史を、大きく四つの領域に分けて辿ってみたい(5)。すなわち、フェミニズム的関心に基づくウルストンクラフト研究、革命論争に関する思想史研究、レトリック・文体についての文学的研究、政治理論・政治哲学研究の四つである。

一、フェミニズム的関心に基づくウルストンクラフト研究

ウルストンクラフトという個人の伝記研究やその思想の発展過程を跡づける研究を、ここでは「ウルストンクラフト研究」と呼ぶ。この領域では概して、苦難の人生を歩んだ女性、ないしは「フェミニスト」としてのウルストンクラフトに関心の中心が置かれ、『人間の権利の擁護』の扱いは、どちらかと言えば二次的なものにならざるをえない。

一九七〇年代頃までの伝記研究は、むしろ多くの場合、『人間の権利の擁護』という作品をどのように扱ったらよいのか当惑している感さえある。例えば、ウルストンクラフトの存在を「発掘」した伝記研究と

して名高いラルフ・ウォードルの『メアリ・ウルストンクラフト——ある批評的な伝記』（一九五一年）は、この作品を感情の先走りの産物と捉え、とりとめのない文章への失望を吐露している。ウォードルによれば、ウルストンクラフトは「バークの『〔フランス革命の〕省察』に見合った注意深い論理的な分析を書くことができず」、「結局のところ、統治が基礎を置く理論については、自分の語るべき新しいことや独創的なことが何もないと気づいたに違いない。」[6] つまりはバークを相手に政治を論じること自体、彼女の身の丈に合っていなかったということだろう。しかし、これは後年の研究で、バイアスのかかった見方として批判されることになる。[7]

『人間の権利の擁護』に独自の意義を認める研究の嚆矢となったのは、ミッツィ・マイヤーズの論文「外部からの政治——メアリ・ウルストンクラフトの第一の擁護」（一九七七年）であった。マイヤーズは、この作品を理解するためには、ウルストンクラフトが「女性かつ急進的知識人」という、伝統的社会秩序にとっての「二重のアウトサイダー」であったことに留意しなければならないと指摘する。マイヤーズによれば、ウルストンクラフトはこの「外部」の位置にあったからこそ、下層階級をはじめ、既存の社会構造の中で抑圧される存在と自己同一化して、階層秩序の維持を説くバークに立ち向かうことができたのであり、その議論は「アウトサイダーとしての弱み」を「一種の強み」に変えるものであったという。マイヤーズは、体系性の欠如といった従来からの指摘に対しても、書簡形式で書かれた『人間の権利の擁護』はバークの『フランス革命の省察』と同様、そもそも論理性を追求したものではないと切り返し、むしろ社会経済的側面と道徳的・美学的側面の二つを織り交ぜたウルストンクラフトの議論の仕方に見るべきものがあるとした。[8]

その後、一九九〇年代からは、折からのフェミニズム批評と女性学の隆盛を追い風に、ウルストンクラフトの思想の全体像に迫る単著の刊行が相次ぐことになる。それらの研究の多くは、『女性の権利の擁護』の執筆に至る重要な一段階として『人間の権利の擁護』を捉え、詳細な読解を行っている。こうした関心からほぼ決まって取り上げられるのは、第一に、「小ささと弱さ」を美の本質と見なし、女性を男性から「愛される」客体として位置づけたバークの美学論に対するウルストンクラフトの批判（本書九二―九四頁）である。また第二に、感受性や空想への耽溺という、通常女性に帰される属性をバークの側に割り当て、自分自身は「男性的」な理性の代弁者として語ろうとする彼女のレトリック上の戦略（例えば、本書七―八、一二五頁）も、しばしば共通して指摘される。後者のレトリックについての研究史は後述することにして、ここでは代表的な研究を三つだけ紹介しておこう。

まず、ゲイリー・ケリーの『革命的フェミニズム――メアリ・ウルストンクラフトの精神と生涯』（一九九二年）である。この研究は、一八世紀末に勃興しつつあった「専門職中産階級《プロフェッショナル・ミドルクラス》」による「文化革命」の一環として、ウルストンクラフトの著述活動を捉えた点に大きな特徴があり、『人間の権利の擁護』は基本的に、バークの議論に体現された宮廷文化の道徳的腐敗への対抗という面から解釈される。ケリーによれば、この作品に見られる、バークを「女々しい」存在として描く先述のようなレトリックや、土地に根差した世襲財産の批判（本書一二、四〇―四二頁）は、専門職中産階級としての独自の戦略に支えられたものであった。そしてこうした階級的立場が、やがて『女性の権利の擁護』の中で、知性を軽んじて外見的な美を追究する宮廷文化に染まりきった女性達への批判や、「最も自然な状態にある」と彼女が言う中産階級の女

性に向けた家庭役割の義務の提示などの議論へとつながっていくという。(9)

次に、ウルストンクラフトと西洋哲学の正典《キャノン》との間の複雑な関係性を主題にしたウェンディ・ガンサー＝カナダの『反逆の著述家――メアリ・ウルストンクラフトと啓蒙の政治』（二〇〇一年）を見てみよう。『人間の権利の擁護』についてこの研究が注目するのは、初版が匿名で出版された事実である。ガンサー＝カナダによれば、ウルストンクラフトがこの作品を書くにあたって直面したのは、女性の排除を通じて作り上げられた権利や平等といった基本的概念を用いる政治論争の中に、女性である自分がいかに参入するのかという問題であった。その中でウルストンクラフトがとった戦略は、匿名で、男性であるかのように装って著名な雄弁家バークを批判してみせることであった。こうしたジェンダー・アイデンティティを混乱させる実践によって、彼女は政治の言語における「男性的なもの」の特権的地位に風穴を開け、この経験が、政治における女性の周縁性を問う『女性の権利の擁護』での議論を導くことになったという。「最初に『人間の権利の擁護』を著していなかったら、ウルストンクラフトが『女性の権利の擁護』を書くことはなかっただろう」とガンサー＝カナダが論じるゆえんである。(10)

最後に、ウルストンクラフト研究においてその理解の深さが高く評価されているバーバラ・テイラーの『メアリ・ウルストンクラフトとフェミニズム的想像力』（二〇〇三年）を取り上げよう。この研究は、独自の宗教観に根差したウルストンクラフトのフェミニズム思想を精神分析学的な枠組みで解き明かしたもので、『人間の権利の擁護』については、バークへの風刺の中に読み取れる、空想や想像力に対する両義性に焦点が当てられる。テイラーによれば、ウルストンクラフトは、理性による空想の統御能力を失っているとしてバークを揶揄したが（本書七一八頁）、例えば「天才の本物の熱狂」への言及に見られるように（本書五二頁）、空想や想像力のもつ創造的な働き自体を否定したわけではなかった。『人間の権利の擁護』の中で問題として明示されたのは、バークのエロティックな女性観に映し出された男性の性的想像力の腐敗と、それが女性の性的想像力に及ぼす危険性であった。しかし、ウルストンクラフトは空想から生まれる解放的な力を信じてもおり、こうした空想や想像力に対する二重の態度が、やがて『女性の権利の擁護』の中で、共鳴と反発とがない交ぜになったジャン＝ジャック・ルソーとの対峙という形で表現されることになるという。(11)

以上のように、近年のウルストンクラフト研究では、『人間の権利の擁護』をめぐってさまざまな解釈がなされている。それは、『人間の権利の擁護』に豊富な思考の素材が含まれていると同時に、現代のフェミニズム研究の関心自体も多岐にわたっているからだろう。だがいずれにせよ、バーク批判という契機が何らかの形で後の『女性の権利の擁護』を準備したという理解は、研究者の間で共有されている。この過程をどのようなものとして把握するのかが、『人間の権利の擁護』の解釈上の大きな論点になっているのである。

二、革命論争に関する思想史研究

もっとも、『人間の権利の擁護』を、ただ『女性の権利の擁護』の呼び水としてのみ理解することとの妥当性は問われて然るべきである。それはどうしても後づけの解釈とならざるをえないし、ウルストンクラフト自身の意図に照らしても、この作品は、フランス革命の勃発とともにイギリスで巻き起こった「革命論争」の中の一著作として読まれるのが筋だろう。そこでここでは、おもに政治思想史の領域で行われてきたこのような読解、つまり『人間の権利の擁護』でのバーク批判の中身を検討する研究を見ていくことにする。そこで問われてきたのは、第一に、バークに対してウルストンクラフトがどのような批判を行い、その批判がどれほど有効なものであったのかという論点、そして第二に、ウルストンクラフトのバーク批判がどのような思想的文脈に支えられたものだったのかという論点である。

（一）バーク批判の評価

革命論争についての研究は比較的早くから積み重ねられており、それらの中にはウルストンクラフトの『人間の権利の擁護』を取り上げた研究もないわけではなかった。しかし、総じてその評価は芳しくない。例えば、ジェイムズ・ボウルトンの『ウィルクスとバークの時代における政治の言語』（一九六三年）は、『人間の権利の擁護』の考察に約一〇頁を割いているが、ウルストンクラフトの文体は「偽りの雄弁」に堕し、「知的な誠実さと感情的な制御」を体現し損ねている、と手厳しい[12]。また、同年に刊行されたR・R・フェネシーの『バーク、ペイン、人間の権利――ある政治的意見の違い』（一九六三年）でも、ウルストンクラフトは「フランス革命と一六八八年のイングランド〔名誉〕革命のいずれもまったく扱うことなく、バークへの応答を書くというありえない離れ業を成し遂げた」と評されている[13]。要するに、政治理論の十分な知識を欠いた彼女にバークをまともに批判できるはずがない、と言いたいのだろう。

従来から政治思想史という分野では、政治についての深い洞察を促す古典的著作が「正典」としての高い地位を与えられてきた。バークの『フランス革命の省察』はまさにそうした正典の一つとして、一九世紀から長らく読み継がれてきた著作である。ボウルトンとフェネシーが（そして、おそらく先述の伝記研究者ウォードルも）明らかに『人間の権利の擁護』に対して低い評価を下しているのは、一部にはこうした前提を共有していたからであったと考えられる。しかし、思想史研究では一九七〇年代頃から、過去のテクストを、それが書かれた文脈に即して理解しようとするコンテクスト主義と呼ばれる方法論が影響力をもち始める。その中で、従来はマイナーな扱いを受けてきた著作も、正典とされるメジャーな著作が占めた同時代的な位置を映し出す鏡として、より精密な検討の対象とされるようになってきた。こうした流れを受けて、一九九〇年代からはようやく、『人間の権利の擁護』についての本格的な思想史研究が現れることになる。

中でも『人間の権利の擁護』を内在的なバーク批判の書物として高く評価したのが、デイヴィッド・ブロムウィッチの論文「バーク批判者としてのウルストンクラフト」（一九九五年）である。バーク研究者であるブロムウィッチによれば、ウルストンクラフトは、バークの政治論の基礎が道徳をめぐる問題にあることを適切に見極め、道徳自体が趣味《テイスト》と習俗《マナーズ》によって形作られるとするバークの見方をいったん受け入れたうえで、彼とは異なる方向へと自身の結論を導いた。つまり、バークが徳を既存の社会秩序の中で穏やかに身につけられる習慣ないし、時には本能と捉えたのに対して、ウルストンクラフトは徳を、現世における情念との絶えざる闘いを通じて獲得されるものと捉え（本書五八―六〇、六四頁）、バーク的な徳の理解に腐敗や反宗教の影を見て取ったという。ブロムウィッチはこうした読解をもとに、ウルストンクラフトは、革命論争における反バーク陣営の「誰よりも独創的な道徳思想家であり、誰よりも深いバークの読み手」であったと評している。[14]

個人攻撃にまで及ぶようなバーク批判の厳しさに目を奪われることなく、ウルストンクラフトの議論にバークとの一定の共通性を見出そうとする姿勢は、ジェイムズ・コニフの論文「エドマンド・バークとその批判者――メアリ・ウルストンクラフトの場合」（一九九九年）にも相通じる。この論文は、改革者としてのバークにかつて抱いていた尊敬の念を『人間の権利の擁護』で明かすウルストンクラフトを、バークのより穏健な批判者と捉えている。それによれば、確かにウルストンクラフトは社会進歩の必然性について、バークよりも楽観的な見方をとったが、漸進的な改革を求めた点で両者は同じであり、その意見の違いは原則の問題というより程度の問題であったという。[15] ただし、コニフは『人間の権利の擁護』を、その後に書かれた『フランス革命の起源と進展についての歴史的および道徳的見解』（一七九四年）と特段区別せずに扱っており、革命の現実に幻滅を抱いたとされる渡仏後のウルストンクラフトの見解までを含めてバークとの類似性を指摘している点には、注意が必要かもしれない。

このように、バークとウルストンクラフトの間で共有された思想的基盤を確認しつつ、どの点でその意見の違いが生じるのかを措定する作業をさらに綿密に行ったのが、ダニエル・オニールの研究書『バーク＝ウルストンクラフト論争――野蛮、文明、民主主義』（二〇〇七年）である。この研究は、バークとウルストンクラフトの間で展開された論争のコンテクスト主義的な思想史解釈における現時点での到達点を示すと考えられるので、以下ではやや詳しくその内容を紹介しよう。

この研究書でオニールは、バークとウルストンクラフトの議論を、いずれもスコットランド啓蒙の思想的枠組み、すなわち「道徳感覚哲学《モラル・センス》」と呼ばれる道徳哲学と、野蛮から文明へと至る人類史の叙述に多くを負ったものとして解釈する。フランス革命をめぐるバークとウルストンクラフトの意見の対立は、究極的には、両者によるこうしたスコットランド啓蒙の思想や言語の取り込み方の違いに由来するというのが、オニールの主張である。(16)

まず、スコットランド啓蒙の道徳哲学の受容についてであるが、この点は先述のブロムウィッチの議論と重なるところがある。すなわちオニールによれば、バークはスコットランド啓蒙の道徳感覚哲学を受容して、人間には生まれながらに備わった道徳感情《モラル・センティメンツ》があると考えた。『フランス革命の省察』でバークが示したのは、生得的な道徳感情が教会や貴族制といった制度を通じて恭順を伴う習俗《マナーズ》へと磨き上げられ、そこから習慣化された社会的規律が生まれるとする秩序観であった。しかし、ウルストンクラフトは道徳感情の生得性を否定し、道徳とは、理性の行使を通じて個々人が後天的に獲得する徳からしか生まれないと論じる。彼女が「本能」「自然の感情」「共通の感覚《コモン・センス》」などの存在を前提とする議論を退けるのは（本書三、五四―五五頁）、それらの概念が自然と結びつけて語られることで現状の社会のあり方が正当化され、結果的に既存の階層秩序を支える役割しか果たさないと考えるからであったという。(17)

次に、スコットランド啓蒙の歴史叙述の受容についてはどうか。オニールは、バークとウルストンクラフトがフランス革命の評価をめぐって衝突したのは、ヨーロッパにおける文明化の過程について、両者が異なる解釈をしていたからであったとする。つまり、バークの理解するヨーロッパの歴史とは、人びとの生得的な道徳感情を、洗練《シヴィライズ》された習俗へと陶冶していく過程であった。したがって、この過程に断絶をもたらすフランス革命とは、彼にとって西洋文明の死、野蛮への回帰を意味した。しかし、それに対してウルストンクラフトは、バークがその崩壊を嘆いた騎士道精神をはじめとする貴族的習俗にこそ、腐敗の兆しを見て取る。彼女によれば、これまでヨーロッパで起こった文明とは、世襲に基づく階層秩序の中で生まれた人為的な作法《マナーズ》の、道徳を犠牲にした洗練にすぎなかった（本書一一―一二、一二〇―一二二頁）。彼女がフランス革命に期待をかけたのは、それが人為的な作法を刷新し、あらゆる局面での社会の民主化を推し進める「真の平等主義的な文明」をもたらすと考えたからであったという(18)。

（二）バーク批判の思想的文脈

以上のように、オニールの研究は、バークとウルストンクラフトの思想的な対立点を丁寧に解きほぐし、それによって『人間の権利の擁護』が見当違いの感情的な誹謗中傷などではなく、バークの思想の核心を突いた批判の書物であったことを明らかにした。そのことが可能になったのは、ひとえにウルストンクラフトが依拠した言説上の資源として、スコットランド啓蒙という知的文脈の存在を割り出すことに成功したからであったと言える。コンテクスト主義の面目躍如というべき研究だろう。

しかし、スコットランド啓蒙の道徳哲学や歴史叙述だけが『人間の権利の擁護』を支えた思想的文脈であったというわけではない。これまでの研究では、それ以外の思想的要素を探る試みもさまざまに積み重ねられてきた。ここでは代表的な例として、共和主義という文脈、そしてキリスト教的プラトン主義という系譜に即して『人間の権利の擁護』を解釈する研究を取り上げよう。

まず共和主義、あるいはいわゆるシヴィック・ヒューマニズムの文脈との関わりである。独立した能動的市民による公共善への献身を旨とする共和主義のパラダイムは、J・G・A・ポーコックの一連の著作により、一九八〇年代頃から思想史の有力な研究テーマとなった。この枠組みを用いて『人間の権利の擁護』を解釈した論文が、G・J・ベイカー＝ベンフィールドの「メアリ・ウルストンクラフト——一八世紀のコモンウェルスウーマン」（一九八九年）である。この論文は、一七八〇年代末のウルストンクラフトがリチャード・プライスやジェイムズ・バラ James Burgh（その妻ハナ Hannah Burgh）ら非国教徒との関わりをもっていたことに着目し、一七世紀の革命を理想として専制政治と闘おうとする「コモンウェルスマン」の最後の世代にあたる彼らの説教や著作を通じて、彼女が共和主義の思想に親しんでいたとする。ベイカー＝ベンフィールドによれば、『人間の権利の擁護』におけるその影響は、奢侈、怠惰、権力と財産の不平等に対する批判や、そうした腐敗を克服するために提唱される「男らしい独立心」といった言説（本書二一四頁）の中に認めることができるという。[19] 後述するように、政治哲学の分野ではヴァージニア・サピロの『政治的徳の擁護——メアリ・ウルストンクラフトの政治理論』（一九九二年）もまた、こうした共和主義の伝統を重視した研究であり、そこでは『人間の権利の擁護』が、シヴィック・ヒューマニズムの語彙を用いて「有徳な感受性から生まれる自然な表現」を追求した著作として解釈されている。[20]

次に、キリスト教的プラトン主義の系譜に照らして『人間の権利の擁護』を解釈する研究を見よう。その代表例として挙げられるのは、先述のウルストンクラフト研究の中で取り上げたテイラーの著作である。テイラーによれば、『人間の権利の擁護』での「神への愛」をめぐるプラトンとミルトンの説への言及（本書九四頁）に見られるように、ウルストンクラフトはキリスト教的プラトン主義を受容して、人間が他の人間に対して抱く愛（エロス）とは、神が人間を自らのもとへと導くために人間の心に植えつけたものであると考えていたという[21]。シルヴァナ・トマセリもまた、「メアリ・ウルストンクラフトの政治論における不平等、尊敬、愛の省察」（二〇一六年）という論文の中で、ウルストンクラフトの思想にプラトン主義の影響を認めている。トマセリによれば、『人間の権利の擁護』では、男性が女性に対して抱くものとしてバークが『崇高と美の観念の起源についての哲学的探究』で示したとする愛の説明に異議が申し立てられているが、それはウルストンクラフトにとって人間同士の愛が、神への愛に通じるような尊敬の念を伴うものでなければならなかったからであるという[22]。これらの研究を踏まえれば、『人間の権利の擁護』は、バークとウルストンクラフトの間の、究極的には宗教観の違いに根差した愛の捉え方をめぐる対立の産物であったとも考えることができるだろう。

以上のように、コンテクスト主義的アプローチによる思想史研究では、『人間の権利の擁護』が依拠した言説上の資源として、同時代の文脈に限らず、過去からの系譜を含む多様な思想的要素が見出されている。もっとも、スコットランド啓蒙であれ、共和主義であれ、ウルストンクラフトがそれらの系譜をどれだけ自覚的に継承していたのかはまた別の問題である。彼女がプラトンの『饗宴』を読んでいたかどうかも疑わしく、もし彼女を「〇〇主義者」と呼ぶことができたとしても、それはかなり緩やかな定義によるものだと考えるべきだろう。だが、そうした定義上の問題はさておき、コンテクスト主義的な思想史研究が『人間の権利の擁護』の理解に極めて大きな貢献を果たしたことは間違いない。こうした研究が示した補助線を用いることによって、一読してなかなか汲み取りづらいウルストンクラフトの論述の意図が、より明瞭に浮かび上がってくるからである。

三、レトリック・文体についての文学的研究

さて次に、文学的な面から『人間の権利の擁護』に見られる表現方法、つまりレトリック、文体、比喩などの表象戦略を分析する研究に目を転じよう。『小説、メアリ』や『女性の虐待』といったフィクションを手がけたこともあり、もともと文学研究ではウルストンクラフトへの関心が低くはなかった。これらの文学作品に加えて、一九九〇年代頃から『人間の権利の擁護』が研究対象として取り上げられるようになったのは、一九八〇年代からの新歴史主義《ニュー・ヒストリシズム》と呼ばれる文学理論の台頭によるところが大きい。二〇〇〇年代以降の文学研究では、小説などのジャンルに限らずあらゆる種類のテクストを扱うのが当然となっており、いまや文学と思想史との間の区別はかなり曖昧なものとなっている。

『人間の権利の擁護』が文学研究で取り上げるに値すると見なされる理由はいくつかあるだろうが、その

一つには、ウルストンクラフト自身がバークを批判する中で、レトリックや文体の問題に対して自覚的な姿勢を示していた点が挙げられる。『フランス革命の省察』でのバークの文章が、読者の感情に訴えることを意図した「美文」であり、それは「誠実さ」を欠いた「空虚で修辞的な美辞麗句」にすぎないといった批判は、この作品にたびたび登場する（例えば、本書四五、五三—五四頁）。また文体だけでなく、バークの表象戦略に対してもウルストンクラフトが的確な批判を展開していたことは、ロナルド・ポールソンが『革命の表象』（一九八三年）で示したところである。ポールソンによれば、『人間の権利の擁護』の中でウルストンクラフトは、『フランス革命の省察』で取り上げられた二つの対照的な女性表象、すなわちマリー・アントワネットの弱く受動的な姿と、暴動を起こした民衆女性の荒々しい描写の間の対比に注意を向けたが（本書五四頁）、それは、この区分がバーク自身の美学に由来するものであることを正しく見極めたうえでの批評であったという[23]。

それではウルストンクラフト自身の表象戦略は、これまでどのように評価されてきたのだろうか。実のところ、論敵であるバークとの関係について言えば、その評価はさまざまである。バークのテクストを批判しながらも、ウルストンクラフト自身のテクストがバークのそれと類似したものになっていると指摘したのは、スティーヴン・ブレイクモアの『間テキスト的な戦い——メアリ・ウルストンクラフト、トマス・ペイン、ジェイムズ・マッキントッシュの著作におけるエドマンド・バークとフランス革命』（一九九七年）であった。例えば、すでに述べたように、バークを「女々しい」存在として描き、自らを「男性的」な理性の体現者として呈示する先述のジェンダー化されたレトリックについては、その戦略の巧みさを指摘する研究者が少なくない。しかしブレイクモアは、むしろそうしたレトリックは「「男性的なもの」の優位性を強調し」、「伝統的な性的ステレオタイプを強化」することになると論じる。[24] つまり、ウルストンクラフトはバークが示したテキスト上の枠組みに囚われてしまっているということである。こうしたブレイクモアの解釈に対しては、さらにそれが誤読であるとするオニールらの批判もある。[25]

バークとウルストンクラフトの間のテクスト上の「類似性」については、同じ文化的前提を共有していたことによる当然の結果であったとも考えられるし、論争として書かれたものである以上、一定の効果を狙って敢えて擬似的な表現が用いられていたとする解釈も成り立つだろう。いずれにせよ二〇一〇年代になると、バークとウルストンクラフトの表現方法について何らかの裁定を行うというよりも、むしろ『人間の権利の擁護』を当時のより広い政治文化の中に位置づけ、個別のトピックをめぐってバークの議論との異同を明らかにしようとする論文のほうが目立つようになる。例えば、「傷」や「毒」といった身体の医科学に関わるウルストンクラフトの比喩（本書四三、一〇五頁）に注目して、政治体《ボディ・ポリティック》の理解についてバークとの比較を行った研究や、[26]「軽蔑」という問題を取り上げて、バークの議論に見られるエリート的な優越意識に基づく「軽蔑」と、ウルストンクラフトがバークに対して示した「軽蔑」（尊敬の差し控え）とを区別した研究などがそれである。[27] さらに、『人間の権利の擁護』で展開されたバーク批判の中に見え隠れする反カトリックおよび反アイルランド的な性格に着目し、ウルストンクラフトの「男性的」な声とは、同時に「ブリティッシュ・ナショナリスト」的な声でもあったと指摘する論文もある。[28]

また、『人間の権利の擁護』について、その表象戦略をめぐる問題に見られるのと同じくらいに研究者の間で大きく評価が分かれるのは、文体の問題、つまりこれが悪文か否かという問題である。すでに述べたように、ウルストンクラフトはバークの文体を美文調だと批判したが、ウルストンクラフトの文体こそまさしく美文調ではないか、という批判はもはやありふれたものとなっている。また、この作品が『フランス革命の省察』の刊行からわずか一ヶ月以内に出版されたという事情、さらに、これがウルストンクラフトにとって初の政治論であったという事実から、その文章については推敲の不十分さや技術のなさを指摘する声があり、他方では逆に、それを感情のほとばしりとして評価する向きもある。

この文体の評価をめぐる問題に決着をつけようとしたのが、ジェイン・ホドスンの研究書『バーク、ウルストンクラフト、ペイン、ゴドウィンにおける言語と革命』（二〇〇七年）である。ホドスンはここで『人間の権利の擁護』の文体の特徴を、例えばダッシュ記号の頻度の高さ（合計で一八七回にも及び、これは『フランス革命の省察』の一九回と比べて著しく多い）などから掴んだうえで、その使用法が当時の文法書の指示から大きく逸脱してはいなかったこと、また思いつくままに書かれたようなウルストンクラフトの文章の特徴は、人為性を廃したありのままの感情の発露に価値を見出す彼女自身の文体論と一致するものであったことを明らかにした。つまり、『人間の権利の擁護』は、同時代的に見てそれほどひどい悪文ではなく、それは政治を論じるための「新しい感情的に誠実な方法」として意図された文体であったということである。ホドスンが述べるように、『人間の権利の擁護』の文体は、完全な技巧の産物でも完全な感情の表出でもない、その中間であったというのが、さほどの意外性はないものの、ひとまずの結論となるようである。(29)

四、政治理論・政治哲学研究

最後に、政治理論・政治哲学の領域で『人間の権利の擁護』がどう読まれてきたのかを見ていこう。これらの分野は、すでに見た思想史研究と重なる部分もあるが、思想史研究が過去のテクストのもつ意味を、それが書かれた歴史的文脈に置き直して考察しようとするのに対して、政治理論・政治哲学はより時代超越的に、テクストそのものの論理を解明することに重きを置くところがある。中でも政治理論研究は、個々の思想家をどのような思想的伝統の「型」に分類するのかという問題に主たる関心があり、また政治哲学研究は、対象とする思想家の核となる哲学を抽出し、それがもつ現代的な意義を探ることに主眼を置く傾向がある。

政治理論の分野において、一九八〇年代頃からウルストンクラフトに当てはめられたのは、「リベラル・フェミニズム」という型であった。『人間の権利の擁護』の執筆後に『女性の権利の擁護』が書かれたという経緯や、これらの題名が与える印象も手伝って、ウルストンクラフトは自然権思想に基づくジョン・ロック的なリベラリズムを女性にも引きのばした思想家、といった理解で大まかに説明されてきた。その結果として必然的に、彼女の位置づけは「リベラルな伝統」の中に求められることになる。(30) しかし、ウルストンクラフトのテクストを精密に読むと、その思想が現代言われるところのリベラリズムにどれほどあてはまるのかは疑わしい。研究者の間では、そもそもウルストンクラフトは「権利」を論じることにあまり関心をもっていなかったとする指摘もある。[31] 確かに『人間の権利の擁護』には、「人間の生得の権利」の定義として、「個々人は社会契約とその継続によって他の個々人と結合しているのですが、生得の権利とは、このように結合している他のどの個人の自由とも共存できる範囲での、市民的《シヴィル》かつ宗教的な自由です」という文章があるが（本書八頁）、これはかなり漠然としたものであると言わざるをえない。「社会契約」という言葉が用いられていることからロックを参照しているようにも見えるが、はっきりとした影響関係は読み取りづらい。二〇〇〇年代には、ロック的リベラリズムという枠組みでウルストンクラフトの思想を捉えること自体の妥当性を明確に否定する研究も現れている。[32]

それでは、リベラリズムに代わる型として、どのような思想的伝統がありうるのか。そこで登場したのが、すでに触れた共和主義という枠組みである。先述のサピロが一九九二年に発表した『政治的徳の擁護』は、ウルストンクラフトを一政治理論家として捉えた初の研究書であったが、ここでサピロは、ウルストンクラフトの思想をリベラリズムの枠組みで理解しようとする際に生じる矛盾点を指摘し、ポーコックが提唱する共和主義のパラダイムとの親和性を指摘した。サピロによれば、ウルストンクラフトはリベラリズムで想定されるように、公的な国家介入から私的領域を守るための手段として「権利」に価値を置いたわけではなく、権利とはウルストンクラフトにとって何よりも、シヴィック・ヒューマニズム的な意味での「徳」を人間が養うために必要な条件とされていたという。[33] 「権利」よりむしろ「徳」を擁護したという意味で、『政治的徳の擁護』という題名をサピロが選んだゆえんである。

サピロが行ったように、ウルストンクラフトの著作全体から政治や社会についての体系的な理論を再構成する試みは、二〇一〇年代になると、アラン・コーフィーらの哲学研究者を中心に、さらなる進展を見せることになる[34]。こうした政治哲学研究は、共和主義的な枠組みを重視する点でも、サピロの研究を引き継いでいた。例えば、コーフィーは「メアリ・ウルストンクラフト、自由、社会的支配の持続力」（二〇一三年）という論文で、ウルストンクラフトが理解した「自由《フリーダム》」とは、共和主義的な政治理論に基づく「恣意的権力からの独立」を意味すると断言し、この自由ないし独立は「徳」の基礎をなすと同時に、その実現のためにこそ、社会的平等が必要とされたと論じる。そのことを裏づけるものとして、コーフィーは『人間の権利の擁護』から、「地位の不平等」が従属と独裁的支配のいずれかをもたらして結果的に「徳の発達」を妨害するという言明（本書九六頁）や、「徳は対等な者達の間でのみ栄える」という言明（本書一一二頁）を挙げ、この作品の中に徳と平等を結びつける共和主義的な論理が見出されることを明らかにしている[35]。

二〇一〇年代の政治哲学的なウルストンクラフト研究では、圧倒的に共和主義への関心が高く、サンドリン・バージェスとコーフィー編による論文集『メアリ・ウルストンクラフトの社会政治哲学』（二〇一六年）は、全一二本のうち五本の論文が共和主義に関わるものとなっている[36]。とはいえ、こうした潮流の中でも、ウルストンクラフトが「権利」を論じることに二義的な関心しか示さなかったとする、一九九〇年代頃から定着していた解釈を批判する研究が見られることは注目されてよい。その代表的な論者であるレナ・ハルデニウスによれば、ウルストンクラフトの「フェミニズム的共和主義」において、権利の理論は「自由、平等、徳という三つの組み合わせ」を基礎づけるものであったという[37]。スーザン・ジェイムズもまたウルストンクラフトの権利論に注目し、ロック、プライス、スピノザらの議論との比較を通じて、それが自然法の伝統と古典的共和主義の両方に依拠していたと述べている[38]。

少なくとも『人間の権利の擁護』を読む限り、そこに「権利」についての議論がないとは言えない。例えば、「人間には、その向上可能な能力によって獣類の上に位置づけられる理性的な存在として、生まれながらに受け継いだ権利があ」り、「このような能力を父祖達からではなく神から受け取る点で、時効は決して自然権を覆せない」という文章があるが（本書一八頁）、これはウルストンクラフトの権利概念に、神から与えられたという意味での本源的な平等性が刻印されていたことをよく示している。結局のところ、ウルストンクラフトにとって「権利」と「徳」のどちらがより重要だったのかという問題は、彼女の「哲学」をどのように体系立てて理論化するのかという研究者の側の問題になってこざるをえず、答えは一様ではない。彼女をリベラリズムと共和主義のどちらの型に分類すべきなのかという問題も同様で、結局はすでに述べたような定義の問題に帰着する以上、はっきりとした決着はつかない、あるいはそもそも二者択一の問題ではない、と考えたほうがよいのかもしれない[39]。

こうした綿密な理論化や類型化を目指す研究とはまた別の次元で、ノーベル経済学賞受賞者であり政治哲学者でもあるインド出身のアマルティア・センは、ウルストンクラフトの人権論を、フェミニズムの問題だけに限定されない普遍性をもつ議論と見て高く評価している。ウルストンクラフトを主題にした論文「メアリったら本当にへそ曲がり！」（二〇〇五年）でセンが論じるところによれば、彼女の人権論は、ベンサムの功利主義のように権利を法制化されたものに限定して捉えるのではなく、そこに倫理的な要請を見出す点で、現代的な意義をもつという。興味深いことに、ここでセンは『女性の権利の擁護』ではなく『人間の権利の擁護』の中から、「バーク氏はどのような原理に立ってアメリカの独立を擁護できたのでしょうか」という問いに始まる長い文章（本書二〇頁）を引用している。それは、古くから続いてきたものに価値を置くバークの議論が、必然的に奴隷制を温存させるとする批判である。センがこの文章に注目するのは、ウルストンクラフトがジェンダーの不平等の問題を、奴隷制に見られるような「他の種類の深い不平等」と接合させていることが見て取れるからにほかならない。センは『人間の権利の擁護』の中に、「他者」の存在にも開かれた普遍的な正義への訴えを読み取るのである。[40]

＊

ごく最近になって、ここ数十年のウルストンクラフト研究を総括するような、浩瀚かつ網羅的な論文集の出版が相次いでいる。『ウルストンクラフト的精神』（二〇一九年）と『文脈の中のメアリ・ウルストンクラフト』（二〇二〇年）がそれである。[41] 前者が政治哲学的なアプローチをとるのに対し、後者は歴史学や文学を軸としており、焦点は微妙に異なるが、これらが今後のウルストンクラフト研究にとっての新たな出発点になることは間違いない。これまで見てきたように、『人間の権利の擁護』には、複数の学問領域の中でそれなりに長い研究史があった。こうした歩みの先に、今後どのような新しい読み方が生まれるのか。本翻訳によって、日本でもその読解の歴史が本格的に始まることを期待したい。

（1）例えば、『オクスフォード国民伝記事典（ODNB）』に掲載されているウルストンクラフトの伝記には、見出しに「女性の権利の擁護者」という表現が用いられている。Barbara Taylor, ‘Mary Wollstonecraft（17

59–1797)', *Oxford Dictionary of National Biography*, Oxford University Press, 2004.

（2）William Godwin, *Memoirs of the Author of a Vindication of the Rights of Woman*, J. Johnson and G. G. & J. Robinson, 1798. なお、邦訳の題名はこれを直訳したものではない。（白井厚・堯子訳『メアリ・ウルストンクラーフトの思い出——女性解放思想の先駆者』未來社、一九七〇年。）

（3）もちろん、いくつかの例外はある。例えばアナキストのエマ・ゴールドマンは、一九一一年に「メアリ・ウルストンクラフト——その悲劇的人生と、自由を求める情熱的闘い」という講演をし、その中で『人間の権利の擁護』から、次のような引用を行った。「あなたがご自身を自由の友と呼ぶ時、ご自身を所有権《プロパティ》の擁護者、権力が作り上げてきた輝かしい像の崇拝者と呼んだ方がもっと首尾一貫したものになるのではないかと自問なさるよう強く求めます。／財産の安全保障！　御覧なさい。煎じ詰めれば、これがイングランドの自由の定義なのです。いやむしろ、穏やかに言えば、安全に保障されるのは、富者の財産だけなのです。」（本書一七、二〇—二一頁）これは、金持ちの財産批判に関わる部分をいくつかの文章からつなげたものだが、それ自体が見事にアナキズム的な解釈となっている。Alice Wexler and Emma Goldman, 'Emma Goldman on Mary Wollstonecraft', *Feminist Studies* 7 (1981), pp. 117–118. また、同じ頃に出版された議会改革史の書物では、『人間の権利の擁護』がバークへの反論の中で最高かつ「感情的な面で妥当」な唯一のものであると評されていた。George Stead Veitch, *The Genesis of Parliamentary Reform* (1913; reprinted Constable, 1965), p. 167.

（4）Janet Todd & Marilyn Butler (eds.), *The Works of Mary Wollstonecraft*, 7 vols, William Pickering, 1989.

（5）この研究史は英語圏で出版されたものに限定するが、日本での研究もある。水田珠枝は『女性解放思想史』（筑摩書房、一九七九年）の第四章でウルストンクラフトの全著作を扱い、『人間の権利の擁護』を合理主義と神への信仰とがせめぎ合った作品として捉えている。その後、『人間の権利の擁護』を取り上げた日本語の論文は、管見の限り次の三点のみである。真嶋正己「急進主義者によるバーク批判［I］——M・ウルストンクラフトとC・マコーリを中心に」『広島女子商短期大学紀要』第八号（一九九七年）、安達みち代「メアリ・ウルストンクラーフトの『人間の権利の擁護』——人権思想と文明批判」『京都工芸繊維大学繊維学部学術報告』第二五号（二〇〇一年）、平倉菜摘子「人間の権利の擁護——ウルストンクラフトの新たな言語」『桐朋学園大学研究紀要』第三九号（二〇一三年）。真嶋論文は、バークの政治思想の特質を照射することを目的に、キャサリン・マコーリの『フランス革命に関するエドマンド・バーク閣下の省察について』とともにウルストンクラフトのバーク批判を検討している。安達論文は、成立の背景、根本原理と文体、体制批判と理想とする社会観など、かなり全般的に『人間の権利の擁護』を紹介したもので、平倉論文はこの作品を、フランス革命論争を背景に「書簡形式を利用して新しい言語を創り出そうとするウルストンクラフトの言語獲得史」に位置づけて解釈している。また、英語で書かれた論文としては次の二点がある。Kazuko Shimizu（清水和子）, 'Two Notions of Property: Wollstonecraft's *A Vindication of the Rights of Men* and Opposition to Tithes',『専修人文論集』第七六号（二〇〇五年）、Sora Sato（佐藤空）, 'Burke's *Philosophical Enquiry* and Wollstonecraft's *Rights of Men*: Aesthetics Applied to the Debate on Manners',『一橋大学社会科学古典資料センター年報』第二九号（二〇〇九年）。清水論文は、この作品でウルストンクラフトが展開する教会財産反対論を分析し、それが一七世紀以来の非国教徒達による十分の一税反対論をさらに発展させたものであったと評価する。佐藤論文は、『人間の権利の擁護』でのバーク批判によって初めて、バークの『崇高と美の観念の起源についての哲学的探究』を、習俗に関する当時の論争に貢献するものとして読むことができるとしている。

（6）Ralph Wardle, *Mary Wollstonecraft: A Critical Biography*（first pub. 1951）, University of Nebraska Press, 1966, pp. 117, 120.

（7）例えば、Wendy Gunther-Canada, *Rebel Writer: Mary Wollstonecraft and Enlightenment Politics*, Northern Illinois University Press, 2001, pp. 72, 77.

(8) Mitzi Myers, 'Politics from the Outside: Mary Wollstonecraft's First Vindication', *Studies in Eighteenth Century Culture* 6 (1977), pp. 114–115, 119–121, 124, 129.

(9) Gary Kelly, *Revolutionary Feminism: The Mind and Career of Mary Wollstonecraft*, St. Martin's Press, 1992, pp. 86–100, 118–135.

(10) Wendy Gunther-Canada, *Rebel Writer*, pp. 74–81, 97.

(11) Barbara Taylor, *Mary Wollstonecraft and the Feminist Imagination*, Cambridge University Press, 2003, pp. 64–71.

(12) James T. Boulton, *The Language of Politics in the Age of Wilkes and Burke*, Routledge & Kegan Paul, 1963, pp. 167–176.

(13) R. R. Fennessy, *Burke, Paine and the Rights of Man: A Difference of Political Opinion*, Martinus Nijhoff, 1963, p. 203.

(14) David Bromwich, 'Wollstonecraft as a Critic of Burke', *Political Theory* 23 (1995), pp. 617–620, 623–628, 632–633.

(15) James Conniff, 'Edmund Burke and His Critics: The Case of Mary Wollstonecraft', *Journal of the History of Ideas* 60 (1999), pp. 305–308, 314, 317–318.

(16) Daniel O'Neill, *The Burke-Wollstonecraft Debate: Savagery, Civilization, and Democracy*, The Pennsylvania State University Press, 2007, pp. 8–20.

(17) Ibid., pp. 56–70, 134–143, 157–166.

(18) Ibid., pp. 70–87, 144–156, 166–175, 194.

(19) G. J. Baker-Benfield, 'Mary Wollstonecraft: Eighteenth-century Commonwealthwoman', *Journal of the History of Ideas* 50 (1989), pp. 95–98, 100, 103–106.

(20) Virginia Sapiro, *A Vindication of Political Virtue: The Political Theory of Mary Wollstonecraft*, The University of Chicago Press, 1992, p. 206–222.

(21) Barbara Taylor, *Mary Wollstonecraft and the Feminist Imagination*, pp. 107–109.

(22) Sylvana Tomaselli, 'Reflections on Inequality, Respect, and Love in the Political Writings of Mary Wollstonecraft', in Sandrine Bergès and Alan Coffee (eds.), *The Social and Political Philosophy of Mary Wollstonecraft*, Oxford University Press, 2016, pp. 16, 23–31. ただ

しトマセリは、バークが『崇高と美の観念の起源についての哲学的探究』で展開した愛の説明が、必ずしも男女間のものとして論じられているわけではないことにも注意を促している。Ibid., p. 29.

(23) Ronald Paulson, *Representations of Revolution* (*1789–1820*), Yale University Press, 1983, pp. 79–87.

(24) Steven Blakemore, *Intertextual War: Edmund Burke and the French Revolution in the Writings of Mary Wollstonecraft, Thomas Paine, and James Mackintosh*, Fairleigh Dickinson University Press, 1997, ch. 3, pp. 80–81.

(25) Daniel O'Neill, *The Burke-Wollstonecraft Debate*, p. 158; Jane Hodson, *Language and Revolution in Burke, Wollstonecraft, Paine and Godwin*, Ashgate, 2007, p. 79.

(26) Amy Mallory-Kani, '"A Healthy State": Mary Wollstonecraft's Medico-Politics', *The Eighteenth Century* 56 (2015).

(27) Ross Carroll, 'Mary Wollstonecraft and the Political Value of Contempt', *European Journal of Political Theory* 18 (2019).

(28) Katherine O'Donnell, 'Effeminate Edmund Burke and the Masculine Voice of Mary Wollstonecraft', *Journal of Gender Studies* 28 (2019).

(29) Jane Hodson, *Language and Revolution in Burke, Wollstonecraft, Paine and Godwin*, ch.4, pp.91–107, 113.

(30) 例えば、Zillah R. Eisenstein, *The Radical Future of Liberal Feminism*, Longman, 1981 を参照。

(31) 例えば、バーバラ・テイラーは、ウルストンクラフトにとって「自然権は主要な知的関与〔の対象〕ではなく、論争のために研ぎ澄ませて手元に置いておくべき数多くの知的な武器の一つであった」と述べている。Barbara Taylor, *Mary Wollstonecraft and the Feminist Imagination*, p. 214. カレン・オブライエンも同様に、『人間の権利の擁護』で「ウルストンクラフトはこの新しい権利という語彙を展開したり発展させたりすることにほとんど関心を示していない」と評している。Karen O'Brien, *Women and Enlightenment in Eighteenth-Century Britain*, Cambridge University Press, 2009, p. 181.

(32) 例えば、Natalie Fuehrer Taylor, *The Rights of Woman as Chimera: The Political Philosophy of Mary Wollstone-*

craft, Routledge, 2007, pp. 4–5.

(33) Virginia Sapiro, *A Vindication of Political Virtue*, pp. xix–xx, 118–120, 125, 166–185.

(34) 二〇一四年には三人の哲学研究者が、ウルストンクラフトを「哲学者」と位置づけ、いまや「彼女が個人的に想像したかもしれないものを超えて「ウルストンクラフト的」な哲学を発展させる」時が来たと呼びかけた。Martina Reuter, Lena Halldenius and Alan Coffee, 'Mary Wollstonecraft: Philosophy and Enlightenment, Cluster Introduction', *Hypatia, A Journal of Feminist Philosophy* 29（2014）, p. 907.

(35) Alan Coffee, 'Mary Wollstonecraft, Freedom and the Enduring Power of Social Domination', *European Journal of Political Theory* 12（2013）, pp. 118–121, 132. 次の論文も参照。Alan Coffee, 'Freedom as Independence: Mary Wollstonecraft and the Grand Blessing of Life', *Hypatia, A Journal of Feminist Philosophy* 29（2014）.

(36) Sandrine Bergès and Alan Coffee（eds.）, *The Social and Political Philosophy of Mary Wollstonecraft*.

(37) Lena Halldenius, 'The Primacy of Right. On the Triad of Liberty, Equality and Virtue in Wollstonecraft's Political Thought', *British Journal for the History of Philosophy* 15（2007）, pp. 80, 88–89. ハルデニウスは次の研究書でも、ウルストンクラフトの「権利」概念の検討に一章を割いている。Lena Halldenius, *Mary Wollstonecraft and Feminist Republicanism*, Routledge, 2015, ch. 3.

(38) Susan James, 'Mary Wollstonecraft's Conception of Rights', in Sandrine Bergès and Alan Coffee（eds.）, *The Social and Political Philosophy of Mary Wollstonecraft*, pp. 148–151, 162–163.

(39) ウルストンクラフトを共和主義の枠組みで捉える研究がさかんになる中、依然として彼女をリベラリズムとの関わりで論じる研究としては、次のものがある。Virginia L. Muller, 'What Can Liberals Learn from Mary Wollstonectaft?', in Maria J. Falco（ed.）, *Feminist Interpretations of Mary Wollstonecraft*, The Pennsylvania State University Press, 1996; Penny A. Weiss, *Cannon Fodder: Historical Women Political Thinkers*, The Pennsylvania State University Press, 2009, pp. 81–90.

(40) Amartya Sen, 'Mary, Mary, Quite Contrary!', *Femi-*

nist Economics 11（2005）, pp. 2-8. この論文は次の著作の中にも組み込まれ、『人間の権利の擁護』から同じ箇所が引用されている。Amartya Sen, *The Idea of Justice*, Penguin, 2009, pp. 114-117, 161, 361-364.（池本幸生訳『正義のアイデア』明石書店、二〇一一年、一七九—一八三、二四三—二四四、五一〇—五一四頁。）

（41）Sandrine Bergès, Eileen Hunt Botting and Alan Coffee (eds.), *The Wollstonecraftian Mind*, Routledge, 2019 ; Nancy E. Johnson and Paul Keen (eds.), *Mary Wollstonecraft in Context*, Cambridge University Press, 2020.

『娘達の教育について』訳者解説

梅垣千尋

『娘達の教育について』（直訳すれば『娘達の教育に関する考察』）は、ウルストンクラフトの二七歳でのデビュー作で、一七八七年初頭にジョセフ・ジョンソンの出版社から刊行された。執筆の時期は、親友や妹達とともにロンドンのニューイントン・グリーンで小規模な学校を経営していた一七八六年頃と推測される。ウルストンクラフトが文筆の仕事に関心をもったのは、もっぱら確実な収入を手にするためであったが、出版後、妹の一人に書き送った手紙には、「私が作家《オーサー》であることをお忘れなきよう願います」とあり、この著作の発表によって初めて得た「作家」という肩書きに、彼女が誇りを感じていた様子がうかがえる。(1)

ウルストンクラフトの女性論といえば、言うまでもなく、一七九二年に出版された『女性の権利の擁護』が有名である。現在では、「フェミニズムの古典」という地位を獲得するまでになった『女性の権利の擁護』と比べれば、その五年前に書かれた『娘達の教育について』は、ほとんど顧みられることのない著作であったと言える。(2)研究者たちのあいだでも、この著作の紹介には、しばしば「因襲的」「保守的」「絶望的」といった表現が用いられ、その内容に対して不満が漏れることも少なくなかった。(3)

しかし、フェミニズムの歴史において「先駆的」とされる『女性の権利の擁護』の主張を、ウルストンクラフトがどのように形作っていったのかという問題を考えるうえでは、やはりこのデビュー作を軽視するわけにはいかないだろう。ウルストンクラフトは、一七八九年に「若い女性の向上のため」という副題をもつ『女性読本』という本を手がけているが、(4) これは様々な作家の文章を編んだアンソロジーで、女性の教育に関する初期のまとまった議論は、『娘達の教育について』にしか見られないからである。そこで以下では、もっぱら『女性の権利の擁護』との比較を行い、両者の共通点と相違点を分析することによって、『娘達の教育について』という著作の特徴を明らかにしてみたい。

一、『女性の権利の擁護』との共通点

『女性の権利の擁護』と『娘達の教育について』を読み比べてみた場合、わかりやすい共通点としてまず挙げられるのは、周囲の人々の気を引こうと浮ついた《フリヴォラスな》言動をする女性達に対する厳しい姿勢だろう。『女性の権利の擁護』には、現代の研究者から「女性嫌悪《ミソジニー》」を指摘されるほど、同時代の女性の振る舞いに対する強い批判が見られるが、『娘達の教育について』の「わざとらしい作法」や「衣装」という項目を読めば、かなりの程度までそれと共通する姿勢が認められる。『女性の権利の擁護』の中には、こうした女性の軽薄さを愛でつつも、結果的に女性を侮蔑することになる男性の言説の一例として、「もしか弱き女性達が道に迷ったならば、／それは彼女達が悪いのではなく、星のせいなのだ」という詩の引用が登場するが、(5) ウルス

トンクラフトは『娘達の教育について』でも同じ詩を引用し、その趣旨を裏返して、「責められるべきは彼女達であって、星ではない」と断言している（本書一七〇―一七一頁）。

また、『女性の権利の擁護』の中心をなす主張は、女性も男性と同じ人間として自分自身の理性を鍛え、その理性の力によって情念を抑えられるようにしなければならない、というものであるが、こうした議論も『娘達の教育について』に散見される。例えば「結婚生活」という項目では、「私達女性のあまりに多くが、自分達の理性を眠った状態にさせている」ことに対して警鐘が鳴らされ（本書一七七頁）、理性的な母として子供達の教育を担うことの大切さが、様々な箇所で説かれている（例えば、本書一三三―一三五頁）。また、「愛」という項目では、男性に対する女性の恋愛感情が取り上げられ、この愛という情念も理性に照らして抑えることができると論じられている（本書一七〇―一七一頁）。もっとも、同時にウルストンクラフトは、人は理性を働かせずに「真実」を感じ取ることができると述べたり（本書一三八頁）、理性の過信に対する危惧を表明したりもしており（本書一九二頁）、『女性の権利の擁護』ほどには、理性の力に全幅の信頼を寄せていないようにも見える。とはいえ、一時的な感情に流されず、理性によって本能を制御することが人間としての義務であるという主張自体は、『娘達の教育について』の基調をなすものと捉えて差し支えないだろう。

さらに三つ目として、「あらゆる種類の家庭内の事柄や家族の世話は、当然女性の領域である」という言明に見られるように（本書一七九頁）、家庭の管理を担うべきは女性であるという理解もまた、『女性の権利の擁護』と共通する点である。『女性の権利の擁護』は、しばしば「リベラル・フェミニズム」という枠組みで女性の社会進出を唱えた書物だと見なされることがあるが、よく読み込んでいけば、その内容はかなり多面的で、現代の視点からすれば「革新的」とは程遠い主張に出くわすことも少なくない。そうした主張の一つが、授乳や子育て、家政管理といった女性の家庭役割の是認であり、この点は『娘達の教育について』を引き継ぐものであったと考えられる。ただし、同時に『娘達の教育について』には、夫婦間の不和についての醒めた指摘や（本書一三八頁）、女性が自分の愛情を家庭内に限定していることへの批判（本書一九六頁）も見られ、『女性の権利の擁護』と同様、たんなる家庭賛美の議論に陥っているわけではない点には、あわせて注意を払う必要がある。

最後に、『女性の権利の擁護』に通じる四つ目の点として挙げられるのが、人間が生きるうえで宗教的な原則が不可欠であるとする、『娘達の教育について』の各所に見られる主張である。一見したところ因襲打破的な『女性の権利の擁護』に対し、『娘達の教育について』は宗教的な言説に満ちているとして、かつてはその対比が強調されることもあった。しかし、ウルストンクラフトの独特な宗教観を説き明かしたバーバラ・テイラーの研究以来、『女性の権利の擁護』もまた、極めて宗教的な性格をもつ著作であることが知られるようになっている。(6) 確かに、後で触れるような信仰内容自体の変化はあったにせよ、ウルストンクラフトがこれら二つの女性論を通じて、超越的な神への服従という自身の宗教的信念を著作に投影し続けたことは、看過できない点だろう。

しかし、もちろん『女性の権利の擁護』と『娘達の教育について』の間には重要な違いもある。次にその相違点を見ていこう。

二、『女性の権利の擁護』との相違点

（一）政治化する前と後――ジャンルとしての性格の違い

相違点の最たるものは、ジャンルとしての性格の違いである。『女性の権利の擁護』は、「政治的および道徳的問題に対する批判を込めて」という副題が示すように、明らかに政治的な著作として書かれているが、一方の『娘達の教育について』は、「より重要な人生の義務を果たすうえでの女性の振る舞い《コンダクト》についての省察とともに」という副題をもち、教訓的な「コンダクトブック」の装いをとっている。

ウルストンクラフトは、先述の『女性読本』の中で、ヘスター・シャポウン Hester Chapone、セアラ・ペニントン Sarah Pennington、セアラ・トリマー Sarah Trimmer などによる女性向けの作法書からいくつかの文章を抜粋しており、女性の読み物として当時定番であったコンダクトブックというジャンルに、彼女が早くから馴染んでいたことは間違いない。このジャンル自体は、家庭内での女性の義務や、宗教的な修養の必要性を説くといった保守的性格を基調としながらも、特にそれが女性著述家によって書かれている場合には、教育による女性の知的改善を、より広く社会全体に影響を与えるものとして位置づけている点で、革新的な意図をあわせもっていたことが指摘されている。(7) だが、こうした両義性を孕むジャンルを用いつつも、『娘達の教育について』は、その冒頭でウルストンクラフトが自ら認めているように（本書一三二頁）、かな

り「厳粛」な論調の著作となっている。各所に散りばめられた聖書からの引用、日曜日の遵守の訴え、娯楽への戒め、理神論批判、召使いを蔑視するような言説などは、見るからにオーソドックスであり、「権利」や「平等」といった語彙を用いて女性の現状の変革を求めた『女性の権利の擁護』のラディカルさとは、雲泥の差があるように読めてしまう。

『娘達の教育について』から『女性の権利の擁護』への大きな跳躍を可能にしたのは、言うまでもなく、一七八九年に勃発したフランス革命を受けて、イギリスで巻き起こった「革命論争」という文脈であった。『人間の権利の擁護』について、詳しくは本書に収められた訳者解説に譲るが、ここで強調しておきたいのは、ウルストンクラフトにとって、「論争」というまさしく知的な闘争の世界に参入したことの重要性である。「革命論争」以前の『娘達の教育について』では、ロックとルソーの教育論への短い言及はあるものの、その内容についての立ち入った検討はなく（本書一三七―一三八頁）、旧来の女性観への批判らしきものと言えば、辛うじてポープからの引用に当てこすりのような言葉を加えた箇所が見つかるだけであった（本書一八二頁）。しかし、『人間の権利の擁護』で正面からのバーク批判に挑戦したのをきっかけに、ウルストンクラフトは思想家としての脱皮を遂げ、『女性の権利の擁護』では、ルソーの『エミール』をはじめ、女性の性格や役割に関する様々な従来の議論に対して論争を挑むようになる。(8) その中には、ジェイムズ・フォーダイス James Fordyce やジョン・グレゴリー John Gregory といった男性著述家による、当時よく読まれていた女性向けの作法書も含まれていた。これらの代表的なコンダクトブックに異議を申し立てたという点で、『女性の権利の擁護』は、『娘達の教育について』での自身の著述スタイルから自覚的に決別した著作であったということになるだろう。

このようなウルストンクラフトの跳躍を支えたものとして、あわせて指摘しておきたいのが、先達の女性思想家、キャサリン・マコーリ Catharine Macaulay の存在が彼女に与えた影響の大きさである。マコーリは、急進的な共和主義の立場から全八巻にも及ぶ『イングランド史』(一七六三〜八三年)を執筆したことで知られる歴史家で、一七九〇年には、ルソーを批判して男女の性格上の違いはないと断言した『教育についての手紙』に続いて、バークの『フランス革命の省察』への論駁の書も著していた。ウルストンクラフトは、一七九〇年末にマコーリと手紙を交わす間柄となり[9]、『女性の権利の擁護』では、九一年に亡くなったマコーリに対して熱烈な賛辞を捧げている[10]。マコーリという実例を通じて、女性として政治論を著すことばかりか、女性論を哲学的ないし政治的な議論として深めていくことも可能であると知ったことは、ウルストンクラフトにとって目から鱗が落ちるような経験であったに違いない。その影響の大きさを考えれば、マコーリの存在をほとんど知らなかったであろう一七八六年の時点で、ウルストンクラフトが因襲的な枠組みでしか自身の考えを形にできなかったのは、むしろ必然であったと言うべきかもしれない。

(二) 個人への助言か、国民全体の教育プログラムか——教育論としての方向性の違い

次に、より内容に即して見た場合、二つの女性論のあいだに認められるのが、教育論としての方向性の違いである。『娘達の教育について』は、母親であれ若い娘であれ、基本的には読者として想定された個々の

女性に向けて、教育において心がけなければならない事柄を説いているが、それに対して『女性の権利の擁護』では、「国民教育について」と題された第一二章に見られるように、政府が創出すべき全般的な教育制度のあり方が議論の俎上に載っている。周知のように『女性の権利の擁護』は、フランス革命下の一七九一年にタレイランが立憲議会へ提出した「公教育についての報告」への失望が、その執筆の動機の一つとなっており[11]、ウルストンクラフトの関心は、より大きな視野から社会全体にとって必要な教育プログラムを提示することにあった。

このような視点の変化については、ウルストンクラフト自身が『女性の権利の擁護』の中で認めている。いわく、「私は以前、かなり熱烈に私教育を擁護したことがあったが、その後の経験から、この問題を違った見方から考えるようになった。[12]」確かに『娘達の教育について』では、学校教育のお粗末さが強調され、「もし母親に余暇と優れた分別があり、二人以上の娘がいれば、その母親は、自分自身で娘達を最も良く教育できるだろう」（本書一五八頁）として、家庭内の教育（私教育）が推奨されていた。しかし『女性の権利の擁護』では、「他の子供達と平等な関係のもとで、かなりの時間を過ごす」ことが市民を育てる手段になるとして、公教育の効果に大きな期待が寄せられる。とはいえ、既存の寄宿学校やパブリック・スクールでの教育に多くの弊害を見出すウルストンクラフトは、子供にとっては家庭的な愛情が必要であると考え、最終的には「公教育と私教育を結びつける方法」が望ましいという結論に至っている[13]。こうした立場から構想されるのが、「完全に無料で、すべての階級の子供達に開放」された、通学制の男女共学の学校である[14]。

『女性の権利の擁護』で示される国民教育の計画では、九歳以上でも午前中は男女の生徒が机を並べて学ぶことが想定されているため、早くから恋愛感情が芽生える可能性も、あわせて指摘されている。ウルストンクラフトはここで、共学が「早婚を促す確かな方法」であるとして、むしろ早婚自体を肯定する立場をとっているが、これも明らかに、意見の変化が認められる点である。『娘達の教育について』では、「早婚」は、判断力の欠如によって適切な相手を見極めることができないばかりか、女性が結婚後、家事を担う中で精神を成熟させる余裕を失ってしまうことから、はっきりと「向上を停止させるもの」と述べられていた（本書一七四頁）。それに対して『女性の権利の擁護』では、結婚によって生じる私生活上の義務を実践することが、公的生活の義務を果たすための準備になるとして、早婚から「最も有益な身体的および道徳的効果が生まれる」と明言している[15]。総じて『女性の権利の擁護』では、フランス革命の中で示された共和主義的な市民育成というヴィジョンからの強い影響を受けて、「公共的なもの」の役割が極めて重視されている。早婚についての考えの変化は、ウルストンクラフトが家庭という場を、公共善のために奉仕すべき場所として、新たに位置づけ直した結果であったと言えるだろう。

他方、『娘達の教育について』は、全体の構成として「育児室」で始まり「公共の場《パブリック》」で終わるという流れになっており、そこからは、私的なものから公的なものへと議論を展開していく狙いが読み取れるかもしれない。しかし、最後の「公共の場」では、社交の場での振る舞いが問題にされているだけで、そこに「公的」な側面から女性の教育について論じるという意図は見られない（本書二〇二―二〇四頁）。やはりこの著作全体が、個人に向けての助言に終始していることは否めない。

その具体的な助言の内容を見ていくと、とりわけ何度も繰り返し語られるのが、すでに述べたような神への絶対的服従の要請である。ウルストンクラフトが自ら認めるように、その内容は「ほとんど説教に入りそうになって」さえいる（本書一八二頁）。彼女が伝えようとしているのは、要するに、女性が現状の社会で生きていくためには、数多くの苦悩や試練に直面せざるをえないが、しかし、それらの苦難はすべて神が意図したものであり、たとえ不幸な状況に陥ったとしても、神の善性と叡智を信じていれば、自分自身を尊敬できるような生き方を全うすることができる、というメッセージである（例えば、本書一六八、一八〇—一八一頁）。こうした教えは、あたかも「殉教者」のそれのようであり、「せっかく理性に基づいた女子教育を推奨しつつ、社会的現実を変えようのない絶対的なものと考えたために袋小路に陥ってしまっている」という評価にも、確かに首肯できるところがある。[16]とはいえ、女性の生き方の可能性が閉ざされた既存の社会の枠組みの中で、個々の女性が抱える様々な問題を最終的に解決するのが宗教的救済のみであると観念されることは、決して理解できないことではない。少なくとも、ウルストンクラフト個人がこうした助言の中に見出していたリアリティ自体は、現代の視点から簡単に否定されるべきものではないだろう。

また、この点とも関連するが、もう一つ『娘達の教育について』の中で取り上げておきたいのが、子供や女性の教育において「思考する」ことと、その内容を文章の形で表現することの重要性を説く助言である。ウルストンクラフトは、子供達が成長の過程で「思考することを教えられるようにと願っている」と述べ（本書一四三頁）、また、若者達に対して、「良い文章を書くことは、私達の現世での利益に関して言えば、人生で大変重要なことであり、また、それにより人は自分自身の思考を整え、消化することを学ぶので、精神にとってはなおいっそう重要な意味をもつ」と語っている（本書一五四頁）。これは、教育の力を重んじながら、個々人の理性の鍛え方については議論が抽象的なものに留まっている『女性の権利の擁護』と比べれば、より実践的な処方箋を示したものと言える。先に言及したような同時代の作法書や教育書の中でも、女性に向けて自身の思考を文章の形で表現する力を身につけるよう説いたものはほぼ皆無であり、この点は、思考という「厳しい実践」（本書一四三頁）による女性の精神的な成長に価値を置いたウルストンクラフトならではの助言として、注目に値するように思われる。

概して『娘達の教育について』で示される教育論は、革命や文明といった大仰な議論とは無縁である。しかし、だからこそ著者自身の経験に根差した等身大の助言として受け入れやすい面があり、そこに『女性の権利の擁護』とはまた異なる独自の意義を見出すことができるのではないだろうか。

三、ウルストンクラフト自身の経験に根差した語り

以上では、もっぱら『女性の権利の擁護』との比較を通じて、『娘達の教育について』の特徴やその意義について述べてきた。しかしもちろん、この『娘達の教育について』を単独で読んだとしても、ウルストンクラフト自身の生きた経験が綴られた著作として、興味が尽きることはない。「メアリの人生は最初から実験だった」というヴァージニア・ウルフの言葉が示すように[17]、特にウルストンクラフトの場合には、その波瀾に満ちた生き方そのものが、後世の人々に様々なインスピレーションを与えてきたからである。

『娘達の教育について』の中からウルストンクラフト自身の経験を探るなら、例えば、「気質」という項目に登場する「人生の不幸の半分は、気難しい性格、あるいは暴君のように威張り散らす気質から生じている」という一文は（本書一六〇頁）、妻に対して日常的に暴力をふるっていたとされる彼女の父親の姿を連想させる。また、「とりとめのない考え」という項目は、かなり唐突にも、友人の死を看取ることが「宿命」であるとする文章で締め括られるが（本書一八二頁）、ここに記されているのは、結核を患いつつ妊娠していた親友のファニー・ブラッドを、ウルストンクラフトが一七八五年一一月にリスボンで看取った時の経験にほかならない(18)。

とりわけ、ウルストンクラフト自身の生々しい経験を語ったものとして興味深いのが、「上流の教育を受け、財産なく見捨てられた女性の不幸な状況」という項目である。自らの体験であるとは明記されていないものの、ここには、女性が「生活費を稼ぐための方法はわずかであり、大変屈辱的なものである」という状況の中で、ウルストンクラフトが老婦人の話し相手役《コンパニオン》や学校教師として働いていた時の様子が詳細に記されている（本書一六四—一六七頁）。ただし、確かに自ら望んでというより、経済的困窮からやむをえず働いていたとはいえ、ウルストンクラフトが生活費を稼ぐという試み自体を卑下していたわけではない。「結婚生活」というまた別の項目には、「実社会と戦うことを余儀なくされる存在ほど、その能力を発揮させる者はないと私は確信している」という力強い一文があるが（本書一七七—一七八頁）、ここには様々な困難を抱えながら、女性として自ら仕事に就いてきたことに対する誇りのようなものが感じられる。

いずれにせよ、経済的にも文化的にも恵まれない家庭環境の中で生まれ育った一人の女性が、フランス革命勃発という大きな時代状況に背中を押されつつ、現代の二一世紀にも名を残すような思想家として自己形成していった足取りには、驚くべきものがある。『娘達の教育について』が、そうした歩みの出発点に位置する著作として、顧みられるべき価値をもつことは間違いないだろう。

（1）Letter to Eliza Bishop, Bristol, June 27th［1787］, in Janet Todd（ed.）, *The Collected Letters of Mary Wollstonecraft*, Allen Lane, Penguin Books, 2003, p. 129. 強調は原文どおり。

（2）ただし、日本では早くから『女性の権利の擁護』との関係で、この作品を取り上げた研究がある。次のものを参照。水田珠枝『女性解放思想史』筑摩書房、一九七九年、第四章、久留島京子「女性の解放と教育──ウルストンクラフトの教育論」『岡山県立短期大学紀要』第二五号（一九八一年）。

（3）例えば、Ralph Wardle, *Mary Wollstonecraft: A Critical Biography*, University of Nebraska Press, 1966, p. 51 ; Janet Todd, ‘Introduction’, to Mary Wollstonecraft, *Thoughts on the Education of Daughters*, Thoemmes Press, 1995, p. xiii.

（4）Mr. Cresswick［Mary Wollstonecraft］, *Female Reader: or Miscellaneous Pieces in Prose and Verse; Selected from the Best Writers, and Disposed under Proper Heads; For the Improvement of Young Women*, Joseph Johnson, 1789.

（5）Mary Wollstonecraft, *A Vindication of the Rights of Woman: with Strictures on Political and Moral Subjects*, in Janet Todd & Marilyn Butler（eds.）, *The Works of Mary Wollstonecraft*, William Pickering, 1989, volume 5, p. 104.（白井堯子訳『女性の権利の擁護』未来社、一九八〇年、七一頁。）

（6）バーバラ・テイラー「神の愛のために──ウルストンクラフトのフェミニズムにおける宗教と性愛から生じる想像力」アイリーン・J・ヨー編、永井義雄・梅垣千尋訳『フェミニズムの古典と現代──甦るウルストンクラフト』現代思潮新社、二〇〇二年。Barbara Taylor, *Mary Wollstonecraft and the Feminist Imagination*, Cambridge University Press, 2003.

（7）Vivien Jones, ‘Mary Wollstonecraft and the Literature of Advice and Instruction’, Claudia L. Jonson（ed.）, *The Cambridge Companion to Mary Wollstonecraft*, Cambridge University Press, 2002, pp. 120–129.

（8）詳しくは、梅垣千尋『女性の権利を擁護する――メアリ・ウルストンクラフトの挑戦』白澤社、二〇一一年、第二章を参照。

（9）この手紙の存在は、一九九二年になってから明らかになった。詳しくは、Bridget Hill, ‘The Links between Mary Wollstonecraft and Catherine Macaulay: New Evidence’, *Women’s History Review* 4, 1995, pp. 177–192を参照。

（10）Wollstonecraft, *A Vindication of the Rights of Woman*, pp. 174–175.（白井訳、二〇一―二〇二頁。）

（11）Ibid., p. 65–69.（同訳、一三―二〇頁。）

（12）Ibid., p. 230.（同訳、三〇〇頁。）

（13）Ibid., p. 230.（同訳、三〇一頁。）

（14）Ibid., p. 239.（同訳、三一五頁。）

（15）Ibid., p. 240.（同訳、三一六―一七頁。）

（16）安達みち代『近代フェミニズムの誕生――メアリ・ウルストンクラフト』世界思想社、二〇〇二年、九九―一〇〇頁。

（17）ヴァージニア・ウルフ、出淵敬子・川本静子監訳『（新装版）女性にとっての職業――エッセイ集』みすず書房、二〇一九年、一七五頁。

（18）なお、ゴドウィンが書いた伝記によれば、『娘達の教育について』の執筆料として、ジョンソンの出版社から支払われた一〇ギニーは、ファニーの両親をアイルランドに渡航させるための費用にあてられたという。白井厚・堯子訳『メアリ・ウルストンクラーフトの思い出――女性解放思想の先駆者』未来社、一九七〇年、五六―五七頁。

訳者あとがき

本書の発端は、京都大学名誉教授の田中秀夫先生がウルストンクラフトの未邦訳の著作の出版を勧めてくださったことに始まる。この提案を受けた後藤が、ウルストンクラフト研究者の梅垣に相談し、梅垣がウルストンクラフトの著作の中から、著名な『女性の権利の擁護』に先立つ、本書所収の二点を選定した。後藤が『人間の権利の擁護』の翻訳に取りかかっている時に、偶然、清水が同書の翻訳を『法政大学多摩論集』に発表したのを知り、本企画への参加を依頼した。こうして、訳者三人で、同時代人でさえその難解さに舌を巻いたウルストンクラフトの文体に挑戦することになった。

実際の翻訳作業だが、『人間の権利の擁護』は清水と後藤が別々に訳稿を作り、それを合体させて、さらに訳者全員が順次手を加えた。『娘達の教育について』は梅垣が最初に訳稿を作り、同様に全員が順次読み直して手を加えた。接続詞があまりなく、セミコロンだけでつないであるウルストンクラフトの文章からその論旨を解釈し、それをなるべく平易な日本語で表現するのは至難の業で、まさに「三人寄れば文殊の知恵」ということわざがぴったりくる喜怒哀楽に満ちた共同作業だった。三人で幾度も討議を重ねて加筆修正する作業だったため、訳者各人の個別の担当部分は抽出不可能である。訳者名は便宜的に年齢順で掲載した。

このウルトラ級に難しい英文を解釈するにあたって、米国アイオワ大学のフローレンス・ブース教授や法政大学の小林テレサ講師のご助言を受けたことを感謝の意を込めて記したい。

最後に本書を企画してくださった田中秀夫先生、そして本書の出版に伴う作業を支えてくださった京都大学学術出版会の國方栄二氏に心からの謝意を記したい。

二〇二〇年八月

清水和子
後藤浩子
梅垣千尋

［サ］

事項索引

人名索引

※本文中で出典を明記せずに引用している文献に関わる人物名には、下線を引いた。

ス文化史』(共著、昭和堂、2010年)、『ジェンダーの基礎理論と法』(共著、東北大学出版会、2007年)、『イギリス近現代女性史研究入門』(共著、青木書店、2006年)、アイリーン・J・ヨー編『フェミニズムの古典と現代——甦るウルストンクラフト』(共訳、現代思潮新社、2002年)。

訳者略歴

清水和子（しみず　かずこ）

1948年生まれ。専門は英語英文学、女性史、詩論。関西外国語大学教授、法政大学兼任講師などを歴任。

主な著訳書

『近代という名の女性』(近代文芸社、2000年、水村和子)、ガヤトリ・スピヴァック『ポスト植民地主義の思想』(共訳、彩流社、1992年)、エリザベス・メーシー『差異のダブルクロス——フェミニズム批評の実践』(共訳、彩流社、1990年)。『“近代”という名の病』(土曜美術社、1987年)、『朔太郎と静雄』(JCA出版、1978年)。

後藤浩子（ごとう　ひろこ）

1960年生まれ。専門はブリテン・アイルランド社会思想史、フェミニズム思想史。現在、法政大学経済学部教授。

主な著訳書

『ジェンダー・暴力・権力——水平関係から水平・垂直関係へ』(共著、晃洋書房、2020年)、『世界歴史大系・アイルランド史』(共著、山川出版社、2018年)、J. F. ムロン『商業についての政治的試論』(共訳、京都大学学術出版会、2015年)、『アイルランドの経験——植民・ナショナリズム・国際統合』(共著、法政大学出版局、2009年)、『岩波講座哲学12：性／愛の哲学』(共著、岩波書店、2009年)、『〈フェミニン〉の哲学』(青土社、2006年)。

梅垣千尋（うめがき　ちひろ）

1973年生まれ。専門はイギリス思想史、女性史。現在、青山学院女子短期大学教授。

主な著訳書

レオノーア・ダヴィドフ／キャサリン・ホール『家族の命運——イングランド中産階級の男と女　1780～1850』(共訳、名古屋大学出版会、2019年)、『欲ばりな女たち——近現代イギリス女性史論集』(共著、彩流社、2013年)、『女性の権利を擁護する——メアリ・ウルストンクラフトの挑戦』(白澤社、2011年)、『近代イギリスを読む——文学の語りと歴史の語り』(共著、法政大学出版局、2011年)、『イギリ

人間の権利の擁護／娘達の教育について

近代社会思想コレクション29

2020年 8 月 25 日　初版第一刷発行

著　者　メアリ・ウルストンクラフト

訳　者　清　水　和　子
後　藤　浩　子
梅　垣　千　尋

発行者　末　原　達　郎

発行所　京都大学学術出版会
京都市左京区吉田近衛町69
京都大学吉田南構内（606-8315）
電話　075（761）6182
FAX　075（761）6190
http://www.kyoto-up.or.jp/

印刷・製本　亜細亜印刷株式会社

ISBN978-4-8140-0291-7　定価はカバーに表示してあります

近代社会思想コレクション刊行書目（既刊書）

01 ホッブズ『市民論』
02 J・メーザー『郷土愛の夢』
03 F・ハチスン『道徳哲学序説』
04 D・ヒューム『政治論集』
05 J・S・ミル『功利主義論集』
06 W・トンプソン『富の分配の諸原理1』
07 W・トンプソン『富の分配の諸原理2』
08 ホッブズ『人間論』
09 シモン・ランゲ『市民法理論』
10 サン－ピエール『永久平和論1』
11 サン－ピエール『永久平和論2』
12 マブリ『市民の権利と義務』
13 ホッブズ『物体論』
14 ムロン『商業についての政治的試論』
15 ロビンズ『経済学の本質と意義』
16 ケイムズ『道徳と自然宗教の原理』
17 フリードリヒ二世『反マキアヴェッリ論』
18 プーフェンドルフ『自然法にもとづく人間と市民の義務』
19 フィルマー『フィルマー著作集』
20 バルベラック『道徳哲学史』
21 ガリアーニ『貨幣論』
22 ファーガスン『市民社会史論』
23 トクヴィル『合衆国滞在記』
24 D・ヒューム『人間知性研究』
25 ヴィーコ『新しい学の諸原理〔一七二五年版〕』
26 フンボルト『国家活動の限界』
27 D・ヒューム『道徳について――人間本性論3』
28 J・S・ミル『論理学大系4』
29 M・ウルストンクラフト『人間の権利の擁護／娘達の教育について』